中国博士后科学基金第 55 批面上资助
（编号 2014M551148）
东北师范大学博士后文库
东北师范大学校内青年基金

宫内、朝廷与边疆

社会史视野下的明代宦官研究

齐畅 著

中国社会科学出版社

图书在版编目（CIP）数据

宫内、朝廷与边疆：社会史视野下的明代宦官研究/齐畅著.
—北京：中国社会科学出版社，2014.9（2022.11 重印）
　ISBN 978 - 7 - 5161 - 4295 - 0

　Ⅰ.①宫…　Ⅱ.①齐…　Ⅲ.①宦官—研究—中国—明代
Ⅳ.①D691.42

中国版本图书馆 CIP 数据核字（2014）第 106517 号

出　版　人	赵剑英
责任编辑	宋燕鹏
责任校对	董晓月
责任印制	李寡寡

出　　版	中国社会科学出版社
社　　址	北京鼓楼西大街甲 158 号（邮编 100720）
网　　址	http://www.csspw.cn
	中文域名：中国社科网　　010 - 64070619
发 行 部	010 - 84083685
门 市 部	010 - 84029450
经　　销	新华书店及其他书店

印　　刷	北京明恒达印务有限公司
装　　订	廊坊市广阳区广增装订厂
版　　次	2014 年 9 月第 1 版
印　　次	2022 年 11 月第 3 次印刷

开　　本	710×1000　1/16
印　　张	13.5
插　　页	2
字　　数	227 千字
定　　价	78.00 元

凡购买中国社会科学出版社图书，如有质量问题请与本社联系调换
电话:010 - 64009791

目　　录

第一章

绪　论

第一节　问题与思路

宦官问题向来是中国古代史研究的重要课题，也是传统史学所关注的重要问题。据文献记载，中国的宦官制度可上溯到西周时期，之后便伴随着整个古代社会而存在，并且在汉、唐、明三代宦官专权达到了高峰。

明末思想家黄宗羲对宦官的评论代表了传统史家的思维模式："奄宦之如毒药猛兽，数千年以来，人尽知之矣，乃卒遭其裂肝碎首者，曷故哉！"① 黄宗羲之父黄尊素是东林名士，在明熹宗天启年间官至御史，但因屡次上疏弹劾权珰魏忠贤而被下狱致死，黄宗羲在明末以抨击声讨阉宦和阉党为己任，与这段经历也是分不开的。宦官这一伴随君主制而生存的特殊群体参与国家的政治生活，甚至在某些时期完全操控国家权力，被视为传统社会的毒瘤，因而为历朝文人、统治者所鞭笞、警惕，成为重要的话题。对宦官的记载和研究体现出明显的经世致用目的，即"以史为鉴"，防止宦官之祸造成君权旁落。

梳理 20 世纪以来关于宦官问题的研究，发现宦官专权乱政仍为研究者情有独钟。20 世纪 40 年代，丁易在国共内战即将开始的特殊背景下写了《明代特务政治》，以影射国民党"黑暗"统治，不能不说使人们对宦官产生了的妖魔化印象。在当时的斗争情况下，历史的确是有力的武器，有着强烈的现实意义。但在学科意义上就宦官问题本身而言，专权祸国并不是其唯一定义，高墙内的权力斗争也不是其全部内容。宦官作为传统社会政治网络中的一个结点，不该被剥离出来而刻意强调其天生的"毒瘤

---

① （明）黄宗羲：《明夷待访录》，《奄宦下》，《丛书集成初编》，中华书局 1985 年版。

本性"。20 世纪 60 年代，台湾明史学者吴缉华注意到从明代政治制度的缺失上论证宦官专权的必然性①，较近的大陆学者在一些具体的研究中，亦从这一认知出发，开始将宦官群体放在整个传统社会政治网络之中，对其活动展开探讨。②

"当历史著述的主要内容都是政治史，所依据的材料都是政治方面的文书档案，把政治层面的因素看成是决定历史发展变化的关键力量，同时尽量从政治方面去解释历史，其功能也是服务于国家政治统治的时候，政治史就是一种史学范式。"③ 无疑上述学者的研究是政治史范式下的宦官研究，而较近的国内的学者也多在此主流范式影响下继续探讨宦官问题，并且由过去主要着眼于政治权势、特务活动，扩展至从其与政治、经济、军事、文化各方面的关系以及主要宦官生平等多个角度进行探讨。展现在我们眼前的宦官形象大概是这样的：这个群体通过各种途径、利用各种手段与国家政权拉上关系，并大多数施予坏的影响，摧残社会经济、加速军队腐败，甚至背负亡明的重大责任。

传统儒家士大夫道德标准下的"忠"、"奸"仍然是判断宦官群体的主要准则。而这正是影响历史研究者对历史进行解释的干扰因素，黄仁宇曾重复强调的一句话"我写的历史是从技术角度看历史，不是从道德的角度检讨历史"，④ 这也正是笔者对宦官群体研究的旨趣所在，抛却这种传统士大夫的成见，即使宦官是传统社会和政治的毒瘤，那么在明代国家机制运行过程中宦官的毒性是怎么体现出来的？

在社会史研究萌发的 20 世纪初，新史学观念大力倡导打破传统政治史狭窄的研究领域，将更多的目光投放于民众的生活史，带动了一场"眼光向下"的学术革命，开辟出了普通民众社会生活的广阔研究领域。⑤ 这种研究理念在 20 世纪 80 年代以后再度兴起，因此明代宦官的研究也呈现出更加多样的色彩，以往不被关注的宦官的社会生活、社会角色、心理

① 吴缉华：《明仁宣时内阁制度之变与宦官僭越相权之祸》，台湾《"中央"研究院历史语言研究所集刊》第 31 本，1960 年 12 月。

② 此方面的研究成果笔者将在学术史回顾部分加以展开。

③ 赵世瑜：《再论社会史的概念问题》，《历史研究》1999 年第 2 期。

④ 黄仁宇：《中国大历史》三联书店 1997 年版，序言部分。

⑤ 赵世瑜、邓庆平：《二十世纪中国社会史研究的回顾与思考》，《历史研究》2001 年第 6 期。

状态、教育、婚姻等状况被纳入了研究者的视野。

史学视野的扩展对宦官研究的全面、深入固然大有裨益，但也存在一定的问题："'眼光向下'看历史把目光投放到更为宽阔的领域，使史学研究的内容更加丰富多样，并由此带动了史料来源的扩展和研究方法的更新。但研究者的立场却因缺乏主体的自觉，有可能依然是高高在上的，可能会不自觉地带有某种猎奇猎艳的色彩，只是为了满足某种对于我们过去知之甚少的东西进行了解的欲望，而没有真正采取一种同情理解的立场。"① 放眼 20 世纪 80 年代以来关于宦官的社会史研究，专门的成果本就不多，以猎奇猎艳为目的来吸引眼球的宦官通俗读物却开始泛滥，使人们对宦官的社会史研究产生错误的印象，这正违背了"新史学"的初衷。

那么，作为社会角色、社会生活中的宦官群体其本来面目是什么样呢？他们在社会活动中的地位和作用是怎样的呢？赵世瑜所写的《黑山会的故事：明清宦官政治与民间社会》，这篇文章与以往关于宦官的研究都不同，可以说它开辟了宦官社会史研究的新领域。首先从史料上，不再以带有儒家士大夫意识形态所撰写的正史资料为主，而选择了北京八宝山刚铁祠庙的碑刻——那些曾被史书刻意遗忘的宦官自己的记忆，真正从以往"自上而下"的眼光转为"自下而上"，看宦官是如何塑造他们的英雄，展现宦官的政治，通过宗教信仰问题了解宦官与民间社会及其意识形态的密切互动关系，看到与以往完全不同角度的宦官整体形象。了解底层宦官，而不再只关注像魏忠贤、刘瑾等个别臭名昭著的"奸"宦或郑和、怀恩等个别"良宦"，将视野扩大到整个宦官群体，在具体的社会情境中反映宦官的政治。他关怀的是整个宦官群体，追求的是一种整体史观，而不再只是政治史视野下的权力塔顶端的奴隶，实现了社会史与政治史的对话。

得益于前辈时贤对宦官问题的研究和社会史与政治史可以对话的学术理念，借助于碑刻、墓志等新史料，我们才可以在传统明代宦官研究的基础上提出新的问题与反思。

---

① 赵世瑜、邓庆平：《二十世纪中国社会史研究的回顾与思考》，《历史研究》2001 年第 6 期。

　　首先，对宦官群体的道德评价问题。关于明史的传统叙述，总有"宦祸亡国"的说法。如果意在说明个别奸宦掌权扰乱当时政局，使政权腐败，不失为一种说法。若笼统将国家兴亡的责任归于宦官集团，显然有诿过于他人之嫌。历史上存在大量祸国的奸宦，但也有大量祸国的官僚士大夫，没有人去全盘否定他们，但宦官却往往被笼统地加以否定，作为一个负面的群体形象出现。从而形成了这样一种畸形的道德评价：同样做事情，官僚士大夫大多数是好的，宦官大多数是坏的，官僚士大夫的恶行并非他们行为中的常态，而宦官的为祸是常态，为善反倒不正常了。这种单一的道德评价自然不仅仅存在于针对宦官的研究中，而是史学界中较为常见的。追究原因，我想正是由于我们研究宦官或者其他对象的历史，所用的资料大多是出自儒家士大夫的笔下。流传后世的官私文本，自然以儒家的道德标准和官方的意识形态来书写历史。而我们今天的有些人仍不能剥离史料上的主体成分，将一切尽信为历史的实况，跟在前人的后面对宦官大张挞伐。墓志碑刻等社会史料的利用为我们揭开宦官的另类记忆，也对士大夫与宦官的实际交往情况有了新的思考。

　　其次，明代的宦官群体只是明代整个国家权力网络中的一个结点，无法超越整套制度的规范。黄宗羲曾说过："奄宦之祸，历汉、唐、宋而相寻无已，然未有若有明之为烈也。汉、唐、宋有干与朝政之奄宦，无奉行奄宦之朝政。今夫宰相六部，朝政所自出也，而本章之批答，先有口传，后有票拟；天下之财赋，先内库而后太仓；天下之刑狱，先东厂而后法司。其他无不皆然。则是宰相六部，为奄宦奉行之员而已。"① 传统精英士大夫认为明代宦官的全面参政，是擅权干政破坏国家政治，是传统社会的毒瘤。

　　诚然，明朝的宦官似乎比汉、唐时期对政治的渗透力更强，但不能忽略的一点是他们并不如汉、唐时宦官能轻易废立皇储、掌握军权，明代的宦官能让阁臣为之折腰，却总也触及不到皇权的威严。他们有自己的一套制度，仅限于恪守本分、服务皇室，但其实际权力却远远超出了制度规定的范围。作为国家政治权力网络中的一个结点，宦官在这种权力的运作过程中发挥着作用，却没有任何制度上的规定来保障其理直气壮的参与到国家政治过程中，所以明代宦官爱揽权的说法不绝于耳。那么究竟是什么造

---

① （明）黄宗羲：《明夷待访录》，《奄宦上》，《丛书集成初编》。

成了明代宦官群体这种特殊的地位？对比清朝宦官能够束手，我们看不出清朝初年比明朝初年统治者对宦官干政问题有何更高明的防御措施，然而宦官却没能有机会站到统治舞台的中心。究竟明朝国家机器在运转过程中缺了哪一环而要用宦官来加以补充呢？笔者想这对于了解整个明朝国家机制的运行更有意义。

再次，以宦官为切入点所反映的明代民族与边疆问题。少数民族宦官是明代宦官的重要组成部分，在明成祖发动的"靖难"之役中，在阵前效力最著功勋的都是少数民族宦官，明代史籍中屡次提及的女真王彦、回回郑和、西番人孟骥、蒙古人云祥等皆在此役中崭露头角。明成祖迁都北平后，为应对漠北蒙古军事势力的威胁，成祖先后五次亲征漠北，许多在"靖难"中骁勇善战，屡立军功的少数民族宦官遂多次随成祖出征，亦为巩固明代边疆作出贡献。那么，这些少数民族宦官在明代宫廷中地位如何？他们在明代的边略中扮演何种角色？这可以反映明初与女真关系的一个侧面，也有助于观察前近代时期东亚区域社会的历史细节。

最后，宦官常常被作为负面群体而出现在人们面前，他们是特殊的，那么他们的生命历程是什么样的？他们的家族成员情况怎么样？他们与周围人有什么样的勾连，怎样的交往呢？大量宦官墓志的发掘帮助我们从生命史的角度探析宦官这一特殊群体的本来面目。

总之，笔者希望从新的角度对宦官群体有一个全面的认识，并看到一个更加立体的宦官群体形象。他们是否拥有和常人一样的家庭、家族关系？因宦官而显赫的家族拥有怎样的痕迹？他们在与民间社会的接触中与士大夫的实际交往情况是怎样的？是否在国家政治上有所反映？明代的宦官群体在国家机器运行过程中充当了何种角色？他们作为宦官对明代的边疆有何特殊意义？作为少数民族的一分子又展现出哪些特殊的形象？透过对他们行迹的呈现，是否可以引起我们对明代民族关系的新思考，从而进一步了解明代国家机制的内部结构？

第二节　学术史回顾

一　相关理论的反思

对于宦官这样一个传统政治史的重要课题，前辈与时贤旨趣各异的研究著述汗牛充栋、蔚为大观。① 通过对学术史的爬梳，笔者以为，在以社会史视角重新审视明代宦官政治的研究之前，学界对明代宦官的研究，依据其研究旨趣与问题意识的差异，大致可以因循政治史、社会史两种学术理路展开追述。而其研究的背后仍受传统儒家士大夫的道德标准束缚，这种传统意识形态与政治史视角交叉作用于当今学者对宦官问题的研究当中。

回顾 20 世纪以前，即作为近代学科意义上的历史学兴起之前的宦官史料，多延续正史的书写方式，形成了对宦官极度鄙夷、大加贬斥的社会舆论传统。主要体现在：首先，"刑余"之身为儒家士大夫所鄙视；② 另外，正是认为宦官是"刑余贱隶"的传统态度，宦官相应地一概成了"奸"、"恶"、"小人"的代名词；③ 最后一种导向，也就是当今的史家在研究宦官问题时仍难以摆脱的模式，即将宦官从其所处的社会政治背景下剥离出来，被定名为传统社会的一颗毒瘤。④

显然，在士大夫所撰的史书中，儒家道德是评价人物的标准，宦官"刑余贱隶"的身份参与到政权中来，注定其成为"乱政"、"误国"的罪魁祸首。因而，在 20 世纪以前的旧史学研究模式下，对宦官记载和研究体现出明显的经世致用目的，即"以史为鉴"，防止宦官之祸造成君权旁落。明朝人张世则撰《貂珰史鉴》原因更为直接："宦寺贤者，万中不

---

① 相关综述文章参见冷东《建国以来宦官制度研究综述》，《中国史研究动态》1989 年第 9 期；景有泉《十年来宦官研究综述》，《文史知识》1990 年第 7 期；刘咏聪、冷冬《近四十年来港台地区宦官史研究述评》，《中国史研究动态》1990 年第 12 期；吴悟《十余年来对明代宦官的研究综述》，《文史知识》1992 年第 3 期；冷东《二十世纪九十年代中国宦官研究综述》，《史学月刊》2000 年第 3 期。

② "刑余之丑，理谢全生，声荣无晖于门阀，肌肤莫传于来体"（《后汉书·宦者列传》后论）；"刑余之人，无所比数，非一世也，所从来远矣……夫中材之人，事关于宦竖，莫不伤气，况慷慨之士乎"（《汉书·司马迁传》）；"古之宦者皆出于刑人，刑余不可列于士庶"（《金史·宦者传》序）；甚至在统治者的眼中太监也是最下贱的奴隶，"太监最为下贱，虫蚁一般之人"（康熙二十年正月初六日清圣祖训谕）。

③ 宋代士大夫苏洵便曾斥其为"阴贼险诈"的"小人之根"（苏洵《上仁宗皇帝书》，引自《古今图书集成·宫闱典》卷135）；明代统治者认为"此曹善者千百中不一二，恶者常千百"（《明史·职官志》）；清代统治者也有"古来太监良善者少"（康熙三十三年闰五月十四日清圣祖训谕）的言论。

④ 历代史书中，这类评论举不胜举："宦者之害，如毒药猛虎之不可拯也"（《金史·宦者传序》）；"自古宦者乱人之国，其源深于女祸"（《新五代史·宦者传》后论）。

得一二。世则方指陈炯戒，将以启迪君心。"①

二　政治史范式下的宦官问题研究

20 世纪以前的旧史学，我们称之为传统的精英政治史，是特定历史时代及其学术需求下的产物。这种情形体现在具体的史学实践上，那就是历史著述的主要内容都是政治史，所依据的材料都是政治方面的文书档案，把政治层面的因素（包括重大政治事件、重要政治人物在历史上的作用）看成是决定历史发展变化的关键力量，同时尽量从政治方面去解释历史。②

进入 20 世纪后，传统史学还有很大影响，但新的研究方法、史学理论和史料的运用使得史学研究与传统史学已有很大的不同。这同样体现于明代的宦官研究中，但具有鲜明的政治史范式的色彩，政治制度的研究角度，直到今天仍是研究者的主要视野。

1. 关于宦官专权的研究

宦官问题，在 20 世纪前半期问津者不多，20 世纪 50 年代以后才逐渐热门，有关明代宦官制度的研究，从时间和篇幅上首推丁易《明代特务政治》一书。③ 该书是论述全部明代特务系统的，但实际却以宦官制度和宦官活动为主体来进行研究。这是一部传统政治史范式下的典型作品，其特点有三：一是以丰富的政治史料为依据，未突破传统史料范围；二是运用了现代阶级分析的理论套用于明代宦官的研究，正如作者在原自序中所写到的"利用历史事实绕个弯儿来隐射，恰好明代是特务最为凶横的朝代"，所以借以隐射"蒋帮特务的镇压、逮捕、屠杀"，"企图通过明代特务政治的叙述来描绘出明代以帝王为首的地主阶级对广大人民的政治压迫的全貌"④。这部书可以说完全是为新中国成立前在"国统区"政治斗争的需要而做的，这种将制度史的研究过于附靠在意识形态的需要之上的做法，必然使学术研究偏离正常轨迹；三是其逻辑是政权可以由宰相士大夫来操纵，但不能落在"宫奴"手中，否则便在政治、经济、军事等各

---

① 《钦定四库全书总目》卷 62《史部·传记类存目四》。

② 赵世瑜、邓庆平：《二十世纪中国社会史研究的回顾与思考》，《历史研究》2001 年第 6 期。

③ 此书始作于 1945 年春，完成于 1948 年末，中外出版社 1950 年版。

④ 丁易：《明代特务政治》，中华书局 2006 年版。

方面为祸天下，从中明显可窥见儒家道德标准的影响。半个多世纪的今天反思这部《明代特务政治》，可以看出在特定的历史背景下，宦官专权的历史记忆被唤醒用来影射现状，而政治史料在史者意识形态指导下用来做出有利于主题的解释并强调其干政祸国的一面，宦官的其他方面被忽略或者从历史记忆中删除了，只留下几个恶贯满盈的名字。

　　继丁易的《明代特务政治》之后，宦官问题再度成为学界探讨的热点是在 20 世纪 80 年代之后，政治制度依然是明代宦官研究的主要视角，宦官专权是研究的主要课题①，但由过去主要着眼于政治权势②、特务活动③，扩展至其与政治、经济、军事、文化、外交各方面的关系，以及主要宦官生平等多个角度构建明代宦官的政治概况，相关的论文也呈现出这样的特色。④ 对于宦官在经济领域的研究，主要集中于宦官参与对经济的破坏作用。王春瑜、杜婉言较早对此进行了探索。⑤ 而明代宦官对军事领

---

① 蒋丰：《洪武年间委权宦官考实》，《南开学报》1982 年第 1 期；张绍祥、李宪庆：《朱元璋罢相与宦官专权》，《南开史学》，1980 年第 2 期；田禾：《明太祖严驭宦官试析：兼及朱元璋的评价问题》，《社会科学战线》1997 年第 4 期；王德金：《朱元璋驭宦之析》，《天津师范大学学报》2001 年第 6 期；谢景芳：《假皇帝与代管家》，《齐鲁学刊》，1996 年第 2 期等研究。都将明代宦官专权、擅权的祸根归于朱元璋的废相，加之驭宦不力导致后代宦官有机会干政。

② 郭厚安：《假皇权肆虐的奴才—论明代的宦官》，《甘肃师大学报》1980 年第 1 期；王春瑜、杜婉言：《明代宦官与江南经济》，《学术月刊》1984 年第 6 期；栾成显：《论厂卫制度》，《明史研究论丛》第一辑，江苏人民出版社 1982 年版，都认为明代宦权只是皇权的一种转化形式。

③ 厂卫制度的研究是明代宦官制度研究的一项重要内容，韦庆远：《明代的锦衣卫和东西厂》，中华书局 1979 年版；王宏志：《明代的宦官与厂卫》，《文史知识》1982 年第 3 期；廖心一、栾成显：《论厂卫制度》，《明史研究论丛》第 1 辑，江苏人民出版社 1982 年版。

④ 欧阳琛：《明代的司礼监》，《江西师范学院学报》1983 年第 4 期；黄才庚：《明代司礼监专权对奏章制度的破坏》，《故宫博物院院刊》1982 年第 2 期；梁绍杰：《明代宦官教育机构的名称和初设时间新证》，《史学集刊》1996 年第 3 期，等等。

⑤ 杜婉言：《明代宦官与明代经济》，《中国史研究》1982 年第 2 期，分析了明代宦官参与经济的原因、表现、经济地位及造成的恶劣影响，指出明代宦官参与经济使明朝加速了自身崩溃的过程。杜婉言还和王春瑜合撰了《明代宦官与江南经济》，《学术月刊》1984 年第 6 期；二人共同编著了《明代宦官与经济史料初探》，中国社会科学出版社 1986 年版，从大量明代及部分清代文集、笔记、奏疏、野史中，选出一百五十种，从中选辑出有关史料，章节前后都有按语，分类介绍所列史料的学术价值，并列出所用书目及版本，可弥补常见书之不足。此外，杨涛的《明朝万历中矿税监进奉内库考》，《云南师大学报》1986 年第 6 期；张桂林的《税珰高寀乱闽述略》，《福建师大学报》1990 年第 2 期；孙文良：《矿税监高淮乱辽述略》，《明史研究论丛》第一辑。上述文章从不同的侧面，详尽地分析了宦官对明代经济的摧残。

域的介入亦强调其导致军队战斗力下降及国防败坏，加速明朝的灭亡。①
对于明代宦官在外交方面的作用，虽肯定了其积极的一面，亦不脱离宦官
干政的主题，认为其外交行为为宦官干政奠定了基础。② 在如此诸多相关
宦官专权问题的文章中，我们不难看出，"宦官从其所处的社会背景下被
剥离出来，被定名为传统社会的一颗毒瘤"③，激化社会矛盾，恶行
累累。④

　　2. 国家政治权力网络中的宦官的研究

　　而实际上，宦官作为国家政治权力网上的一个结点，是国家机制运转
过程中的一个组成部分，虽发挥作用却要受制于整个权力网络。吴缉华在
20 世纪 60 年代从明代政治制度的缺憾上论证了宦官专权的必然性⑤，深

---

　　①　陈表义、谭式玫：《明代军制建设原则及军事的衰败》，《暨南学报》1996 年第 2 期，阐
述了明代军事建设的原则，叙述了侵权制约在军事机构、官员任命等方面的体现和屯田养兵的目
的、制度、成绩。阐发明朝中叶以后军事上衰败的表现及与宦官预军的关系原因。内臣监军，不
仅压抑了武将的积极性，而且使政风更加败坏，也败坏军风，导致将士离心，上下解体。冷东：
《明代宦官监军制度述略》，《汕头大学学报》1994 年第 3 期，认为明朝宦官监军的制度是失败
的，它导致了军队战斗力下降及国防败坏，加速了明朝的灭亡。

　　②　孙卫国：《论明初的宦官外交》，《南开学报》1994 年第 2 期。

　　③　张宏艳：《明清宦官的终老与京师寺庙——兼论明清宦官与京师民间社会的关系》，北京
师范大学历史系硕士论文，2001 年。

　　④　周裕兴：《明代宦官与南京》，《江苏社会科学》1995 年第 3 期，论述了明代南京宦官的
设置、南京是明朝宦官的处置之地、明朝宦官在南京的恶行等内容；杨三寿：《明宪宗时期的云
南镇守太监钱能》，《云南师范大学学报》2002 年第 3 期，明宪宗在商品经济活跃的刺激下，派
太监钱能镇守云南，为其括敛钱财，钱能在滇 12 年，残酷掠夺，操纵宦吏的升降，挑起边乱，
使云南的社会矛盾日趋激化。

　　⑤　吴缉华：《明仁宣时内阁制度之变与宦官僭越相权之祸》，台湾《"中央"研究院历史
语言研究所集刊》31 本，1960 年 12 月，该文论证了三杨辅政与内阁制度的改变、内阁制度之
变对宦官僭越相权的影响、内阁制度之变与宦官王振专权之祸，从明代政治制度的缺憾上论证
了宦官专权的必然性。许安妮《评介吴缉华〈明仁宣内阁制度之变与宦官僭越相权之祸〉
及张存武〈说明代宦官〉》，台湾《师大史学会刊》第 24 期，1980 年 7 月，一文即对吴文
多所推介。

化了对该问题的研究。冷东①、方志远②、欧阳琛③、李绍强等人④，亦从这一认知出发，对明代宦官群体在传统社会政治网络中的位置和活动能力展开探讨。

　　20世纪90年代，随着我国政治制度史自身的完善与规范，加之西方史学新方法的引进，研究视野更为开阔，史料运用的广泛性加强，对于宦官问题的研究也更深入彻底。比较有代表性的是余华青的《中国宦官制度史》，全面探讨了我国历代的宦官制度及其演变发展过程。作者在坚持传统政治史视野的同时，吸收西方新方法，从生理学、心理学角度探讨宦官的行为方式、心理特征及性格内涵。试图给宦官制度比较公允的评价，"评价整个宦官制度与评价具体宦官人物两者应当区分开来，不可一概贬斥；评价宦官的政治危害作用与评价宦官在其他领域中的某些积极作用，两者应当区分开来，不可一概抹杀；对于上层权阉与下层宦官的评价，应

---

　　①　冷东：《明清两代宦官专权与封建专制的关系》，《汕头大学学报》1985年第2期，认为宦官能否专权，取决于皇帝个人的能力，取决于统治阶级的政策和自身的民族特点，取形于国家机构的完善程度和效能，宦官专权是封建社会特定历史条件下的产物。其另一篇文章《明代宦官监军制度述略》，《汕头大学学报》1994年第3期，认为自"靖难之役"始，宦官的作用不仅成为战争中的应急手段，也成为取代藩王的地位、弥补军事战略和军事思想出现的真空制度，促使"靖难之役"以后，明朝军事战略的重心从藩王转移到宦官身上，即从"家人"转移到"家奴"身上。

　　②　方志远：《明代的镇守中官制度》，《文史》1995年第40辑，指出镇守中官始设于永乐末年，宣德以后形成制度并普遍设置。镇守中官分为南京等处守备太监、诸边镇守中官和各省镇守中官三种，职责分别是护卫留都、监军守边、安民。在省级单位中，镇守中官一度与总兵、巡抚并立。但镇守中官的权力也受到多重限制，已完全纳入地方政治制度之中。其另一篇文章《明代的"知识宦官"》，《文史知识》1990年第7期，指出在明朝已出现了知识宦官，而"不管是哪一类知识宦官，他们所接受的，都是儒家的传统文化和传统道德标准，尽管他们之间矛盾甚多，与朝臣更是争权夺利，但对皇室却是忠心不二，对皇位更无非分之望，加上明朝自太祖以来建立了一套严密的政治制度，各种势力相互制约，因此，再专权的宦官一旦失去皇帝的信任，即立遭贬斥而全无反抗余地"。

　　③　认为明朝没有重蹈东汉、唐的覆辙之因："一是明代中央集权制度的成功。如在地方实行三司制和分道监察制，基本上阻止了地方割据势力的抬头。二是明统治者在政治上运用'彼此颉颃、分而治之'的策略起了作用。"（欧阳琛：《明代的司礼监》，《江西师院学报》1983年第4期）；明朝"统治者对监、阁权力相制衡的运用，使明后期没有出现汉唐那样的'宦官之祸'"。（《明内府内书堂考略——兼论明司礼监和内阁共理朝政》，《江西师大学报》1990年第2期）

　　④　李绍强：《皇帝、儒臣、宦官间的关系与明朝政局》，《齐鲁学刊》1988年第2期，指出明代皇帝、儒臣、宦官三者之间，皇帝是主要的、起决定作用的。

当区分开来，不可一概而论"①。在这部著作中可资借鉴之处有：一、对明宦官专权的认识，考虑到当时的政治形势及明代制度缺陷所造成的权力真空，将宦官置于权力网络中加以考察；二、关注到以往宦官研究中不被注意到的士大夫与宦官之间的张力；三、对宦官制度进行全面考察，包括宦官考核、娶妻养子、病老丧葬等制度，使笔者对整个通史视野下的明代宦官群体有了清晰的认识。问题与不足之处：一、套用阶级分析的方法用于宦官人物的评价中，将宦官分为上、下两阶层，使之对立为"统治集团"和下层"人民"；二、是在传统政治制度的视野下，围绕着皇权的宦官研究；三、"贴标签"式地对宦官制度做非此即彼的分类，看不到条文规章与实践之间的联系；四、对宦官本身的生活状况及社会角色未有涉及。

　　进入21世纪的新纪元，香港学者何伟帜的《明初的宦官政治》②，摒弃传统"宦祸"的说法，代之以"宦官政治"；摒弃"宦官弄权"，代之以"宦官得势"。短短几个字的修改，却显示了作者欲区别以往学者们对宦官的道德评价传统，从明初的建制，追溯明代宦官"得势"的原因。认为自明初洪武年间始，政府军政、外交、财政、祭祀等已有宦官参与其中，成祖扩大宦官参政的层面，并加以制度化，后世嗣君引为祖制，历仁、宣两朝，至正统年间使王振成为一朝"权宦"的，其实就是历朝君主的宦官政策。宦官早已在"明初"大量渗透到政府机关中，宦官在某程度上而言已不再是在行政体制外插手"干政"，在明朝君权凌驾法律的情况下，君主大量派任宦官参与国家大政，使之成为建制以内的一分子。明代君主推动国家政治之际，除了如常交付官僚进行外，还可派遣宦官负责。明代的政治模式，在绝对的君权以下，传统官僚与宦官成为两个最重要的行政系统，"双轨政治"的模式自是形成。整个明代宦官的参与政治实基于明初肇始的"双轨政治"的运作模式下。

　　何伟帜的研究对笔者有一定的借鉴作用。首先，作者试图摆脱对宦官的道德评价立场；第二，认为明代特有的"双轨政治"模式下，宦官的政治活动是基于体制的必然；第三，作者以丰富全面的史料力图展现宦官的各个方面。但与以往关于宦官的研究存在着同样的问题，也就是传统政

---

① 余华青：《中国宦官制度史》，上海人民出版社1993年版。
② 香港网上电子出版有限公司2000年初版，香港文星图书公司2002年增订版。

治史视野下，虽然作者试图摆脱对宦官的道德评价，但由于主体意识与立场的原因，仍然对宦官做非此即彼的分类。同时，作者的研究对象限于"明初"和"政治"，强调的仍然是传统宦官研究中所关注的问题。

三 关于宦官的社会史研究

"史学家一直都比较擅长研究过去的政治，而不太擅长于研究过去的社会生活和经济生活。史学研究往往侧重于事件，侧重于个性和机构的动机，而在分析处于长时段中的那些不那么具有个性特征的过程和结构时就显得有点力不从心了。结构和过程似乎完全被忽略了。所有这一切都必须通过扩大史学研究的范围来加以改变，也就是说，必须加大经济与社会史的比重，并赋予它一种独立的品格，使之成为理解一般历史的钥匙。"① 对于宦官问题的研究面临同样的问题，以往学者们对于宦官的论题总是与其政治命运相关联，专门对宦官的社会生活和社会角色进行研究的成果非常少见②，只是从相关论著中得窥其社会生活状况之一二③，但缺乏系统的归纳和理论分析。

随着"眼光向下"看历史视角的影响，学者们把目光投放到更为宽阔的领域，并由此带动了史料来源的扩展和研究方法的更新，宗教信仰作为宦官与民间社会共享的一种文化生活，近年来被纳入研究者的视野，成为宦官社会史研究的一个热门话题。程恭让从佛教社会史的角度④，探讨了内廷太监群体佛教信仰形成的原因，及北京地区太监参与的具体佛事活动，是近年来明代佛教史研究新开拓的一个课题。台湾学者陈玉女的研究⑤，亦从同一角度，并大量使用碑刻资料，对明代宦官崇佛、宦官与僧人的交往、宦官与北京地区佛寺兴衰的关系等进行了系统和细致的考察，较充分地展现了明代宦官与佛教关系的基本面貌。杜常顺在其博士论文

---

① ［美］沃勒斯坦：《开放社会科学》中译本，三联书店 1997 年版，第 44—45 页。
② 王春瑜、杜婉言的《明朝宦官》（紫禁城出版社 1989 年版）等研究，部分涉及了宦官的文化生活，主要以政治史视野构建宦官的概况。
③ 李禹阶等：《权力塔尖上的奴仆——宦官》，浙江人民出版社 1991 年版；冷东：《被阉割的守护神——宦官与中国》，吉林教育出版社 1990 年版，都涉及了宦官的心理和宦官的生活状态，但未深入分析。
④ 程恭让：《明代太监与佛教关系考述》，《首都师范大学学报》2002 年第 3、4 期。
⑤ 陈玉女：《明代二十四衙门宦官与北京佛教》，台湾如闻出版社 2001 年版。

中①，独辟宦官与佛教关系一章，讲到宦官崇信佛教的原因，宦官的奉佛活动等内容，但立足于宦官作为宫廷代表来与佛教发生各种关系。

何孝荣基于碑刻、地方志以及正史、笔记小说多种史料的运用②，阐述了明代宦官与佛教关系的基本内容，并分析了宦官奉佛的原因。他又在之后的研究成果《明代北京佛教寺院修建研究》中③，以明代、北京地方史为个案，将明代宦官作为北京地区佛教寺院修建的一股重要力量，以碑刻为主要史料列举宦官对北京佛教寺院的兴建。

以上的这些成果大大拓宽了明代宦官研究的视野，综合史料的运用利于脱离传统文本史料的窠臼，但问题也是存在的，即少有关注宦官群体与民间宗教的互动过程，看不到置于民间社会情境中的宦官概况，因此对其影响很难估计。针对这种"眼光向下"视野所带来的弊端，一些在此视野之外的学者，开始体验国外学者所倡导的"自下而上"的社会史研究，这种新的社会史作为一种范式出现，不仅将以往被忽略的基层社会的历史、普通民众的历史、日常生活的历史和民间文化史重新放在适当和显要的位置，而且以"自下而上"的眼光重新审视传统政治史范式下的史学领域，由过去只研究制度和其沿革本身，到考察其具体的实践与操作。

传统政治史范式下对宦官的研究，关注度不够，并且往往有了眼光向下的关注，就丢了与政治相关的大历史的反思，社会史范式为我们提供了新的研究视角。社会史视角下的政治史研究，大体是将国家的宏观政治放置到地方社会的历史场景中，对传统的政治史进行重新解读，这种新思路改变了传统的政治史那种宏大叙事框架下"标签式"、只着眼于对宏观政治本身的演变的研究，使政治史的研究更加缜密和细致，更能接近历史的真实。

而"政治显然不能只被狭隘地理解为与行政管理相关的方方面面，特别是不能局限于国家的暴力工具意义，它还包括政治意识、大众政治行为等等方面，而这些都可以、也必须在具体的社会情境和变迁过程中加以理解"④。其实关于从社会史介入政治史的研究，较早已经出现了一些较

---

①　杜常顺：《明朝宫廷与佛教关系研究》，博士学位论文，暨南大学，2005 年。

②　何孝荣：《明代宦官与佛教关系》，《南开学报》2000 年第 1 期。

③　何孝荣：《明代北京佛教寺院修建研究》，南开大学出版社 2007 年版。

④　赵世瑜：《社会史研究向何处去》，《河北学刊》2005 年第 1 期。

成功的研究范例，除了国内学者赵世瑜、刘志伟、陈春声等人的研究①，国外的学者如杜赞奇、孔飞力都堪称以社会史视野研究政治的先行者。

杜赞奇的《文化、权力与国家》描述的是晚清至民国国家力量不断扩展的过程，并且将其置于华北的区域社会情境中加以理解②，尽管他尚未在一个特定空间历史及详细的把握基础上展开他的工作，但他毕竟力图指出这样一个"跨区域的"政治扩张如何进行、又如何在复杂的区域权力网络中遭遇困境，他讨论的是现代化进程中的"国家政权建设"问题。问题恰恰在于，就拿这个"跨区域的"问题来说，它所遭遇的地方权力网络会相当不同，就以我们了解的情况来说，国家政权建设也采取了相应的、有差异的策略，"国家"和"地方"就形成了互动，最后的结果往往就是二者的妥协或者是一方的绝对胜利。

孔飞力的《叫魂》③也恰好提供了一个从社会史介入政治史的不错范例，因为作者从分析一种集体巫术的心理和行为出发，最后讨论的是帝国官僚体制的运行。但孔飞力的创新也就到此为止，因为他就帝国官僚体制、就乾隆皇帝与大小臣工的关系所做的讨论，并没有提供给我们更多新的东西。其重要原因之一在于，他考察的巫术骚动基本发生在江浙（山东的情形也多由江南传来，见其所引乾隆上谕），而从康熙到乾隆，统治者对江南地区的态势异乎寻常地重视，孔飞力无疑也注意到了这一点，否则就无法解释乾隆的小题大做。但他显然对江南地区的问题并未投入足够的笔墨，没有把皇帝和地方大员的所作所为放在帝国中心与江南的错综复杂的权力关系中去理解。反过来说，如果作者的出发点是西藏、蒙古或者云贵的某个重大事件，那么乾隆皇帝是否会做出同样的反应？他与地方官员的行为互动，以及他们的这些行为与刚性的或惯性的制度之间的互动是否与"叫魂案"所引发的相同？在社会史这里，或者说与传统的政治史不同的是，"政治"不再是一个孤立的，脱离具体历史情境和社会变迁的

---

①　如刘志伟曾探讨明代的里甲制度和户籍制度（参见氏著《国家与社会之间——明清广东里甲赋役制度研究》，中山大学出版社 1997 年版）；陈春声曾研究明清之际东南沿海的重大事件（参见氏著《从倭乱到迁海》，《明清论丛》第 2 辑，紫禁城出版社 2000 年版）。

②　杜赞奇著、王福明译：《文化、权力与国家——1900—1942 年的华北农村》，江苏人民出版社 1994 年版。

③　孔飞力：《叫魂·1768 年中国妖术大恐慌》，上海三联书店 1999 年版。

宏大叙事框架，而是立足于具体的时空坐标点上的一个个"叫魂案"。①

　　前辈学者的研究在方法论上令笔者受益匪浅，以往我们研究政治史的学者，往往只关注个别历史事件和人物行迹真伪的考证，或简单地概括历史事件的单面政治特性，而看不出个别事件与整体社会的关系或者互动机制。对历史的阐释当然要基于对历史真伪的辨析，但不等于说历史真伪的考辨可以代替或涵括意义解释的功能，否则，"只见树木，不见森林"的历史研究法只能停留在社会科学最低层次的初始状态。尽管传统的政治史范式，对问题缺乏解释能力，但并不是说它的一切都是失败的，应该承认在某些问题上仍有其所长，如王朝的更替、帝王将相等重大问题的研究等等。也就是说社会史视角下的政治史，并不是完全取代传统的政治史，而是要改变传统的政治史研究模式，取其之长，去其缺欠。

　　宦官与士大夫集团的关系历来为传统政治史研究所重视，但多集中于讨论政治层面上阉党与清流之间的斗争。② 黄宗羲对宦官的评论代表了传统史家的政治取向与思维模式，他曾说过："奄宦之祸，历汉、唐、宋而相寻无已，然未有若有明之为烈也。汉、唐、宋有干与朝政之奄宦，无奉行奄宦之朝政。今夫宰相六部，朝政所自出也，而本章之批答，先有口传，后有票拟；天下之财赋，先内库而后太仓；天下之刑狱，先东厂而后法司。其他无不皆然。则是宰相六部，为奄宦奉行之员而已。"③ 从黄的评论中可见，明代宦官与士大夫之间的矛盾昭然若揭，但这叙述的背后我们是否也可以窥见作为士大夫的黄宗羲对明代宦官的某种敌对的情绪。

　　当代英国著名科技史学家李约瑟有过这样的说法："（中国）历史大都是宦官的对头们写的，结果很多替国家工作得很好的宦官，都没有被载入史册。因此，对于史官们所记述的有关宦官活动的阴暗面，应当采取保留的态度。"④ 这种对宦官与士大夫之间张力的认识，在近年来越来越得

　　① 赵世瑜、邓庆平《二十世纪中国社会史研究的回顾与思考》，《历史研究》1999 年第 2 期。

　　② 冷东：《严嵩与宦官关系论略》，《赣南师范学院学报》1998 年第 3 期；冷东：《明代政治家与宦官关系略论》，《广东社会科学》1995 年第 2 期；林丽月："击内"抑或"调和"——试论东林领袖的制宦策略》，台湾《师大历史学报》第 6 期，1986 年；朱子彦：《论明代的内阁与党争》，《社会科学战线》1996 年第 1 期；樊树志：《张居正与冯保——历史的另一面》，《复旦学报》1999 年第 1 期。

　　③ （明）黄宗羲：《明夷待访录》，《奄宦上》，《丛书集成初编》。

　　④ ［英］李约瑟著：《中国科学技术史》第 1 卷《总论》，中华书局 1975 年版，第 225 页。

到了认识，① 同时，明代官方文本在宦官历史身份建构中的作用与局限性
也开始被强调。②

20 世纪初梁启超的《新史学》，主要抨击了以往的帝王将相史，倡导
进化论思想，主张发现历史规律，但他对与史料问题有关的历史认识问题
几乎没有涉及。约略同时稍晚，美国历史学家鲁滨孙却在他的《新史学》
一书中怀疑历史学可否成为和自然科学一样的科学，反对历史学科画地为
牢，主张"把那些许多不见于书本或碑文记载的材料认为是史料"，并说
"假使历史学家只是局限于史料上所叙述的确切可靠的事件，那么他的著
作往往就会缺少生动活泼、真正可信的情节"。③ 新史学的提倡扩大史料
来源，加之近年来对士大夫与宦官之间张力的认识，使文本史料难以满足
得到比较真实的历史，或者给予历史更全面、清楚的解释的愿望。

针对明代宦官的以往研究对宦官干政十分在意，并且所利用的关于宦
官的历史记忆大多是正史上的资料，反映的是记录者的历史记忆，宦官自
己的历史记忆被有意或无意地剔除掉了。但近年来的城市改造又把宦官的
墓挖出来，另类历史记忆就又浮出水面。所以，挖掘这些墓志、碑刻背后
的东西，"捕捉宦官自己的某些历史记忆、至少让我们了解他们怎样按照
自己的逻辑来编制另一套故事——与士大所讲的不同的故事"。④

以上笔者从方法论、研究主题、史料的角度对本文的学术史作一番粗
略的爬梳，而下文所要进行的研究将在很大程度上受惠于前人取得的这些
成就。基于此，笔者试图将明代的宦官群体放在民间社会的发展脉络中，
考察这一群体在社会生活中的角色及与士大夫的关系，这些都有助于我们
更全面地认识宦官群体，透视明代国家机制的运行。

---

① 　赵克生《明代和阉之禁》，《安徽大学学报》2002 年第 1 期；陶新华：《观念与制度：宦
官的异姓嗣子问题》，《四川大学学报》2005 年第 6 期。

② 　Fryslie, Matthew Ernest. The historian's castrated slave: The textual eunuch and the creation of
historical identity in the "Ming history" (China). Thesis (Ph. D.) The Universtity of Michigan,
2001.

③ 　[美] 鲁滨孙：《新史学》，齐思和等译，商务印书馆 1989 年版，第 39、60 页。

④ 　赵世瑜：《传说·历史·历史记忆——从 20 世纪的新史学到后现代史学》，《中国社会科
学》2003 年第 2 期。

第三节　史料的分析与反思

笔者不想掩饰关于明代宦官中扰乱王朝秩序、给王朝带来恶劣影响的奸宦，如刘瑾、魏忠贤等令人不愉快的名字；也不想以士大夫的态度，以传统社会儒家准则来评判宦官的"忠"或"奸"。作为历史研究者，笔者发现一般性利用传世文献来对宦官进行政治层面的标签式研究，失之于简单化，那样做仿佛宦官只是阉人或只是官，他们不受社会、文化或经济等变动的影响，只是高悬于权力塔顶尖的奴隶而已。把宦官视为另类的——或抱有敌意或持有同情的态度——这种成见，都是不够公允的。难道宦官在被阉割之前，不是和我们一样的人吗？而且他们也有父母、兄弟姐妹，有亲戚，有朋友。被阉割后在宫廷内服务，使宦官成为一种职业，在传统社会，他们和其他官员一样是为帝王、为国家尽忠。但走出皇宫、脱下官服，他们和普通大众一样拥有社会交往并参与周遭的社会生活。我们能不能找到一些途径平等的看待各种层次的宦官——不只是官修正史中极力渲染，并给新王朝作为警示加以戒备的那些所谓危及皇权的权宦呢？我们能否在除了少数的政治角色，看到大多数宦官政治之外的不同侧面？看到他们另外的一张脸呢？

尽管怀有疑问，笔者还是逐渐搜集可以找到的明代宦官相关的各种史料，无论是官方的正史、实录，私纂的野史、文集，抑或民间的碑刻、墓志。

通过尽可能地对相关史料进行全面的考察，对传世文献史料进行反思，使笔者从民间碑刻史料的线索中，发现了更多以往不常被关注的宦官群体的其他侧面。这一关注视野的转变，反过来同时可以使传统的文献史料重新对宦官问题做新的解释，得出不同以往的结论。

一　传统文献史料的局限

作为史学研究者，我们研究问题的第一个途径，当然是从有关的文献史料着手，包括官方典籍、私修史书、野史笔记和个人文集等史料。

明政权建立之初，即已开始设立了内廷宦官机构。明太祖朱元璋统治期间，宦官员额不断扩充增加，有关机构逐步膨胀增设。至洪武末年，明代宦官机构及职官设置已基本形成定制。洪武之后，仍有一些较重大的机构增置变易。

对于掌握明代宦官机构及职官设置，这些制度本身的问题及背景，笔者得益于《祖训录》《皇明祖训》《明实录》等官方典籍及其他私修的传世文献。但随着材料的收集和利用范围的扩大以及分析的深入，笔者发现这些文本史料无法反映笔者所关注的问题，而这种局限性无关史实本身，而是取决于史书编纂的目的、作者的意识形态及其所承受的道德束缚。正如笔者在下部分要讲到的碑刻史料之所以可以反映笔者所关心的宦官的另一层面的内容，也是由于编纂的目的、观看的群体，而导致作者可能会关注我们平时所熟知的同一事物的不为人知的另一面。下面还是回到明代宦官研究对于传统文本史料的利用上来，笔者大体将其分为官修史书与私人著述两类。

（一）官修史书

众所周知，没有任何史料能完美展现所谓的历史的真相。任何文字资料都会受写作或编纂者的主观立场和意识形态的限制，特别是官修正史典籍更要受到这种意识的影响。刘知几在《史通》有云："史之为用，其利甚博。乃生人之急务，为国家之要道。有国有家者，其可缺之哉？"① 可见，在中国古代，历史和政治是紧密相连的，并且史学显示出为政治服务的功用，因而具体执行编写的史臣，其编写内容与意识形态，不可避免的被统治者干涉、受政治所影响。

明代最重要的官修皇家记述史书是《明实录》。在中国古代，每一新朝建立，照例要为前朝修史。同时撰写当代史，即实录和国史。自唐朝始，每位皇帝死后，嗣位的新国君就会命史馆为前位君主撰修实录，并根据实录撰写国史，以后沿为定制。

明代同样沿袭旧制，设立翰林院，置修撰、编修、检讨等史官，负责撰修国史、实录。《明实录》所记录的史事和材料，主要以宫廷和政府部门的档案，以及史馆所编撰的起居注等为底本。纂修的目的是为了"示百王之大法，必凭记录，垂法将来"，"垂宪万世，使子孙庶仰而承之，尊而守之，可以维持天下悠久"②，可见其以史为鉴、资治当代的政治

---

① （唐）刘知几：《史通》卷11《史官建置》，浦起龙《史通通释》本，上海古籍出版社1978年版，第303—304页。

② 李建宏：《中国古代实录编纂研究》，《档案学通讯》2003年第2期。

目的。

　　无论从实录的取材、纂修的目的，抑或史官的官方性质，都决定了《明实录》必然是一代官方史料总汇。内容上，对于本文研究的主角——明代宦官，从实录中所得到的相关信息都离不开政治的主题，且只涉及成千上万的宦官中，一小部分与政治事件相关的人。

　　后世置史馆官方修撰，使修实录成了一种带有政治色彩的官方行为。单从写作的主体意识上来说，对于宦官问题，遇到有损皇家尊严的情况，实录更有诸多避讳、曲笔。以明成祖建东厂的时间为例，《明史·成祖本纪》载：永乐十八年"始设东厂，命中官刺事"，《酌中志》亦以此时间为设东厂之始，但《明太宗实录》却将这样的一件大事忽略不计。商传曾对此有过研究，认为成祖以复祖制为名，怕用宦官侦察之事有违祖制，故为《明太宗实录》所讳。① 另一则关于太宗派宦官出使朝鲜的事件，《明太宗实录》记载宦官黄俨、海寿等送朝鲜世子李褆回国②，而《朝鲜李朝实录》中则指出，此次宦官黄俨等人除送世子回国之外，还有着拣选处女的任务。③ 作为官修正史的《明史》同样对派出宦官出使朝鲜的原因避而不提。

　　由于实录的记载和结论在当世是非常据有权威性的，并且要流传后世，因而，君臣皆希望史籍中反映自己正面良好的一面，而对于与宦官的交往则成了披在身上的脏衣服，是要能抖便最好抖掉的。"尽管有许多官员或甚至大多数官员同宦官合作，利用宦官达到自己的目的，但他们总是热心于为他们的干下坏事的同僚在宦官中找替罪羊。"④ "虽然某些宦官被认为是'好太监'，但总的来说，几乎在一切历史著述中，不论是官修的还是私修的，对宦官的强烈偏见是明显的，因为作者几乎无一例外都是官

---

　　① 商传：《永乐十八年始设东厂说不确》，《中国史研究》1983 年第 2 期。

　　② 《明太宗实录》，卷 75，永乐六年正月，台湾"中央"研究院历史语言研究所 1962 年版，第 1033—1034 页。

　　③ 《朝鲜李朝实录中的中国史料》，第 1 册，上编，卷 3，《太宗恭定大王实录》2，第 217 页。

　　④ 海因茨·弗赖斯在他未发表的论明代宦官的政治作用的资格论文中，详尽阐述了这个题目。又见乌尔里克·汉斯—理查德·马米特希《魏忠贤（1568—1628 年）：对晚明太监与党争的重新评价》，载〔美〕牟复礼、〔英〕崔瑞德编《剑桥中国明代史》，中国社会科学出版社 1992 年版，第 802 页。

员，或者至少也是绅士阶级的成员。"①

清代官修的《明史》以《明实录》等官修的明代史料、政府档案为主要依据，兼用明代的一些私家史著。取材的范围决定了《明史》与实录在宦官问题的反映层面上具有相似性。同时，历代王朝修前朝史的目的，一个主要方面是为了总结政治经验教训，作为实行新政的鉴诫，并且树立道统、政统，宣示其政权的合法性。即使纂修的史官可能还是明朝的遗老遗少，但清朝政府官方的新儒学正统观念指导着正史对明朝历史所作的解释，在这方面某种偏见是可以预料的。

《明史》修撰的体例上，为了突出强调其鉴诫作用，根据明代社会特点而增设了《阉党传》《土司传》《流贼传》，可见这三项被新的王朝视为明代衰亡的重要原因，宦官乱政更是首当其冲。在内容上偏重于政治方面的记载，并且大力渲染忠、孝、节、义等传统伦理道德，按传统儒家的准则将宦官分为忠、奸不同的典型，重点强调宦官干预朝政的弊端。在内容上，《明史》与实录等传统的官修正史，通常以政治为主线勾勒历史，只为权珰立传、点评，对普通宦官的宫廷生活涉及较少，明亡之际，号称"中珰七万人皆喧哗走，宫人亦奔迸都市"。② 被载入史籍的只是少数群体，剩下的大多数宦官却在只留意大事件的官方典籍中难觅芳踪而被淹没史海。

（二）私人著述

私修的史书、笔记、小说、文集等由于内容的多样化，往往补充了官方正史的不足之处，但亦有其真实性的问题，"作者的偏见、误信都可能造成记事的不准确；从政者为表白自己可能有意歪曲事实，写出假文字；作家政治观、历史观的不同，也会因爱憎感情的控制，写出不尽符合历史实际的东西"③。

作为私家著述，作者本身的偏见、误信、爱憎等感情都可能影响史实的可信度。而涉及宦官的问题，这些同样出自精英士大夫之手的私人著述与官修正史，背后的相似的意识形态和道德评判标准导致其对宦官的叙述

---

①　［美］牟复礼、［英］崔瑞德编：《剑桥中国明代史》，第 802 页。

②　（清）王誉昌：《崇祯宫祠》，转引自王春瑜《明清史散论》，东方出版社 1996 年版，第 15 页。

③　冯尔康：《清史史料学》，沈阳出版社 2004 年版，第 239 页。

口径也是相似的，甚至一致的。明代野史不下千家，其中王世贞、沈德符等史家的作品常被认作可信度最高，今以此二人作品为例。

王世贞所著的《弇山堂别集·中官考》，是以往研究明代宦官必不可少的文本史料。序言开篇明意的历述宦官乱政的史实，提醒统治者"一瑾死，百瑾生"，只有像嘉靖帝那样"悉诛斥其渠首……次第收革诸镇监军"，才能"以迄于今，即有隐忧，而无显患"。宦官中"灼然称贤如怀恩、覃昌、云奇、何文鼎者，百不能一"①。在传统士大夫笔下，按照儒家道德标准对宦官进行"忠"、"奸"的区分，即便如王世贞这般对史料、史学有清醒认识的史学大家，亦难以摆脱个人意识形态的限制，这必然成为历史研究者对历史进行解释的严重干扰因素。

《万历野获编》的作者沈德符被认为是极少数对宦官"表现出某种比较宽宏大量的态度，企图做到公平，甚至超越了他们自己的阶级的限制"②。

下面我们来看看沈德符对撰写宦官内容史书的想法。丘濬于弘治年间上《大学衍义补》一书，孝宗嘉纳，累朝俱置之讲幄，沈德符以"其中独无内官一款"，疑其"实迎合中涓，遂蒙圣眷"③。

而万历二十年，张世则上所撰的《貂珰史鉴》，其为撰著的原因非常直接，专指中贵："宦寺贤者，万中不得一二，世则方指陈炯戒，将以启迪君心。"④ 这种对宦官持批判态度的借鉴著述未被刊印、流传，沈德符认为"可惜可叹"。⑤

在沈德符看来，写宦官内容的史书，能强调宦官危害性的一面，是值得赞誉的，而不对宦官进行道德评价的，则是为迎合宦官。窃以为可从中得窥三点认识：一、在当世宦官的势力确实很强，但即便对其逢迎或与之交好的士大夫精英亦不会对其直接赞誉并写入文本，因而今天我们所能看到的宦官与士大夫的关系，多只是彰显两方争斗的一面；二、当世作宦官史书的目的还是为了彰善惩恶，因而内容上还是以普遍的儒家道德为标

---

① （明）王世贞：《弇山堂别集》卷90《中官考一》，中华书局1985年版，第1720页。

② ［美］牟复礼、［英］崔瑞德编：《剑桥中国明代史》，第803页。

③ （明）沈德符：《万历野获编补遗》卷1《内监》，中华书局1959年版，第822页。

④ 《四库全书总目》卷12《史部·传记类存目四》，转引自杨艳秋《明代史学探研》，人民出版社2005年版，第271页。

⑤ （明）沈德符：《万历野获编补遗》卷1《内监》，第822页。

准，评论其政治上的是非为主，涉及宦官其他方面的内容很少；三、沈德符被认为对宦官是较为宽容的，尚且难以原谅丘濬书中言语不及宦官，不谈便是逢迎，照此逻辑岂不是只有骂了才值得表扬？由此看来士大夫们的传世著作，对宦官的描述难脱道德评价的窠臼。

　　明代的士大夫文集，虽更多的包含知识精英个人的思想，但与官修史书一样，反映出相同的士大夫阶层的意识形态，包括这个阶层的道德评判准则，以及全部的传统观念。与宦官的联系、交往，是朝臣士大夫们最不愿涉及的禁区。其中著名的士大夫，其文集中往往有数十数百篇为各个阶层人物所做的传记、诗作、墓志、墓表、葬文等文章，这些涉及其中，某种程度可以显示其交往范围的人物，上至公卿大夫，下甚至于庶人妇孺，却不愿留下一篇为那些位高阶、着蟒衣的大太监所做的墓志铭的记录。文集中即便有宦官的踪影，也最多是彰显二者争斗对立的一面。个别士大夫如罗玘，在其个人文集《圭峰集》中，将其为宦官白江、博啰、傅容、博啰之母所做的墓志皆编入其文集，后世的士大夫在其文集的序言中评价"虽玘之风概可以共谅于后世，然其为微瑕"①，此事成为了以气节重一时的罗玘人生的一个瑕疵，时至今日仍被某些持传统思维模式的学者批评为"正不压邪、奴性抬头"②。可见，士大夫们刻意删除与宦官相关的历史记忆也是与传统道德评判环境分不开的，文本史料的局限必然导致对宦官问题解释的片面。

小结：

　　我所考察的以上这些或严谨或散漫的文献的共同点是，它们都是由思想意识体系相同的士大夫撰写。当他们将宦官的事情诉诸笔端时，只选择其中很少的一部分——他们认为附和当时道德评判标准的、较"安全"的内容；更有甚者，他们描述宦官的行为时，会夸大渲染其负面形象，简单化以儒家"忠"、"奸"的标准将其简单化，为宦官做非此即彼的标签。有些著作的作者是官员士大夫，他们在写自己同僚的事情时，尽管在个人或集团之间也可能是敌对或斗争的，但"原则上都对宦官抱有偏见，总

①　（明）罗玘：《圭峰集》序言，文渊阁《四库全书》本。
②　王春瑜：《明清史事沉思录》，陕西人民出版社 2007 年版，第 251 页。

是迫不待地想把他们的同僚所做坏事的责任推到宦官身上"①。

因而，呈现在我们面前的宦官形象只是其与政治斗争、国家兴衰相关的一个侧面。这些材料因相似的目的而被创造出来，我们看到的好像是一个个的宦官，也好像是一个群体，但只有一张脸，总是其政治层面的活动，是其被骂为威胁政权的一面。

士大夫受道德标准的束缚而创造出来的这些传世文献史料里，存在意识形态的偏见。传世文献在明代宦官研究中，不能被视为圭臬，它们揭示的也不是宦官的全部历史。

笔者对上述传统文献史料的分析与反思，目的不在于驳斥士大夫史书的可信度，因为对它们的搜索和爬梳是开始宦官研究的工作基础，也是宦官问题研究的主体资料，但千篇一律的士大夫的声音只能自上而下的反映宦官的一个侧面。怎样才能对同样的问题，换一种解释方式，或者说如果站在宦官的立场上，来看宦官的问题，是否就可以得到不同的结论呢？

明代宦官刘若愚的著作《酌中志》首先进入笔者的视野。它是一个特别的文本史料，区别于出自士大夫之手的或官修或私著的各种史书。宦官的视角出发讲宦官的事，可以弥补士大夫因意识形态的限制而撰写的宦官历史的不足之处，因而这部明后期的宫廷专史保留了大量宫廷文献，对研究明代宦官有着独特意义。但同时我们也要注意到，作者刘若愚在著书的时候正身陷囹圄，造史的目的是为自辩，多方面揭示魏忠贤及其党羽的罪行力求为自己开脱，并且由士大夫传抄刊行，这其中存在着意识形态的作用。另外，作为保留下来的极稀有的宦官作品，《酌中志》孤本一部，不仅对宦官各方面的反映十分有限，也缺乏与之印证的材料。此时，藏于民间的碑刻、墓志纳入了笔者的视野。

二　墓志及碑刻史料与明代宦官研究

我们在审视宦官问题的研究时，发现以往学界关注的重点仍在于宦官与国家兴亡相关的大历史的研究（这在前面的学术史回顾部分已有相关的阐述，在此不加赘述），运用的史料主要是官修典籍和士大夫的私人著述。通过对以上传统文本史料的分析，我们看到了由于士大夫主体意识形态，而造成的其创造的史料本身只能反映明代宦官的一个侧面和一部分个

---

① 据《剑桥中国明代史》，第 723 页。

体。一些名气小的乃至无名的普通宦官的传记资料，就是在文集、笔记中也很难找到，宦官的身份更别想在地方志中找到只言片语了。而即便是大宦官，在官方史料中对其生平记载亦多语焉不详，关于其个人生活简历自不会更多地耗费笔墨，因而大宦官亦很难考察其政治身份之外的普通人生。

陈寅恪曾说："吾人今日可依据之材料，仅为当时所遗存最小之一部，欲藉此残余断片，以窥测其全部结构，必须备艺术家欣赏古代绘画雕刻之眼光及精神，然后古人立说之用意与对象，始可以真了解。"① 我们用于探索历史真相的史料现今所能获得的已是很少一部分，而对于宦官研究来说则更为有限。

清人常有"家乘犹国史"的说法，意在说明谱牒史料的重要价值，其实家谱不仅是一个家族，或是宗族的历史，对于整个社会、整个历史时期的重要问题都提供着不可或缺的研究资料。但对于宦官的研究来说，目前来看，家谱资料没有什么特别意义。因为在中国古代传统社会，家族成员阉割入宫是耻辱的事情，"刑余之人"自是为世人所鄙，在家谱中是不会留有位置的。而且明朝的宦官来源不一、籍贯各异，若要追根溯源找到其家族谱系的资料，就目前而言是超出笔者能力范围的，因而欲了解明代普通宦官的个人生平，进而研究明代整个宦官群体的生活状态，便成为无米之炊。

正是由于特殊的职业特点，因而宦官活动多围绕着京城皇宫展开。在明代主要集中于南京、北京这两处京城，尤其迁都后的北京城，更是明代宦官活动的主要场所，而他们死后又多埋葬于此。近年来随着城市改造，大量墓志、碑刻资料的出土，加之新的社会史视角的运用，使明代宦官的研究有了脱离以往传统政治史窠臼的新方向。

（一）墓志的形制及源流

本书以明代宦官墓志资料为主要史料，因而在探讨其内容与传统文献史料的差异性并利用其进行研究之前，有必要对墓志，特别是明代的墓志形制有一个简单的了解。

墓志，是古人逝世后的重要随葬品之一，也是现存古代石刻中占较大

---

① 陈寅恪：《冯友兰〈中国哲学史〉上册审查报告》，载《金明馆丛稿二编》，生活·读书·新知三联书店 2001 年版，第 279—280 页。

比重的一种主要石刻类型。墓志铭深埋在坟墓之中，可以永久保存下去，除非人为的发掘，不会再现于世，其原因是怕因陵谷变迁，后人不知是谁之墓，以求日后稽考。

墓志铭，包括志、铭两种。志用散文，叙生平；铭用韵文，表示对死者的赞扬和悼念。上面刻有墓主的生卒年代、姓氏、籍贯、郡望、官阶、配偶子女等生平梗概，称为"志"；而文末多有数句四言韵文加以概括并表达悼念之意，称之为"铭"。墓志一般与棺椁一并埋于墓中。其内容多为赞颂墓主功德、记述其行迹，以彰显墓主一生。关于撰写墓志铭的人没有确切规定，但死者的后人一般会找较有名望的文人撰写，且酬劳丰厚。墓志亦有"埋铭"、"圹志"、"葬志"等称谓。另有墓室墙壁砖石之上书写或镌刻墓主的姓名、籍贯、生平等信息，称为"塞砖铭"。

神道碑，置于墓道的碑石，上镌墓主传记。始于汉朝，但到六朝，只有天子和诸侯可以立神道碑，后代随着国家禁令的放宽，官员及地方上有名望的人物亦会立碑彰显功德，但仍用于统治阶级的上层人物。由于立神道碑的死者多是较有地位的，撰写者一般也找有名望地位的人，甚至皇帝亲笔撰写。

墓表，也是立于墓前，置于墓外，刻载死者生平表扬其功德的石碑。《碑版广例》卷九："墓表与神道碑异名同物，故墓表之有铭者亦多。"

墓志与墓碑最大的区别在于：墓志铭是放在墓中完整介绍逝者生平的，而墓表或神道碑则是立于墓道旁取逝者一生中功德之大者刻于墓前，使世人得以考见，彰显其一生的。如士大夫王直为正统年间大太监刘顺撰写墓表中，引用刘顺亲人的话，表明了墓志与墓碑之间内容的差异："我公之卒也，天子嘉念劳绩，所以赍终者甚厚，而少保杨公备志于幽堂矣；若又取其功德之大者，刻诸墓前之石，使人人得有所考见，岂不益彰彻显闻。众皆曰然。"①

也就是说埋在墓穴之内的墓志铭与立于外面给世人看的墓碑，由于其摆置与撰写目的的差异，导致作者在撰写时角度和态度也是有差别的。墓碑立于地上，写作时假定读者是将来的人，写作的目的是为了纪功立德。墓志埋于地下，记述逝死的生平简历，写作的目的是为了沧海桑田之后，

---

① 《太监刘公墓表》，《北京图书馆藏历代石刻拓本汇编》，中州古籍出版社1991年版，第51册，第105页。

表明墓葬的位置。

墓志的渊源，从考古发现来看，秦始皇陵外围墙西边的刑徒墓地出土的残瓦中，有十八件刻有地名、服役性质、爵名、姓名等，其性质当属墓志文。① 可见最早于秦代已发现墓志，但尚无统一的形制和行文准则。

三国两晋时屡次禁碑，其主要目的本是为防止铺张浪费和被偷盗，孰料这些禁碑令及葬制改革却促成了墓志的发展。于是墓碑由大缩小，埋入墓圹中，后逐渐演变为墓志的形式。至北魏墓志数量增多，方形墓志遂成定制，从形制上看，墓志多为石质，并且两块等大之正方形石版，上下重叠。② 刻有铭文者在下为底，刻碑额内容者在上为盖，刻有标题，即某朝某官墓志，有些装饰花纹、神像，盖文多为篆书，故有将书写墓志盖者称为"篆盖"者。墓志形制的这一发展变化，不仅对魏晋南北朝的历史影响很大，而且也促进了墓志的繁荣发展。

据熊基权的研究："北魏时期是我国墓志发展的黄金期、鼎盛期、成熟期与定制期。"③ 这一时期不仅使墓志在形式、内容及书体诸方面都趋于定制，形制多呈正方形（墓志的大小不定，差别很大），而且还正式出现了"墓志"、"墓志铭"这样的称谓。隋朝是墓志发展承前启后的重要时期，年代虽短，墓志却不少，形制增大，大小也渐趋固定。然而，相比较而言，唐朝却是墓志发展极为重要的时期，也是最为辉煌的时期。墓志数量远胜六朝，而且在形制上基本上确立了墓志正方形的主体形态。志石大小渐趋一致，一般为 40 至 60 厘米见方。墓志最大的特点是：尊卑皆用、范围广阔、行文趋向繁华，而大文人、大书家、名刻手纷纷参与，使墓志愈加庄重、高雅。

自唐以降，随着中国政治、经济、文化中心的逐渐南移，墓志繁盛的中心也随之移至南方。由于墓志至唐代已是体制大备，特别是韩愈所撰墓志铭在文学上具有很高的价值，所以唐代以后的墓志尽管在数量上未必减少，但毕竟已开始走下坡路了。然而其形制一如隋唐，基本上已无大的发展变化，走向衰微。

至明代，墓志不仅是数量上大为减少，而且墓志规格等级更为森严，

---

① 《秦始皇陵西侧赵家背户村秦刑徒墓》，《文物》1982 年第 3 期。

② 李永明：《中国古代墓志铭的源流》，《山东图书馆季刊》2003 年第 1 期。

③ 熊基权：《魏晋以来墓志流变》，《文物春秋》2003 年第 5 期。

明代万历十年甚至做出了"庶人茔地九步、穿心一十八步、止用圹志"这样的规定。① 这一切都促成了墓志日趋简陋，埋铭者日少，而代之以立碑之风大兴的出现，这也正是明代以后墓志逐渐减少的原因所在。

明代虽然是墓志发展的衰落期还是发现了很多墓志。据赵超的统计："明代的墓志在近 50 年内出土较多，业已发现的材料共计约 600 件，主要出土地有北京、辽宁、江西、江苏、四川、陕西等地。其中大部分为各级官员及其家属的墓志，有很多墓志主要见于史载的高级官员和著名人物。"②

（二）墓志碑刻史料与明代宦官研究

通常每篇墓志铭都会介绍墓主的基本情况，包括卒年、祖先、籍贯所在地、父母兄弟、性格、才能、功绩等。和普通墓志一样，宦官墓主通常也是宦官的中、上阶层；为他们写墓志的很多人都是著名的士大夫，甚至当朝的权臣。一般是故去后，其亲属、交好的同僚、属下等较亲近的人，拿其生平简介或行状，找关系相近或与求撰者相关的著名文人，将死者的信息组织、编纂。

同样的士大夫群体，他们掌握着话语的霸权，一方面留下了正史、文集等传世的文献，另一方面也会撰写深埋于地下的墓志铭文。墓志埋于地下，原始目的是为了沧海桑田之后，可以表明墓葬的位置，这种特殊的位置与撰写目的操纵着撰写者的眼光，使其对同一个人在文献与墓志中的记载可能表现出完全不同的态度。宦官墓志尤其如此。面对道德评判的大环境，士大夫不愿将与宦官的交往甚至交好写在自己的文集流传于后世；但宦官被视为政权的毒瘤，传统的文本最多将宦官分为忠、奸两种，即使对宦官优点的描写，目的也是为了以之为鉴。墓志则不同，它描写的是宦官的个人史，与国家无关。墓志是为了彰显其一生，因而在里面可以看到平时所少见的宦官的另外一面。并且撰写者多与死者有交往或有耳闻，语气中自然而然流露出自己对死者的感情色彩。

例如户部尚书刘健与镇守福建的御用监太监陈道有师友之义，为其撰

---

① （明）李东阳等纂：《大明会典》卷 203。

② 赵超：《古代石刻》，文物出版社 2001 年版，第 104 页。

神道碑，"夫公昔受业书堂，予实奉命典教事。有师友义，乃不辞其铭"①。为御马监太监阎通撰墓志，因"成化中，余与公同事今上皇帝于春宫，有旧，不克辞"②。兵部尚书刘大夏，为内官监太监杨穆撰墓志铭时，回忆弘治十年，二人合作讨虏，"众议预给士卒赏赐，公徐曰：国用未裕，师行尚迟，姑竣事定，而给之便。厥后，师不果行，省白金数万两。予时已窃贤公"。对其逝世悲伤感叹："予将何词以为公慰哉！"③ 志文中刘大夏因太监杨穆，为国家省白金数万两，而以之为贤，同事之谊，敬佩之意，真情流露。而《明史·刘大夏列传》中，刘大夏对宦官的态度却截然相反。"尝乘间言四方镇守中官之害。帝问状，对曰：'臣在两广见诸文武大吏供亿不能敌一镇守，其烦费可知。'"④ 在皇帝面前力言镇守中官之害。另有大学士商辂为镇守太监钱能母亲撰文；大学士沈鲤为太监田义墓志篆额；闵珪为臭名昭著的宦官董让写墓志，等等。

以上提到的墓志撰写者，在正史中都被塑造成不惧宦官权贵并与之进行过斗争的正直士大夫朝臣，在墓志中我们看到了他们关系的另外一面，宦官形象的另外一面。墓志不仅为表现撰写者及其与墓主的关系提供了很多有价值的信息，而且读过铭文后，我们也会了解到，士大夫对宦官的评判中，他们认为什么品德最重要。从上文的叙述中首先可以看到，在宦官的墓志史料中，作为墓志撰写者的士人，在传世文献中可能与逝者看不到任何交往的蛛丝马迹，甚至交恶，但墓志中却大名置顶。

此外，墓志铭文中不只提供宦官的信息，也提供了宦官研究最有利用价值的可靠数据，如入宫年龄、寿命等依据。宦官的墓志铭对地方史研究也具有重要的意义。地方志和家谱等资料中通常不会把宦官的活动记入其中，但宦官入宫后，再回到家乡其身份不仅是一个个体的人，更因其曾在宫廷任职而具备了国家在场的功能，势必对家乡的社会生活及权势变迁产生影响，如折射明代社会生活的小说《金瓶梅》中的花姓宦官，在退休

---

① 《明镇守福建御用监太监陈公神道碑》，国家图书馆藏善本金石组编：《历代石刻史料汇编》，第 15 册，第 556 页。

② （明）刘健：《明故御马监太监争阎公墓志铭》，《新中国出土墓志·河北卷》，文物出版社 2004 年版，第 180 页。

③ （明）刘大夏：《明故内官监太监杨公墓志铭》，《新中国出土墓志·北京卷》，文物出版社 2003 年版，第 151 页。

④ （清）张廷玉：《明史》卷 182《刘大夏传》，第 4847 页。

回到家乡后仍有着影响当地社会的作用，自然是其来自宫廷的特殊地位与关系网使然。小说自然是艺术加工的产物不可作为信史看待，却是当时社会的一个投影。宦官回到地方上发挥的作用与参与的活动，不牵涉大事件便很难在正史中得到记录流传，而士大夫文集或地方志中亦不愿涉及与宦官相关的话题。墓志资料的出土却弥补了此项空白，由于选题及笔者采集资料的限制，因而暂时无力对各地的宦官与其家乡的关系做进一步的探索，但墓志资料在这方面研究的史料价值却不得不提到。

墓志史料虽然能够提供许多我们在正史文本中无法获取到的信息，但作为一种单一的声音，同样存在着自身的局限性，墓志或神道碑既成于死者的亲友旧戚之手，基于伦常、情谊的考量，撰写者对墓主的评述，往往流于隐恶扬善、褒多于贬的情况，对墓主不利的事迹，多所回护或避重就轻，对墓主有利的叙述，不免过于夸大、主观，更有出于政治现实的考虑，对墓主与时人政局关系多隐蔽，以致若干事实的真相，反而隐晦不明，形成研究上的盲点。因此我们在运用墓志等人物传记资料时，必须广泛参考相关文献，深入探索，详加考订，梳理史实脉络，与其他不同类型的史料对比、分析，经过去伪存真的考辨，才能对人、事做出客观的评断。

三 以碑刻为主的综合史料的运用

从传世的文本史料中，我们更多撷取的是宦官作为明代宫廷中的一方重要力量，他们与皇帝、后妃、朝臣等力量的争斗角逐或合作的政治行为；从宦官墓志铭、神道碑中可以获取宦官的生平、事迹等个人生平、生活史的资料，这些宦官个人资料的细节是墓志资料所特有的。

除了墓志，北京地区的许多庙碑被发掘与整理。明代自孝宗以前一百余年间，崇尚佛教，英宗、宪宗更是加倍推崇。宦官一方面为讨帝王欢心，另外也为年老以后有栖身之地，不惜耗费巨资修建寺庙。因帝王的推崇，明代宦官掀起了修庙的热潮，而此举亦能得到帝王的褒奖，敕赐寺名。并且寺庙被重修或重建，都会留下彰显功绩的庙碑，这其中作为建庙主力的宦官自然在庙碑上留下大名。传世文本史料对于了解王朝更替等重大问题是有着不可替代的作用的，但对于解释事件、认识其背后的社会联系与机制，则显得无能为力。对于明代宦官的研究，传统的政治史视角，利用传世文本史料，已对其制度有了深刻的阐述，但是宦官与民间社会的互动，很难在传世文本中有集中的体现，却是研究宦官问题不可回避的一面。如果说传世文献让我们更多看到宦官在明代北京宫廷中的活动，那么碑刻资料则更多给我们展示宦官在宫廷以外这方帝国之都的社会活动。

宦官主要为宫廷服务的特点决定了其群体的活动范围多在京畿地区，死后亦多葬于此地，因而北京地区宦官墓志、碑刻资源十分丰富，是笔者选此题目的必要条件。明代宦官现存墓志数量相当大，但极为分散。

笔者目前搜集、整理，包括到石刻艺术博物馆、田义墓等处去实地抄录的墓志总数在 200 块上下，与宦官活动相关的分布于京城各庙的碑刻，数量更是可观。这批墓志、碑刻内容丰富，涉及宦官生平、生活及与士大夫的关系等各方面内容，包括高凤、张永等熟悉的名字。另外，涉及宦官社会活动的多是立在寺庙中的碑刻。

第四节　个案选择意义与论文结构

一　个案选择的意义

在中国历史上，宦官制度伴随着君主制国家的始终。就中国宦官制度自身的发展脉络来看，在明代宦官迈入了其自身发展的鼎盛时期。宦官机构二十四衙门机构庞大、人数众多、权力范围广泛并伴随整个明王朝始终，成为其国家政治制度的重要组成部分。

学界对于明代宦官和国家政治之间关系的论述早已汗牛充栋，尤以强调宦官擅权干政、破坏国家政治的道德评价为主流。而从明代国家的建制来探讨明代宦官的参政也日渐受到关注，强调宦官在明初已大量渗入各政府机关中，在某种程度上已不再是行政体制外的插手"干政"，而是建制内的一分子。① 这样的认识相对于以往对宦官的道德评价立场，是一种发展。

前辈学者们对于明代宦官的研究都强调其对国家政治的高度影响。但不能忽略的一点是他们并未如汉、唐时宦官能轻易废立皇储、掌握军权，他们有着自己的一套制度，权力往往超过制度规定的范围，却总是触及不到皇权的威严；宦官在明代国家权力的运作过程中发挥着作用，却又受控于整个国家政治权力网络。那么，究竟是什么造成了明代宦官这种特殊的

---

①　何伟帜：《明初的宦官政治》，香港文星图书有限公司 2000 年版，第 2 页。

地位？对比清朝宦官能够束手，我们看不出清朝初年比明朝初年统治者对宦官干政问题有更高明的防御措施，然而宦官却没能有机会站到统治舞台的中心。究竟明朝国家机器在运转过程中缺了哪一环要用宦官来加以补充呢？美国史家鲁滨孙说："假使历史学家只是局限于史料上所叙述的确切可靠的事件，那么他的著作往往就会缺少生动活泼、真正可信的情节。"①以官方政书等文献史料为出发点来研究宦官问题，侧重点其实是大的政治事件，这些政书中的大事件已被事先假定为真实可信的，宦官在其中扮演的角色只能从政治事件的记载中拾遗，并且涉及人物已事先被加以取舍，宦官在其中的影响力被单向概括。实际上，宦官是怎样一步步涉入政治事件并施加影响？是什么保证了大多数宦官能够在各自位置上承担弥补文官制度缺失的功能？作为社会群体、家庭成员的宦官对其家族的显赫起到怎样的作用？是否得到其族人的认同？这些问题将是笔者研究的着力点。

本文所选取的四个个案所涉及的宦官均是当朝大珰，在不同的政治事件中扮演着重要的角色，但文献中只零星记录他们各自涉及的某项重大事件，往往因此被概括或定型为"忠"或"奸"。笔者从当时人为其所作墓志撰文出发，以其生平经历为线索，考察他们如何步入国家的政治权力网络并在其中扮演重要角色，以及作为国家政治机制组成部分的明代宦官，能够在其位置上各司其职维持国家机器正常运行的原因，进而探讨整个明代国家机制。

在个案的选择上，除涉及的人物都有较丰富的墓志资料外，笔者也照顾到宦官生活的年代，所谓宦官擅权较严重的明前期的永乐、成化、正德朝宦官在国家机制中发挥什么影响？而那些号称宦官擅权不那么严重的明中后期的嘉靖、万历朝宦官又在国家政事中扮演着怎样不同的角色？结合时间脉络以及结构特征，笔者选择了下面四个个案。

二　思路与结构

笔者基本围绕着两条线索展开本文的论述。一是正视明代宦官的政治功能作用，站在比较客观的立场，构建出较为真实的宦官形象。跳出宦官干政、擅权的固有思维，其实他们很大程度上是王权的代表，是明代政治权力的组成部分，他们在不同政局下有不同的功能。二是反思宦官与朝臣

---

① ［美］鲁滨孙：《新史学》，齐思和等译，第39、60页。

的关系问题，撇开以往文献中对宦官忠、奸的单一判断，因为大多数的文献是出自朝臣士大夫之手，他们笔下对宦官的记录是以士大夫的意识形态及当时的现实情况而有所选择的，笔者试图从与以往不同的宦官墓志资料为线索发现二者在正史记载以外的勾连往来，以及对国家政治的影响。

本书共分五个部分。

第一章绪论部分。主要从总体上提出本书要讨论的主旨问题，并介绍本书的选题缘起、学术史回顾、文献资料和论文的基本结构，为本书的立论做铺垫工作。提出对宦官的道德评价与历史评价的问题，分析传统文献史料与墓志、碑刻等田野史料对宦官研究的不同功用，交待笔者出于何种考虑而选择论文的材料、主题。

第二章到第五章是四个个案。本书对每个个案的描述都是以历时性的手法展开，将宦官的个人经历、不同的政治功用、宦官与朝臣之间关系的另一面等问题都融入每一个个案的讨论中，从时间的发展脉络中把握每个个案中的宦官在不同政局、不同时期对国家政治的功用。

第一个个案是女真族宦官在明代国家边略中的作用，笔者侧重考察了刘通、刘顺兄弟在明代国家政权稳固、边疆安全中的作用，以及钱能作为皇权的代表被派往云南边陲的特殊意义，通过对个案的考察，改变以往强调宦官镇守边地怙宠为恶的一面，正视宦官对明代边疆的角色作用。同时通过对少数民族宦官的行迹考察，亦从一个侧面反映明初的民族关系和边疆政策。

第二个是高凤个案。高凤位列正德"八虎"之一，文史中关于其个人形象的记载都以八虎的群体形象而出现，凸显其负面形象。幸存有高凤及其家族成员的墓志，为我们了解明代宦官家族提供了线索。高凤家族因其得势而显贵于乡里，高凤的侄孙高儒更是正德、嘉靖年间著名的藏书家、目录学家，然而无论是正史、方志，抑或高儒本人的文献皆阙言其家族与高凤之关联。

第三个麦福个案中，笔者将视线转到嘉靖朝这个史论向被称为不用宦官的时期，通过考察麦福在嘉靖朝不同阶段所扮演的角色及与大事件的勾连，以个案的方式解释明代宦官的政治功用，脱离以往对宦官作用的单一概括。

陈矩的个案中，考察宦官陈矩与东林清流沈鲤、李三才的关系，并且透过考察陈矩与明末东林清流朝臣士大夫的密切合作关系，商榷传统意识中阉党即等于与宦官勾连的说法。

第二章

宦官在明代边略中的角色
——女真宦官个案

明朝宦官建制，肇始于太祖朱元璋开国。吴元年（1367）已开始对内使有诸多委任，洪武建元后逐渐完善扩展，到洪武末年已形成二十四衙门的宦官机构。明太祖开国伊始，对宦官的防备颇严，《明史》称其"鉴前代之失，置宦者不及百人"①。洪武中期以后，随着宦官机构及责权的扩展，宦官数量不断膨胀的趋势已开始显露。例如洪武十五年（1382）十月，一次"增设内使三百六十人"，②紧接着十一月，再"增设内使七十六人"。③

宦官来源的地域范围、民族成分也日益广泛，其中安南、高丽等国是当时向明朝进贡阉宦的主要外籍地区。洪武十六年（1383），"安南陈炜遣其通奉大夫黎与义等上表进阉竖二十五人，赐以文绮钞锭"④。洪武二十四年（1391），"诏于高丽市马一万匹并索阉人二百人"⑤。一次性向高丽国索取阉人二百。

除一些外籍宦官，明代宦官还具有民族成分多元化的特点，包括女真、蒙古、回、苗等少数民族。明成祖朱棣重用宦官，主因是靖难起兵篡夺其侄朱允炆（建文帝）帝位时，"及燕师逼江北，内臣多逃入其军，漏朝廷虚实。文皇以为忠于己，而狗儿辈复以军功得幸，即位后遂多所委

① （清）张廷玉：《明史》卷304《宦官传一》，中华书局1974年版，第7765页。
② 《明太祖实录》，卷149，洪武十五年冬十月丙戌条。
③ 《明太祖实录》，卷150，洪武十五年十一月丙午条。
④ 《明太祖实录》，卷155，洪武十六年六月壬午条。
⑤ 《明太祖实录》，卷208，洪武二十四年三月己丑条。

任。"① 燕王朱棣一举攻下当时的都城南京，得益于建文宫廷内臣状告城内虚实情况，以及狗儿王彦等藩府旧阉在起兵中累立战功襄助其成事，因而登极后对内臣多加重用。

在这些从征有功的燕府旧珰中，来自女真的宦官更著功绩。最为人熟知的即狗儿王彦，乃燕府宦官中最为勇敢者，也是文献中最常被提及者，尹守衡《明史窃》记载："文皇时当靖难初，内官将兵者数人。有狗儿最敢战先登；王安即不花都，女直人；孟骥即添儿，西番人；郑和即三保，李谦即保儿，并云南人；云祥即猛哥，田嘉禾即哈喇帖木，并胡人；皆从起兵有功，入国后皆授太监。"② 这些阵前效力最著功勋者几乎都是非汉族的宦官，女真人除王彦，亦有王安。他们在明代不同时期都扮演了不同的角色。

本章中笔者侧重考察刘通、刘顺兄弟在明代国家政权稳固、边疆安全中的作用，以及钱能作为皇权的代表被派往云南边陲的特殊意义，通过对个案的考察，探讨少数民族宦官的政治功能，以及作为王权代表来到地方所产生的作用。

第一节　宦官与明初东北边略——刘通、刘顺个案

一　少数民族宦官与明初的边略概况

少数民族在明代宦官成分中占有重要的比例，特别是明前期的各朝，女真宦官更是为数不少。除我们熟知的女真宦官狗儿王彦、王安，本文的事主刘顺、刘通兄弟，还有永乐朝在东北奴儿干都司的建置中发挥重要作用的亦失哈，也是海西女真人。③ 天顺朝宦官姚铎，"其先西直人，自髫岁洪武二十五年（1392）入内府，随侍太祖高皇帝"④。明中期的著名宦官，也是本文的事主钱福、钱喜、钱能、钱义四兄弟，俱为女真人。

明代宦官在宫廷政治生活当中发挥着重要的作用，尤其是明代前期成祖"靖难"夺位，得宦官之助，而阵前效力最著功勋的几乎都是少数民

---

① （清）张廷玉：《明史》卷304《宦官传一》，第7766页。
② （明）尹守衡：《明史窃》卷25《宦官传》，光绪十二年重刊本，第5页上下。
③ 丛佩远：《亦失哈考略》，《中国史研究》1980年第4期。
④ 梁绍杰：《明代宦官碑传录》，香港大学中文系1997年版，第34页。

族宦官，包括女真王彦、回回郑和、西番人孟骥、蒙古人云祥等。之后永乐至宣德年间，又有大批宦官被委任出使西洋，其中最具事功者乃是回族的郑和。宣德之后，宦官在国家政治生活中的作用日见显露，而少数民族宦官也大受宠用。最为著名的就是成化时期瑶族宦官汪直和女真宦官钱能。

明代作为继少数民族一统中原后的汉族政权，其疆域问题一直是国之大事。而边疆大事中，又常常能看到宦官的影响。明成祖"靖难"登基后，迁都北平，而占据漠北的蒙古势力，仍然是明朝在边疆问题上面临的最大威胁。因而，成祖以开拓进取的姿态，频频反击，先后五次亲征漠北，奠定了明代北方边疆的巩固基础。在"靖难"中骁勇善战、屡立战功的少数民族宦官再次随成祖出征，亦为巩固明代边疆作出贡献，这其中便包括在靖难中立下战功的刘顺、刘通兄弟。另外，为牵制蒙古，成祖亦积极经营东北边疆，其中一项最重要的举措便是设置奴尔干都司，作为管辖黑龙江、乌苏里江流域等地最高一级的地方行政、军事机构。并且政府还经常派专人巡视奴儿干都司，对辖内各族人民进行抚慰。从永乐七年（1409）起，太监亦失哈以钦差的身份，曾多次到奴尔干都司各地，宣圣谕，沟通与当地各族人民的关系。前文中已经说过亦失哈也是女真宦官，成祖将其派至东北女真集中地的奴儿干都司，显然是别有深意的。可见，在明朝初期少数民族宦官对国家边疆稳定发挥了重要又积极的影响。

然而，在肯定明初个别少数民族宦官在国家军事上的作用的同时，更多研究者是从宦官专权的角度，论其窃取朝中大权，干预国家边疆政策。① 明英宗时期的王振力主征伐麓川成了宦官干预朝廷治边方略的典型例子。而后，明宪宗时期，宦官汪直策划征伐东北女真，由于无故兴兵，激化了民族矛盾，"伏当加寇辽东，亦思马因寇大同，杀掠甚众"②，对明朝展开大规模的报复行动。

在下文中，笔者试图以女真刘氏兄弟的个案看宦官在明初国家边略中扮演的角色。

女真刘通、刘顺二兄弟是燕府旧阉且俱在"靖难"中立下功勋，却

---

① 刘祥学：《明朝民族政策演变史》，民族出版社 2006 年版，第 90 页。
② （清）张廷玉：《明史》304《宦官传一》，第 7780 页。

不见诸史端。狗儿王彦似乎成为从征有功的旧珰的代表，即便如此，王彦在"靖难"中的具体参与情况也并不翔实，学者只能从匮乏分散的史料中加以拼凑分析。① 有着显著事功和权位的刘通、刘顺兄弟，在《明史》中无传，只在查继佐《罪惟录》中有刘顺小传，且语焉不详，需仔细考辨。相关的文献资料对二人也涉及甚少，幸存有二位事主的两方墓志出土，志文中有他们在靖难起兵中较为详细的参与过程。以刘通、刘顺两兄弟为对象的个案研究，可以相互参证，借以钩稽出二人的生平行状、婚姻家庭与军功事迹，女真宦官在明代国家边略中的角色、形象，以及永乐皇帝的治边策略、民族观也得以渐渐浮出水面，可谓以一管而窥全貌了。

二　刘氏兄弟入燕府

刘通、刘顺两方墓志皆有拓片，刊入北京图书馆金石组编《北京图书馆藏中国历代石刻拓本汇编》。

（一）刘通（1381—1435）墓志。出土于北京市昌平区。拓片志长、宽均 56 厘米，盖长 57 厘米，宽 56 厘米。碑首题《故太监刘公墓志铭》，由陈骏（儒林郎光禄署正前乡贡进士）撰文并书丹，杨春（将仕郎工部营缮所丞）篆盖。谨录碑文如下（文中纪年为笔者所加，下同）：

> 公讳通，世为三万户大族。父阿哈，母李氏，俱尚积德。公生于大明辛酉（洪武十四年，1381）七月廿九日。性刚毅，及长，勇略过人，仕为内臣。洪武丙子（洪武二十九年，1396），奉命开平、大宁修筑城堡，能称厥职。
>
> 初事太宗文皇帝于藩邸。时权幸用事，离间宗室，上嘉公忠谨，委以复心，俾察外情。公广询博采，悉其实以闻。
>
> 岁己卯（建文元年，1399），随驾肃清内难。公奋身郊劳，首平九门；攻取雄县、漠州，收捕永平、刘家口；复大宁，回还郑村坝大战；继克大同、蔚州、广昌等处。明年庚辰（建文二年，1400），大战白沟河；取济南，平沧州，定东昌。辛巳（建文三年，1401），鏖槁城，击西水寨。壬午（建文四年 1402），破东河、汶上，征小河、

齐眉山，讨灵璧，攻泗州。夏五月，过淮河，伐盱眙，屠扬州，戮仪真。六月，渡大江，夺金川门，平定金陵，肃清宫禁。节次大战，屡著功能。上登大宝，授公尚膳监左监丞。永乐庚寅（八年，1410），扈从扫除沙漠。至静虏镇，戍答兰那末儿葛克台，屯儿威河。与虏大战三日，斩首无算，丑虏败走。公弃鞍，独骑划马，追赶七十余里，生擒达贼二人。凯还，嘉乃茂绩，升擢尚膳监左少监。甲午（十二年1414），征进瓦剌。次九龙口、忽儿班慷葛剌，大战，胡寇摧循。公独骑追及，手擒虏酋二人。得胜而还，能声益彰，特进公直殿监太监。壬寅（二十年1422），分统精骑哨瞭东路，至舍儿墩过虏，战胜，斩获人口不可胜计，马三千余匹、牛羊二十余万。癸卯（二十一年，1423），征阳和。甲辰（二十二年1424），征大、小出纳。累战有功。上深念之，特赐居第，以王氏之女为配，俾理家政，以奉其母，恩至厚也。

宣宗章皇帝即位改元之初，扈从武定州，征讨不臣。三年（1428），率神铳骑士五千，随驾出喜峰口勦捕胡寇。此皆汗马功劳之尤大者。其他功次，未易悉举。公之勇略如是，而且能孝于亲，友于弟。家众八百余口，善骑射者二百五十余人，公抚育均如己出。宣德庚戌（五年1430），钦承上命，镇守永平、山海等处；由是东北边境辑宁，军民乐业，公之力也。乙卯（十年1435）夏四月，以梓宫在庭，命公回京以备委任。是年秋八月十四日，以疾终于家，得年五十有五。

讣闻，圣心为之伤悼，赐楮币万贯为赙，敕有司给斋粮、孝布，具椟，造坟营葬，仍命僧道资建冥福，遣官谕祭，慰念深至。公弟御马监太监顺躬执衰麻，哀毁逾节，殓祭之仪，咸克如礼。卜以本年九月己卯安厝于昌平县白仙庄之原，予以状来速铭。呜呼！生荣死哀，始终尽善，可谓无遗憾者矣！

为之铭曰：繄惟刘氏，始自丰沛；支流繁衍，如水分派。逮公之生，性刚而毅；文武全才，殿庭伟器。早居近侍，出入禁庭；忠勤谨饬，曰为腹心。风云际会，扈从圣明；戮力敌忾，勋业卒成。权长内职，谦和不矜；四十余年，惟忠惟诚。功能既彰，孝友尤笃；克敬克恭，敦睦宗族。爱镇藩屏，边境辑宁；宸衷允惬，宠遇方增。光阴迫逼，速如过客；俄以疾终，上闻悲恻。赐棺营葬，用妥九泉；卜其宅兆，昌平之原。山高水清，实维佳城；我铭阡石，永扬厥声。①

（二）刘顺墓表。石在北京昌平县魏家窑村。拓片高200厘米，宽96厘米。首题《太监刘公墓表》，由王直（通议大夫礼部左侍郎翰林侍读学士国史总裁兼经筵官）撰文，黄养正（奉政大夫修正庶尹礼部祠祭司郎中赐食三品禄直文渊阁）书，徐瑛（从仕郎中书舍人）篆额，录碑文如下：

> 正统五年（1440）十二月十五日，御马监太监刘公以疾卒，年五十七。讣闻，上为之恻然兴悼，赐钞三万贯，遣官谕祭，命太监李公童主其丧事，有司治棺椁坟茔，诸物皆官给之。
>
> 明年二月十七日，葬昌平县白仙庄。葬已，其姻戚羽林前卫指挥佥事潘义与其养子清等谋曰：我公之卒也，天子嘉念劳绩，所以贲终者甚厚，而少保杨公备志于幽堂矣；若又取共功德之大者，刻诸墓前之石，使人人得有所考见，岂不益彰彻显闻。众皆曰然。于是因余友礼部郎中黄养正属余为之表。
>
> 公讳顺，女直人。祖某，仕元为万户。考阿哈，妣李氏。自幼与兄通偕入禁庭，太宗皇帝奇之，赐姓刘氏，加恩育焉。年十三，精骑射，以武力著闻，于是选拔在近侍。
>
> 靖难兵起，公与诸将夺九门，鏖郑村坝，蹙白沟，大战东昌、灵璧，遂渡江，克金川门，皆有功。甲申（永乐二年，1404），擢御马监左监丞，自是益见信用。丙戌（永乐四年，1406），以辽东重地，命公往镇之。戊子（六年1408），备倭海上，与贼遇于安东，连战一昼夜，贼败走。己丑（七年，1409），淇国公丘福出漠北，公以兵偕。至胪朐河，过虏，福不戒，陷焉。公引兵卫虏阵而出，酋长葛孩追公，公引弓踣其骑，虏乃退，全所部而归。其后屡从上北伐，皆为哨。庚寅（八年，1410），至灭胡城，出答剌河，走本雅失里，复征东路克台哈答答诸部。公所领兵适当敌，下马步门，身被五十余伤，而勇气弥厉；复上马进战，虏不能支，乃溃去。甲午（十二年，1414），从驾至九龙口，与瓦剌遇，公失马，步战，射杀其酋长；虏

---

①　北京图书馆金石组编：《北京图书馆藏中国历代石刻拓本汇编》，第51册，第75页。

散而复合，连战破之。庚子（十八年，1420），哨开平，获虏知院满子台等十余人。壬寅（二十年，1422），征兀良哈。禽其酋长字克扯儿等五人，射死一人，大获其羊马，以功升御马监太监。甲辰（二十二年，1424），随驾北征，遂以所部东略，回军至刁窝，护梓宫还北京。

洪熙元年（1425）六月，宣宗皇帝归自南京，公率精骑迎卫于固城。

明年为宣德元年丙午（1426），前乐安州以反闻，上亲征，命阳武侯薛禄与公为前锋。时诸将多畏怯，或持两端。公与禄引兵疾驰传城下，围之，逆徒不得逞，遂成禽。论功，赐家口二百余。丁未（二年，1427），引兵出塞，败虏哈剌哈孙，生禽镇抚晃合帖木儿等百余人，获羊马二万，有金壶、玉盏、綵币、白金之赐。戊申（三年，1428），出古北口，至小兴州，与虏过，杀百户猛可沙儿，生禽扯扯秃等二百余人，获羊马四万。己酉（四年，1429），复出古北口，引兵夜行，至款堆，斩虏酋脱脱口等百余人，进至红螺山而还。赐酒三百瓶、羊百牵犒军。甲寅（九年，1434），哨至小伯颜以北，获胡虏格干完者帖木儿。其迹在东北二边为最著。公身长七尺，而雄心万丈，状貌伟然。沉毅有谋，勇决善战。临敌安闲，意气自若。又能与下同甘苦，有功则推与之，故人乐为之用。

其奉母孝，事兄恭。其侍上左右朝夕，敬慎不少，有所委任，必竭忠尽诚。其典内厩马，比德齐力，所以奉乘舆、供军国之用者，无不适其宜。历事四圣，始终如一。而上之宠任益加，金玉、裘马、田宅、人口之赐，他所不能及。于戏！若公者，可谓英伟不常者矣！自古国家之兴，天必生才以备之，使之定祸乱，安生民，而建万世太平之业。我朝列圣之德合乎天，故夫内外之臣所以为股肱心膂者，皆一时之杰，其所树立，足以垂不朽而传无穷，非天其孰能与之！公之功德既已赫然显于世，而平生所至，与其所立，不能以尽书。姑取其大者书之，而使镵诸石，百世以下有考焉。是为表。

正统七年（1442）岁壬戌九月庚午立石。夫人潘氏立碑，宣城张士斌镌。①

---

① 北京图书馆金石组编：《北京图书馆藏中国历代石刻拓本汇编》，第 51 册，第 105 页。

刘顺墓志撰文中有载："（顺）自幼与兄通偕入禁庭，太宗皇帝奇之，赐姓刘氏，加恩育焉。年十三，精骑射，以武力著闻，于是选拔在近侍。"刘通生于大明辛酉（洪武十四年，1381），而刘顺正统五年（1440）疾卒，时年五十七，推测刘顺生于洪武十七年（1384），刘通长刘顺三年。兄弟二人为女真族，"世为三万户大族。父阿哈，母李氏"。刘姓为朱棣所赐。刘通、刘顺入宫时皆为幼阉，刘通于洪武二十九年开始奉命任职，时年十六岁，刘顺十三岁时，以武力被选拔在近侍。

从墓志内容来看，兄弟二人俱在洪武二十九年以前入宫，从"太宗皇帝奇之，赐姓刘氏，加恩育焉"可知，作为幼阉的刘氏兄弟直接入侍燕王藩府，而非京师应天府内廷。当时还是燕王的朱棣给二人赐姓刘，着意培养，并且在洪武二十九年，兄弟二人分别被任用。刘通奉命于"开平、大宁修筑城堡"，刘顺十三岁即"以武力著闻"，被选拔作朱棣的近侍。

刘通、刘顺世为女真三万户大族，何以幼年即入藩邸为阉宦？欲深入了解二位事主的背景经历，显然要把他们放在当时的大历史背景之下。

明人的官私文字，女真、女直混称，并将女真分为三部，分别是海西女真、建州女真、野人女真。如茅瑞徵《东夷考略》有载："女真各部，在混同江以东……略有三种：自汤站东抵开原，居海西者为海西女真；居建州、毛憐者为建州女真；极东为野人女真。"① 《明会典》载："盖女真三种，居海西等处为海西女真，居建州、毛怜等处者为建州女真。各卫所外，又有地面，有站，有寨，建官赐敕，一如三卫之制。其极东为野人女真。野人女真去中国远甚，朝贡不常。"② 野人女真因位置更远，而朝贡不常，与明廷的关系较为疏远。

在元代，牡丹江与松花江交汇处以下的松花江下游以及乌苏里江下游地区，分布着女真及其他诸族的部民。其中居于水边者，称水达达。建州女真在元代属水达达路，因明招抚设置建州卫而得名。水达达路又下设五

---

① （明）茅瑞徵：《东夷考略》，明刊本，《北京图书馆古籍珍本丛刊》，书目文献出版社1998年版，第 13 册，第 303 页。

② （明）申时行：《明会典》卷 107《礼部》65 "东北夷"条，中华书局 1989 年版，第579 页。

个万户府，分别是桃温、胡里改、斡朵怜、脱斡怜、孛苦江。① 其中斡朵里、托温、火儿阿三部，习称三万户。朝鲜《龙飞御天歌》注记："斡朵里、火儿阿、托温三城，其俗谓之移阑豆漫，犹言三万户也，盖以万户三人，分领其地，故名之。"② 二者对照考之，斡朵里为斡朵怜，火儿阿为胡里改，托温即桃温。五万户府至元末仅存此三万户府，即《龙飞御天歌》中所载的"移阑豆漫"。"移阑"女真语为三，"豆漫"女真语为万之意。据考证，斡朵里位于今黑龙江省依兰县牡丹江对岸的马大屯，火儿阿在今依兰县喇嘛庙附近，托温在汤原县固木纳古城。③

元明之际，女真各族掀起长达百年的迁徙浪潮，原住松花江中游今依兰附近的斡朵里部、胡里改部和原住穆棱河流域的毛怜部，明初迁徙至绥芬江、图们江、珲春河流域。④ 这一时期，正值蒙古政权瓦解，明政权积极筹划取代元朝对此地的统治，附近的高丽政权亦欲乘机扩展疆域，迁来此地的女真各部族，便成为多种势力角逐争取的对象。

洪武二十年（1387），明廷降服了故元纳哈出的势力，决定在鸭绿江、图们江流域女真族的地区设置铁岭卫和三万卫。洪武二十一年（1388），命侯史家奴领步骑二千，抵斡朵里，建立三万卫。而后，因粮饷难继而迁至开原。

《明太祖实录》载："徙置三万卫于开元。先是，诏指挥佥事刘显等，至铁岭立站，招抚鸭绿江以东夷民。会指挥佥事侯史家奴领步骑二千，抵斡朵里立卫，以粮饷难继，奏请退师，还至开元。野人刘怜哈等集众，屯于溪塔子口，邀击官军。显等督军，奋杀百余人，败之，抚安其余众。遂置卫于开元。"⑤

朱棣在洪武三年（1370）被册封为燕王，洪武十三年（1380）就藩北平，成为太祖为巩固边防而刻意在北边布置的重藩。洪武二十三年（1390），朱棣首次奉命领军北伐，即获故元太尉乃儿不花全部以归，显露军事才华，太祖于是逐渐寄以北边军务。其时适值明廷招抚三万户之

①　（明）宋濂：《元史》卷59《地理志二》，中华书局1976年版，第1400页。

②　引自董万崒《明代三万卫初设地研究》，《北方文物》1994年第3期。

③　谭其骧主编：《〈中国历史地图集〉释文汇编·东北卷》，中央民族学院出版社1988年版，第205页。

④　薛虹等主编：《中国东北通史》，吉林文史出版社1991年版，第317页。

⑤　《明太祖实录》，卷189，洪武二十一年三月辛丑条。

后，斡朵里部与火儿阿部纳入三万卫管辖之下，散居此处的女真族人陆续内附，与明廷发生了密切的联系。

屏藩北边的燕王朱棣甚至娶了火儿阿部首领阿哈出的女儿为妃。朱棣"为燕王时，纳于虚出女，及即位除建州卫参政，欲使诏谕野人，赐书慰之"，"于虚出，即帝三后之父也"①。正是三万卫建立这个机缘，使朱棣乘机在内附的女真人中收纳精锐，并阉割年幼的女真子弟作为心腹近侍，加以培育，以备日后之用。梁绍杰认为靖难之役中的功臣狗儿王彦便是这批幼阉之一。②

出身三万户大族的刘通、刘顺兄弟皆在洪武二十九年之前见用，显然也是与王彦一样，来自源出松花江、牡丹江间，后移居图们江一带的斡朵里、火儿阿等同一女真部集团。

刘氏兄弟之母姓李，应该也是女真人。因元代将契丹、女真，迁入中国境内的高丽人，均列为"汉人八种"之中，他们中的多数都改为汉姓了。③

作为骁勇善战的女真族内侍，刘氏兄弟在日后燕王靖难的征战中各自立下了累累战功。

三　刘氏兄弟与靖难之役

洪武二年（1369）四月，朱元璋"定封建诸王之制"④，从洪武三年至洪武二十四年，先后三次将诸子分封至全国各地做藩王，以"夹辅王室"。明初，北方元朝的残余力量不断南下对明王朝构成威胁，太祖朱元璋将封藩屏卫的重点放在了东北至西北的边防线上，择其险要之地设置九个藩国。朱棣是朱元璋第四子，洪武三年（1370）四月，被正式封为燕王，藩邸燕国"连亘边陲，北平天险，为元故都"。⑤ 九个藩王都拥有重兵，其中以秦、晋、燕三藩王势力最大，"晋、燕二王，尤被重寄，数命将兵出塞及筑城屯田"⑥。而到了洪武三十一年（1398）闰五月，朱元璋

---

① ［朝鲜］《李朝实录》太宗四年十二月庚午、十一年四月丙辰。
② 梁绍杰：《狗儿（王彦）考略》，《明代宦官碑传录》，第 257 页。
③ （元）陶宗仪：《南村辍耕录》卷 1《氏族》，中华书局 2004 年版，第 14 页。
④ （清）张廷玉：《明史》卷 2《太祖本纪》，第 22 页。
⑤ （明）何乔远：《名山藏》卷 36《分藩记》，广陵古籍刻印社 1993 年影印版。
⑥ （清）张廷玉：《明史》卷 116《晋王㭎传》，第 3562 页。

去世之前，秦王、晋王已分别辞世，北方三藩只剩燕王朱棣势力独大。

太祖朱元璋去世后，建文帝朱允炆即位，为除后患，在黄子澄、齐泰的建议协助下开始削藩。当年七月，"帝命李景隆讯周王橚，逮至京，废为庶人"。首先解决掉朱棣的同母兄弟朱橚，这使燕王朱棣警觉并开始为起兵做准备，"简壮士为护卫，以勾逃军为名，异人术士多就之"。黄子澄言其"久称病，日事练兵，且多置异人术士左右，此其机事已露，不可不急图之。"①。

朱棣虽势强，但起兵反叛毕竟名不正言不顺，因而围绕左右的多是"异人术士"，在靖难中功勋卓著的宦官们显然也是当时"寡助"的燕王所倚仗的一股重要力量。查继佐言："燕初起，不可为名，士大夫多缩匿。而诸阉无所顾惜，会又多域外人，文皇帝既借其锋，便不能如祖训云云，势使然也。"②

从朱棣对刘通、刘顺二兄弟的收纳抚育来看，早在朱元璋在世之时，燕王已开始在身边培植心腹。而后的靖难起兵中，都发挥作用立下战功。

在燕王朱棣发起的这场靖难起兵中，双方除了军事上的正面交锋，亦各自派出自己的心腹以获取敌情、搜集情报。

刘通即以"忠谨"，被"委以复心，俾察外情"。作为女真人宦官，刘通不仅勇略过人，并且深得燕王信任，这从靖难之役打响前，被派出做重要的情报搜集任务便可以看出。对于这项任务，他做到"广询博采，悉其实以闻"，时年十八岁的刘通已经开始在燕王的靖难起兵中逐渐发挥作用。

建文元年（1399），真正的军事起兵开始了，十九岁的女真族宦官刘通以其"勇略过人"的身手，开始追随燕王朱棣靖难，并且此后四年的历次大战，皆参与其中并"屡著功能"。

建文元年（1399）七月，燕王攻夺北平九门，《明史纪事本末》载："北平都指挥彭二闻变，急跨马大呼市中，集兵千余人，欲入端礼门，燕王遣健卒庞来兴、丁胜格杀二，兵亦散。燕王乃命张玉等率兵乘夜出，攻夺九门，黎明，已克其八，唯西直门未下。王命指挥唐云单骑往谕守者曰：'汝毋自苦！今朝廷已听王自制一方矣，汝等亟下，后者诛。'众闻

---

① （清）谷应泰：《明史纪事本末》卷16《燕王起兵》，中华书局1977年版，第232页。

② （清）查继佐：《罪惟录》卷29《宦寺列传》，浙江古籍出版社1986年版，第2605页。

言，皆散。乃下令安集军民。三日，城中大定。"①

燕王命张玉等率兵攻夺九门，城内七卫兵归降，诸司官吏视事如故，朱棣首先控制了北平城。刘通的墓志中言其"奋身郊劳，首平九门"，刘顺亦有"靖难兵起，公与诸将夺九门"，时年十九岁和十六岁的刘通、刘顺兄弟都在靖难起兵的最初阶段攻夺九门，已开始参战。但文献不足征，只有朱棣身边将官张玉等人的记载，并未提及刘氏兄弟抑或著名的狗儿王彦等其他宦官的效力情况。

建文元年（1399）七月癸酉，"燕王誓师，以诛齐泰、黄子澄为名，去建文年号，仍称洪武三十二年。署官属，以张玉、朱能、丘福为都指挥金事，擢李友直为布政司参议，拜卒金忠为燕纪善"②。燕王以靖难为名，去除建文年号，正式起兵，并在北平任命自己的一套官员体系。之后，逐渐控制北平周边地区，南下进攻京师（今南京）。

《靖难功臣录》概括了起兵的路线："洪武三十二年（建文元年，1399）七月，车驾奉天，征讨克怀来；八月，克雄县、郑州，攻围真定；九月，接应永平；十月，攻克大同；十一月，郑村坝大战，大捷；十二月，取广昌。三十三年（建文二年，1400）正月，取蔚州，攻围大同；四月，白河沟大捷；五月，围济南；十月，克沧州；十二月，东昌大战。三十四年（建元三年，1401）三月，夹河大捷；闰月，藁城大捷；十月，克保定、西水寨。三十五年（建元四年，1402）正月，克东阿、东平、汶上、沛县；四月，小河、齐眉山、灵璧县，大捷，攻破营寨；五月，至泗州，降之，过滩河；六月，渡江，十七日，平定京师。"③

以刘通的墓志对照这条靖难之役的路线，可以看出，从建文元年到四年，刘通从头至尾参加了所有大小战争。起兵时年仅十六岁的刘顺亦"与诸将夺九门，鏖郑村坝，蹙白沟，大战东昌、灵璧，遂渡江克金川门，皆有功"。

刘氏兄弟的墓志，虽然没有对某次战役有具体描述，却罗列了其参战的整个过程。说明他们是最早随燕王起兵的功臣元老，而在这之前，他们已被着意培养训练，靖难起兵时他们出入战场、建立奇功，不可以不说是

---

① （清）谷应泰：《明史纪事本末》卷16《燕王起兵》，第236页。

② 同上。

③ （明）佚名：《靖难功臣录》，《古今图书集成》，中华书局1991年版，第1页。

一种必然。以往说靖难之役中内臣建功，致使朱棣登基后大举任用阉宦，而实则是当时客观形势下，燕王可倚重的力量有限，收纳善战的女真、蒙古等族子弟作为幼阉着意培养，既可作为心腹又可掩人耳目，或许此前朱棣已为日后的起兵在"厉兵秣马"。除了刘氏兄弟，在靖难中的宦官功臣几乎都是少数民族，如最功勋卓著的狗儿王彦，文献中有记载的女真人王安、西番人孟骥、云南人郑和（三保）、李谦（保儿）、胡人（蒙古族）云翔（猛可）、田嘉禾（哈剌帖木儿）。这场战役不仅出现了诸多名将，也造就了出入战场建立奇功的内臣宦官。

这些燕府旧宦在日后的靖难之役中，经过战争的洗礼更具智勇，因而朱棣登基后，都升任太监等高位，而后又追随永乐皇帝北征塞外，又或出镇边藩。

四　刘氏兄弟的随驾出征

（一）永乐朝随驾北征

成祖朱棣登基（永乐元年，1403），时年二十三岁的刘通被授正五品的"尚膳监左监丞"。甲申（永乐二年，1404），时年二十一岁的刘顺亦"擢御马监左监丞（正五品），自是益见信用"。据洪武二十八年修订的《皇明祖训》：尚膳监"掌供养及御膳，并宫内食用之物及催督光禄司造办宫内一应筵宴茶饭"。御马监"掌御马并各处进贡及典牧所关收马驴等项"[1]。

《罪惟录》云："郑和初名三保，云南人。与西番人孟骥，初名添儿；滇人李谦，初名保儿；胡人云祥，初名猛奇；田嘉禾，初名哈喇帖木儿；而狗儿者为王彦，燕王时皆以阉从起兵有功，后皆赐姓名。而彦最敢战先登。入国后，皆受太监。"[2]

上面提到的这几位燕府旧阉都因起兵有功，得以赐名，朱棣登基后，皆被授予正四品太监这一宦官的最高品秩。相比来看，同样出自燕府的朱棣心腹刘氏兄弟只升至正五品，推测来看一是征战中所立功劳高低有别，另外与他们的年龄资历也分不开。郑和生于洪武四年（1371），朱棣登基时，他已三十二岁，据梁绍杰的推测狗儿王彦大约生在洪武五年

---

[1] （明）朱元璋：《皇明祖训》，影印本，北京图书馆出版社 2002 年版，第 30、31 页。

[2] （清）查继佐：《罪惟录》卷 29《宦寺列传》，第 2603—2604 页。

（1372），也是而立之年，如此看来，二十出头的刘氏兄弟已算年少得志。并且查继佐文中提到的这班燕府旧阉都是在从征立功后分别得以赐姓，而刘氏兄弟甫入宫时已深得燕王宠信而赐刘姓，更说明刘氏兄弟是朱棣心腹幸宦。

据刘顺墓志："丙戌（永乐四年，1406），以辽东重地，命公往镇之。"

镇守中官制度的设置是明代宦官权力膨胀的一项重要标志，但镇守内官最早出现的时间始终难有定论。《明史》载："镇守太监始于洪熙，遍设于正统，凡各省各镇无不有镇守太监，至嘉靖八年后始革。"① 认为镇守太监一职最早出现于洪熙年间。

《明会典》则载："凡天下要害地方，皆设官统兵镇戍。其总镇一方者曰镇守，守一路者曰分守。独守一堡、一城者曰守备。与主将同守一城者曰协守。又有提督、提调、巡视、备御、领班、备倭等名。各因事异职焉。其总镇或挂将军印，或不挂印皆曰总兵，次曰副总兵，又次曰参将，又次曰游击将军。旧于公、侯、伯、都督指挥等官内推举充任。其镇守内臣，自永乐初出镇辽东、开原及山西等处。自后各边以次添设。而镇守之下，又有分守、守备、监枪诸内臣。嘉靖十七年（1538），令镇守内臣原不系太祖定制，次第裁革。十八年（1539），尽数取回，于是边政肃清，军民称便。"② 认为自永乐初已经开始有镇守内臣出镇辽东、开原等处，但并没有列举出具体出镇的事例。

梁绍杰在撰文中推测《辽东志》将狗儿王彦列为首任辽东镇守太监当为可信，且有可能是明代镇守中官制度的制始。而出镇的时间最迟不晚于永乐五年六月。朝鲜《李朝实录》七年（永乐五年，1407）六月，有最早关于王彦出镇辽东的记录：宦官黄俨出使朝鲜，朝鲜欲与明廷联姻，以世子娶帝女，认为"傥得联姻帝室，虽北有建州之逼，西有王狗儿之戍，何足畏哉。若得大国之援，同姓异姓，谁敢作乱？前朝釐降公主于大元，百年之间，内外无虞，此已往之验也"。又同年八月庚子载：朝鲜国王问宦官韩帖木儿"黄大人（黄俨）与王狗儿大人秩孰为高？"对曰：

① （清）张廷玉：《明史》卷74，《职官志三》，第1822页。
② （明）申时行：《明会典》卷126《兵部》9，"镇戍"条，中华书局1989年版，第648页。

"等尔。"上曰："王大人何以来野人地面？"对曰："勒兵巡塞徼，且试田猎也。"① 这说明永乐五年六月，已有宦官出镇的最早记录，梁绍杰也据此推测这个时间点可能是镇守内官制的创始。

然而，刘顺的墓志中明确言明其永乐四年（1406）出镇辽东，将辽东设置镇守中官的可能的创始时间又向前推了一年。但这并不能说明刘顺是早于狗儿王彦的前一任辽东镇守太监。据刘顺的墓志记载，永乐二年（1404），二十一岁的刘顺被提拔为御马监左监丞，至壬寅（永乐二十年，1422），以功升至正四品御马监太监。因而志文中虽言其永乐四年往镇辽东，但他此时却不见得有镇守太监的身份。如前文《明会典》所载，出镇的内官除镇守、分守等太监之职，又有提督、提调、巡视、备御、领班、备倭等名。并且出镇时内官的身份，有可能是太监，也有诸监左右少监或左右监丞等，不同品秩的宦官可能到了出镇的地方担任不同的职位。由刘顺出镇的时间，笔者推测永乐四年开始辽东设置镇守内官，首任镇守太监为王彦，年纪轻轻的刘顺也以御马监左监丞之职与王彦等人同时出镇辽东。

刘顺墓志中载，接下来的永乐六年（1408），"备倭海上，与贼遇于安东，连战一昼夜，贼败走"。刘顺此时担任的可能是备倭的职务。

明初洪武到永乐年间是倭乱较严重的时期，而安东卫城遗址在今山东省日照市内。是明代山东防倭体系中的要冲，《安东卫志》有云："安东卫地隶青齐，距淮临海。明初，汤信国创筑卫城，添设墩台，分给屯田。防御器械，无一不备。因其地为海防首冲要地、南北孔道故也……日照者，山东之首冲，故安东卫尤为要地。"②

《明太宗实录》永乐六年（1408）载："命安远伯柳升充总兵官，平江伯陈瑄充副总兵，率舟师缘海巡捕倭寇，仍命以牲币祭告东海之神。"③ 这是明初一次规模浩大的海上捕倭行动。安远伯柳升"率兵至青州海中灵山，遇倭贼交战，贼大败，斩及溺死者无算，遂夜循. 即同平江伯陈瑄追至金州白山岛等处"④。

---

① 吴晗辑：《朝鲜李朝实录的中国史料》，《太宗实录》六月丙戌条，中华书局1980年版，第1册，第224、226页。

② 光绪《日照县志·序》，《中国方志丛书》影印本，台湾成文出版社有限公司1986年版。

③ 《明太宗实录》卷86，永乐六年十二月辛卯条。

④ 《明太宗实录》卷89，永乐七年三月壬申条。

据前文《明会典》所载，镇守内监最早出镇辽东的位置在开原，刘顺应该也是在此处任职才对，但可能是永乐六年这次抗倭行动较重要规模也较大的原因，刘顺作为镇守辽东的内官因靖难中的军事才能而对这次抗倭施与援助，在安东遇到倭寇并将之打败。

紧接着永乐七年（1409），"淇国公丘福出漠北，公以兵偕。至胪朐河过虏，福不戒，陷焉。公引兵卫虏阵而出，酋长葛孩追公，公引弓踣其骑，虏乃退，全所部而归。其后屡从上北伐，皆为哨"。

元朝的末代皇帝元顺帝逃往上都后，在明洪武元年又被赶出上都，逃往应昌（今辽宁克什克腾旗西迷米诺尔附近），后死于此。顺帝死，其子继位奔漠北和林旧都，仍奉"元"为国号，史称"北元"。洪武二十一年（1388），元主脱古思帖木儿西逃，被部将也速迭儿所杀，北元内部混战瓦解，到建文三年（1401），鬼力赤自称可汗，废北元国号，称鞑靼。蒙古分裂为鞑靼（居中部）、瓦剌（居西部）、兀良哈（居东部）三部。兀良哈受明廷招抚，于洪武二十二年（1389）在其部设三卫。而鞑靼、瓦剌二部却无意与明通好，时常与之对立和战争，威胁明政权的统治，致使明成祖朱棣于永乐八年、十四年、二十年、二十一年、二十二年先后发动了五次亲征。

永乐元年（1403），阿鲁台杀鬼力赤，与本雅失里称雄鞑靼。永乐七年（1409）七月，成祖派淇国公丘福为大将军，率十万精骑北征鞑靼，由于丘福孤军轻进，使明军在胪朐河（今克鲁伦河）遭鞑靼骑兵包围袭击，全军皆没，丘福与诸将皆被执遇害。[①]

这次远征漠北，二十六岁的刘顺也随兵出征，在主将皆遇害的情况下，"全所部而归"，再次显示其军事才能，尤其是侦察的能力，因这之后的成祖五次亲征漠北的军事行动他都参与其中并且"皆为哨"。

去年丘福出师的失利，使成祖朱棣决定亲自率军出征，以彰武功。永乐八年（1410）二月，成祖以亲征胡虏诏告天下，率五十万众出塞北征。刘通、刘顺两兄弟作为能征善战又为成祖所宠信的内官自然随驾出征，但现存的文献资料中并没有留下任何他们参与北征的记录，墓志中关于其个人的功绩却有较详细的描述。

永乐八年（1410）二月，成祖第一次率兵北征，二十七岁的刘顺因

---

① （清）谷应泰：《明史纪事末本》卷21《亲征漠北》，中华书局1977年版，第332页。

去年在主将失利的情况下仍能全所部而归，深得成祖信任再次随驾北征。其功绩主要是北征的前一阶段追击本雅失里。"至灭胡城，出答剌河，走本雅失里，复征东路克台哈答答诸部。公所领兵适当敌，下马步门，身被五十余伤，而勇气弥厉；复上马进战，虏不能支，乃溃去。"

五月初一日，成祖率军到胪朐河，为之赐名"饮马河"，此时已开始深入蒙古腹地。五月初八日，"车驾次环翠阜，指挥款台等获虏人，询之，言：本雅失里闻大军出塞甚恐，欲同阿鲁台西走，阿鲁台不从，众遂乱互相贼杀，本雅失里已西奔，阿鲁台东奔"①。

鞑靼军内部分裂，本雅失里与阿鲁台各带人分别向西、东两方奔走。成祖决定亲自率精卒部队追本雅失里。"乙亥（初九日），以清远侯王友驻兵河上，留金幼孜营中。上以轻骑前进，人赍二十日粮，以方宾、胡广随。戊寅，至兀古儿札河，本雅失里先遁，夜倍道追之。己卯，至斡难河，元太祖始兴之地也。本雅失里率众拒战，上麾前锋迎击，一鼓败之，本雅失里弃辎重，以七骑渡河遁去。"②

这次激战，明军一举败之，本雅失里仅以七骑遁去。刘顺显然是成祖所率的部分精锐战骑中的一员，得以参加追击本雅失里的重要一战。其在军中的具体职务无史可征，但墓志中描述其"领兵适当敌，下马步门，身被五十余伤，而勇气弥厉"。

刘顺之兄，三十岁的刘通以尚膳监左监丞亦随驾出征，"扈从扫除沙漠，至静虏镇，戍答兰那末儿葛克台，屯儿威河，与虏大战三日，斩首无算。丑虏败走，公弃鞍，独骑刬马，追赶七十余里，生擒达贼二人"。

六月，明军在大败本雅失里于斡难河后，回师东击阿鲁台。六月初九，到达静虏镇，据随成祖出征的金幼孜记载道："上饬诸将严阵，先率数十骑登山以望地势……渡一大山，见虏出没山谷中。少顷，遣人来伪降。先是，上度虏必伪乞降，预书招降敕以待。至是虏果来，上在阵前召取敕，幼孜遂驰马至前以敕进，上曰：'虏诈来请降，朕亦给之。'乃以敕付来者去。又行数十里，驻兵于山谷中。忽见阵动，亟上马前行。俄闻炮声，左哨已与虏敌，虏选锋以当我中军，上麾宿卫即摧败之。虏势披

---

① 《明太宗实录》卷104，永乐八年五月甲戌条。
② （清）谷应泰：《明史纪事本末》卷21《亲征漠北》，第333页。

靡，追奔数十余里，予三人同方尚书随宝纛前进。上已驻兵于静房镇。"①

成祖亲率数十骑人马登山观察地形，探得敌军出没于山谷中，阿鲁台派人来诈降，被成祖识破，双方发生激战，朱棣"躬率精骑千余"，阿鲁台率军退败时曾一度"失色坠马"。成祖率人追击，丁未（十二日），追至回曲津，"斩其名王以下百数十人"，己酉（十四日），追至广漠镇，"生擒数十人，余尽死"②。

刘通便是在六月份这次成祖追剿阿鲁台的战争中立功，明军共生擒数十敌虏，刘通独自生擒二人，应该是他在首次北征中的最大功绩，故凯旋而归后，成祖嘉奖其"茂绩"，擢升从四品的尚膳监左少监。

刘氏兄弟作为朱棣在作燕王时便着意培养的心腹宦官，于靖难、第一次北征中都不负所望，年纪轻轻便累立战绩，在成祖之后的几次北征中自然也奉诏随驾。

永乐十二年（1414），成祖第二次率军出征漠北，这次的目标是蒙古瓦剌部。几次重要的激战中，刘氏兄弟同样表现英勇，三十四岁的刘通再次"手擒虏酋二人，得胜而还"，其声势更盛，因这次出征的功绩，特晋升为正四品直殿监太监。

直殿监为内府十二监之一，《皇明祖训》载：直殿监"掌洒扫殿庭楼阁廊庑"③。虽掌管打扫的职掌不重，但三十四岁便升为正四品太监已足见其年轻得志，颇为成祖重用。

成祖第二次亲征已沉重打击了瓦剌部，但鞑靼的阿鲁台势力却再起而威胁明边境，已经归属明廷的兀良哈三卫又倒向阿鲁台一方，于是，永乐二十年（1422），成祖召集重兵出塞发起了第三次北征，结果明军仍以胜利结束。刘氏兄弟在征战中斩获大量人口、羊马，三十九岁的刘顺以擒获兀良哈酋长等功绩，擢升正四品御马监太监，"掌御马并各处进贡及典牧所关收马驴等项"④。

至此在永乐朝，刘氏兄弟先后在随驾北征的过程中因军功，升至内官的最高秩位正四品太监。

---

① （明）金幼孜：《北征录》一卷，东方学会铅印本。
② 《明太宗实录》卷105，永乐八年六月甲辰、丁未、己酉条。
③ （明）朱元璋：《皇明祖训》，《内官》，第31页。
④ 同上。

而后，永乐二十一（1423）、二十二年（1424）的第四、第五次北征，刘通仍奉诏随驾，因累战有功，成祖特赐其居第，并"以王氏之女为配，俾理家政，以奉其母"。成祖在第五次北征中因病去世，明军秘不发丧，刘顺"护梓宫回京"。

自幼阉起便被朱棣抚育于燕府的刘通、刘顺兄弟，靖难起兵中虽年纪尚轻，却已表现出忠勇善战的特质，更被成祖视为腹心，在永乐朝的五次亲征漠北的军事行动中都随驾出征，并各自因军功分别于永乐十二年（1414）、二十年（1422）升任正四品太监的高位。除资历较浅的刘氏兄弟，其他靖难起兵有功的燕府旧阉如王彦、王安等人亦有追随成祖北征的记录，但不若刘氏兄弟墓志中记载的详细，即便是最著名的王彦也只留下两次北征的记录。可见，能征善战的女真族宦官对成祖出征漠北有着重要意义。

（二）随宣宗出塞征战

永乐二十二年（1424），成祖朱棣病逝于北征途中，太子朱高炽即皇位，年号洪熙。仁宗朱高炽在位不足一年，于洪熙元年（1425）五月崩，而后宣宗朱瞻基即位。据墓志载刘通于宣德十年（1435），宣宗朱瞻基去世的当年八月，"以疾终于家"。刘顺亦以疾卒于正统五年（1440）。永乐朝以后，刘氏兄弟的主要事迹都集中于宣德朝，涉及平叛汉王朱高煦之乱与防守北部边境。

朱高煦是成祖朱棣的第二子，朱高炽的同母弟，永乐二年（1404），立朱高炽为皇子，同时封朱高煦为汉王、朱高燧为赵王。成祖靖难起兵之时"仁宗居守，高煦从，尝为军锋……成祖屡濒于危而转败为功者，高煦力为多。成祖以为类己，高煦亦以此自负，恃功骄恣，多不法"①。高煦在追随朱棣南征北战的过程中屡立战功，恃此自负，时有欲夺嫡的举动。永乐十五年（1417）三月徙封山东乐安州，府中有私募军士三千余人，不隶籍兵部，洪熙元年"五月辛巳，仁宗崩。六月，太子自南京奔丧，高煦谋伏兵邀于路，仓卒不果。庚戌，太子即位，改明年宣德元年"②。

仁宗崩，朱高煦被传曾预谋在太子朱瞻基自南京到北京奔丧的路上进

---

① （清）张廷玉：《明史》卷 118《诸王传三》，第 3616 页。
② （清）谷应泰：《明史纪事本末》卷 27《高煦之叛》，第 402 页。

行伏击，最后由于准备仓卒未及实现。但其谋反之心昭然若揭，因而太子瞻基自南京及北京的路上可能遭遇很大风险，这时已历侍两朝的刘顺再次被赋予重任，"洪熙元年（1425）六月，宣宗皇帝归自南京，公率精骑迎卫于固城"。刘顺率精骑到隶南京的固城迎接宣宗朱瞻基。这项秘密又重要的使命也可以看出去世前仁宗皇帝及其亲信朝臣杨荣等人对刘顺的信任倚重，而把太子的安全委托于他。

刘顺与宣宗皇帝本身亦颇有渊源，早在成祖朱棣崩时，随行朝臣杨荣等人曾为防止高煦夺位而密不发丧，刘顺作为护送梓宫回北京的亲信宦官必然是支持皇太子一方力量，"（永乐）二十二年（1424）七月，成祖崩于榆木川。八月甲辰，遗诏至，遣皇太孙迎丧开平"①。成祖北征途中死，已身居正四品太监高位的刘顺作为成祖亲信宦官护送梓宫还北京，而时为皇太孙的朱瞻基则迎丧于开平，相信当时刘顺自然已成为朱瞻基信任的对象。

而后朱瞻基顺利登基，但汉王高煦并未放弃谋反。《明史纪事本末》载："（宣德元年）秋八月，北京地震，汉王高煦反。初，高煦既之国乐安，反谋未尝一日忘。及仁宗崩，帝即位……高煦益自肆，八月壬戌朔遂反。遣枚青潜来京，约英国公张辅内应，辅暮夜系青闻于朝。又约山东都指挥靳荣等反济南为应。又散弓兵旗，令真定诸卫所，尽夺傍郡县畜马。立五军都督府……高煦率中军。"②

朱高煦拉拢朝臣，设立五军，模仿成祖靖难，以清夏元吉等"奸臣"为名，于宣德元年（1426）八月，乘北京地震，举兵反叛。宣宗在杨荣等人的建议下，决定亲征。

刘氏兄弟作为历侍三朝又深得君主信任的大珰扈从征讨不臣。刘通墓志载："宣宗章皇帝即位改元之初，扈从武定州（平叛后乐安州改名武定州），征讨不臣。"

刘顺墓志载："明年为宣德元年（1426）丙午，前乐安州以反闻，上亲征，命阳武侯薛禄与公为前锋。时诸将多畏怯，或持两端。公与禄引兵疾驰传城下，围之，逆徒不得逞，遂成禽。论功，赐家口二百余。"

刘顺因与宣宗皇帝的几次交结，更深得倚重，在赴乐安州的平叛中与

---

① （清）张廷玉：《明史》卷8《仁宗纪本》，第108页。

② （清）谷应泰：《明史纪事本末》卷27《高煦之叛》，第402页。

阳武侯薛禄同被任命为前锋。对于这项任命，《明宣宗实录》中有记载："上将亲征命阳武侯薛禄、清平伯吴成、太监刘顺等率兵二万为前锋。"①至于刘顺作战的具体情况并没有更多记录，据墓志所载，当时两兵相交亦有阴持两端者，而刘顺与薛禄作战坚勇，率兵包围乐安州，最后高煦被迫出城投降，谋划数年的叛乱失败，高煦父子被废为庶人。平叛的成功巩固了宣宗朱瞻基的皇位，之后相继削夺了其他诸藩王的护卫，彻底收夺了诸王的兵权，解决了多年来藩王势力对中央兵权的威胁。作为前锋的刘顺自然功劳更胜他人，被赐予家口二百余。

宣德二年（1427），"引兵出塞，败虏哈剌哈孙，生禽镇抚晃合帖木儿等百余人，获羊马二万，有金壶、玉盏、綵币、白金之赐"。

宣德二年（1427），蒙古军再犯开平，《明宣宗实录》有载："是日，总兵官阳武侯薛禄、副总兵清平伯吴成率师至开平，虏寇先已逼城下，无所得而退。禄至，获寇三人，询之，云：虏众在朵儿班你儿兀之地，去东南三百余里。禄等遂率精兵往袭之，昼伏夜行踰三夕至其地，望见虏营，纵轻骑径薄之，虏仓惶上马迎敌，官军杀虏数十人，生擒贼首镇抚晃合帖木儿、百户忙哥撒儿等十二人，虏败走。获其男妇六十四人、马八百一十七匹、牛羊四千余头。既还，虏众蹑其后，禄复纵兵奋击，又大败之，虏遂远遁。"②

结合《明实录》记载可见，刘顺这次引兵出塞是与阳武侯薛禄、清平伯吴成继平高煦之叛的再次合作，生擒贼首晃合帖木儿，获牛羊数千。刘顺被赏以金壶玉盏等。

宣德三年（1428）九月，宣宗亲自巡视长城各关塞，驻于石门驿。正值蒙古兀良哈部侵扰长城，由大宁经会州将至宽河城，宣宗决定亲征，带领三千人马，夜出喜峰口，至敌营二十里的宽河城，宣宗亲率骑兵夹攻敌虏，斩其首领，敌方溃逃。③

刘通的墓志载，"三年，率神铳骑五千，随驾出喜峰口勦捕胡寇"。这次宣宗率兵亲征，仍然有刘氏兄弟随驾左右。宣德五年（1430），刘通奉命出镇守永平、山海等处，由是"东北边境辑宁，军民乐业"。刘顺亦

---

① 《明宣宗实录》卷20，宣德元年八月己巳条。
② 《明宣宗实录》卷29，宣德二年秋七月丁未条。
③ 《明宣宗实录》卷47，宣德三年九月戊辰条。

分别于宣德三年、四年、九年于北部边境数次抗击蒙古部落的零星侵扰。

刘通、刘顺二兄弟墓志中其事迹记录皆至宣德年为止。宣德十年（1435）正月，宣宗朱瞻基去世，四月，刘通被命回京以备委任，却于当年八月十四日，以疾终于家，得年五十五岁。

刘顺墓志中所载事迹截至宣德九年（1434），而《明英宗实录》亦有刘顺生前的最后一项事迹记录。据《明英宗实录》正统四年（1439）三月载："行在兵科掌科事给事中王永和等奏：御马监军迭里米失叛逃，实太监刘顺故纵之。及执迭里米失付锦衣卫鞫，而指挥王裕、马顺曲为掩饰，俱宜究治。上曰：'法本难容，但事在赦前，姑宥之。裕等今后鞫问不明，必重罪不宥。'"①

从刘顺的墓志可知，刘顺至去世前一直任御马监太监之职。《祖训》将御马监的执掌只简单概括为"御马并各处进贡及典牧所关收马驴等项"。而事实上，御马监还统率着一支禁军队伍。据《明孝宗实录》记载：辛卯兵部尚书马文升等奏"我太祖高皇帝有天下，法古为治，制兵之法极其周悉。故置十六卫亲军指挥使司，不隶五府，为禁兵……永乐中，复设亲军指挥使司十二卫。又选天下卫所官军年力精壮者及虏中走回男子，收作勇士，常数千余人，俱属御马监，更番上直，委心腹内外官统领，其盔甲器械俱异他军"②。

从弘治兵部尚书马文升的奏疏中对明代禁兵设置的回顾可以了解到，自永乐中期已设有常数为千余人的禁军，地位甚至高于亲军指挥使司所辖的十二卫，队伍由各卫中的精壮者及蒙古地区逃回的壮男子组成，隶属于御马监，掌管皇室的宿卫工作。这样的一支禁军算是皇帝的贴身侍卫，自然需要最信任人的来指挥。而最初，永乐皇帝便将它交给了御马监来掌管。刘顺在永乐二十年（1422）因随帝北征立功而升于御马监太监，开始掌管这支禁军，代表他此时已成为永乐皇帝最信任的心腹内侍之一。

《明实录》所载关于正统四年（1439）所发生的这件刘顺纵御马监军迭里米失叛逃事件，文献没有更多记载，仅从这条记载可以看出，御马监所属的禁军成员迭里米失叛逃，兵科给事中王永和弹劾刘顺故纵之叛逃，事发后迭里米失被付锦衣卫审讯，指挥王裕、马顺又对其回护掩饰。奏疏

① 《明英宗实录》卷53，正统四年三月戊午条。
② 《明宣宗实录》卷130，弘治十年十月辛卯条。

呈上之后，英宗仅对王裕等人的鞫问不明加以警告，却未对刘顺有任何处理。

刘顺去世后，其家人上奏请进献草场："先臣存日，钦赐并自置庄田、塌房、果园、草场共二十六所。其蓟州草场等十所，计地四百六十八顷，谨进入官。余十六所，乞留与臣供祠。"英宗诏准。① 开启了明代田土进献之风。

五　军功宦官的特别恩宠

明代宦官在建立功劳或得君主宠信的情况下，除了擢升官职外，还会得到其他的恩赏，包括赏赐金银、蟒衣、玉带、加禄米、恩荫父母或族人、赐祭赐祠等。但赐妻子、人口家众的则仅见于明前期的永乐、宣德朝。

刘通墓志记载，他在永乐二十二年（1424），随成祖最后一次北征后，因累战有功，"上深念之，特赐居第，以王氏之女为配，俾理家政，以奉其母，恩至厚也"。成祖不仅赐其居第住宅，并且以王氏女为其婚配，帮刘通掌理家政，侍奉母亲。墓志撰文言其"家众八百余口，善骑射者二百五十余人"。一个宦官有家众如此之多，并且善骑射者达二百五十余人，媲美一支禁军，是谁给他如此权势呢？从其弟刘顺的墓志撰文中可见端倪，宣德初年平叛高煦之叛，被任命为前锋的刘顺因功，宣宗赐其"家口二百余"。"历事四圣，始终如一。而上之宠任益加，金玉、裘马、田宅、人口之赐，他所不能及。"

显然，刘氏兄弟的家众皆因功为皇帝所赐，刘通志文中所言家众八百余口，应该是指兄弟二人被赐家众的总数。刘氏兄弟作为因英勇、战功得宠内官，推测其家众中应该有大部分为出征过程中明军捕获的俘虏，被赐与其作家奴，因而善骑射者众。赐妻子、家众、给内官的奖赏方式，仅于明初的永乐至宣德时期得见。

笔者以为这种赐妻挈家众大违祖制的奖赏方式，在永乐时期出现，缘于当时特殊的政治军事背景，靖难有功的内官屡屡随成祖征战漠北，君主需要用更贴心的方式对心腹宦官做适当的奖赏与情感投资。刘氏兄弟皆擅战英勇，成祖懂得人尽其用带其远征，而刘氏兄弟家中尚有母亲在世，便

---

① 《明英宗实录》卷77，正统六年三月壬寅条。

无法顾及，成祖通过赏其家眷使内官们得以安心卖命。于是，刘通被配以王氏之女，在家帮其侍奉母亲。刘顺墓碑为其夫人潘氏所立，其姻戚羽林前卫指挥佥事潘义与其养子刘清请大学士王直为其撰写墓志。可见，刘顺不仅有妻潘氏且有养子。

在明代，因有违祖制宦官的婚姻生活是被禁止的，但明代初期，得见的史料中宦官有妻者却不乏其人，并且多是被皇上赏赐的。这与明中后期所暗行的宦官与宫女的对食、菜户关系并不相同。

被赐予妻子家眷的内官除刘氏兄弟外，还有狗儿王彦，《弇山堂别集》载："（正统）十年（1445），镇守辽东太监王彦卒，上命太监喜宁检阅其家财，彦妻吴氏诉喜宁私取其奴仆、驼马、金银器皿、田园、盐引等物。诏宥宁罪，追田园盐引给主，余物悉入官。"① 王彦家资丰厚，有妻有奴仆。

司礼太监金英在宣宗朝十分显贵，除与范弘同获宣宗所赐免死诏，也有妻子家眷，据《金英墓地券》载："贯录应天府上元县十三坊铁狮子衙官舍居住祭主孝男金福满泪家眷等，伏缘故太监金英神主存日……"② 表明金英也有妻子，其养子名金福满。

与金英同时期的宦官王瑾（原名陈芜），因宣宗为皇太孙时曾陪侍左右，并从征平高煦之叛，得"赐以两宫人，官其养子王椿"③。宣宗因其从征有功而赐王瑾两宫人为妻。

上述几位宦官皆有妻子、家众，并且集中于永乐至宣德年间的明代初期。宣宗皇帝对宠信的内官赐予婚配，可以说是继承成祖对宦官的这一奖赏方式。前述可见，宦官娶妻除帮其照料家事，在其死后亦为其立碑供祠。但到了正统以后，这种宦官婚配，甚至皇帝亲赐妻孥的情况便不见诸史料了。宦官娶妻这一违背祖训的奖赏方式，应该是明代初期的特例。

另外，观前文可知刘氏兄弟生前积累了大量财富，除去被家人继承的，恐怕都用来修寺礼佛了，而这点与其他大多数明代宦官的崇佛活动无异。北京东城区报房胡同发现、明成化十年（1474）所刻的《敕赐法华禅寺记》载有："禁垣东去踰康庄孔道有豹房巷者，世传为朝廷畜

---

① （明）王世贞：《弇山堂别集》卷91《中官考二》，中华书局1985年版，第1744页。

② 梁绍杰：《明代宦官碑传录》，第77页。

③ （清）张廷玉：《明史》卷304《宦官一》，第7771页。

豹之所，因名焉。入巷不二十步，有寺曰法华者，乃直殿监太监刘公通私第也。公与其弟御马监太监顺俱侍内廷……时僧录右衔大云兴公，道德高厚，名振缁流，公之兄弟侍以师礼。"① 天启七年所刻的《重修法华寺碑记》进一步说明："正统年之太监刘通，素心清净，与其弟刘顺自奇其梦之灵异也，捐所居之宅而改为法华禅林。"② 除捐宅所建的法华寺，北京城的白云观③、宝光寺④、法海寺⑤的捐赠名单中都留下了刘顺、刘通的名字。

从上述刘通、刘顺二兄弟的事迹来看，明成祖朱棣开始对宦官的任用与恩赏的确更胜于前朝，这与当时燕王起兵的情势是分不开的，如查继佐所言："明累朝率中贵用事，百职咸仰气息恐后，遂至殿阁不能为天子下一人，则皆自太宗时始之矣。燕初起，不可为名，士大夫多缩匿。而诸阉无所顾惜，会又多域外人，文皇既借其锋，便不能如祖训云云，势使然也。"⑥

燕府旧宦在靖难过程中领兵、征战，累立军功，是朱棣起兵成军的重要倚重力量，尤其是女真、蒙古等族的少数民族宦官更骁勇善战，他们在朱棣登基后亦得到相应的犒赏与地位的提高。但若将建文帝不用宦官，燕王重用宦官，并因皇宫内的宦官通风报信，使燕兵顺利攻占京师，以此认定建文帝不用宦官一事的诚意，则有待商榷。⑦ 燕兵入侵京师应天之后，皇宫内的宦官半数自杀以殉国来看，所属建文帝的宫廷内侍同样对朱允炆忠心耿耿，我们今天很难再找到建文帝宫廷内侍的资料，但永乐朝开始对宦官的任用，却不能证明建文帝不用宦官。

从燕王朱棣在靖难前对刘氏兄弟的着意培养可以看出，他对宦官的任用是形势下的必然，当时可倚靠的力量有限，也许朱棣在朱允炆削藩前已对日后的起兵有所准备，藩府旧宦在靖难中的屡立奇功并非偶然。从刘氏

---

① 《北京图书馆藏中国历代石刻拓本汇编》，第 52 册，第 113 页。

② 同上，第 59 册，第 190 页。

③ （明）胡濙：《白云观重修记》，明正统九年，同上，第 51 册，第 121 页。

④ 北京图书馆金石组编：《敕赐宝光禅寺助缘记》，明正统五年，同上，第 51 册，第 99 页。

⑤ （明）胡濙：《敕赐法海禅寺碑记》，明正统八年，同上，第 51 册，第 112 页。

⑥ （清）查继佐：《罪惟录》卷 29《宦寺列传》，第 2605 页。

⑦ 孟森：《明清史讲义》"盖明之不用宦官，以建文、嘉靖两朝为最有诚意。太祖知防之，且立法以严制之，自余皆为奄所蔽者也"。中华书局 1981 年版，第 115 页。

兄弟与王彦等人的出身可以看出，朱棣昔日从善战的女真、蒙古人中挑选出智勇兼备的子弟，使之成为阉宦心腹，这种人才储备的方式也是当时寡助的形势下的一种无奈选择。这些内侍在日后的靖难之役中，果然建立功勋，并且经过战争的洗礼更具智勇，因而朱棣登基后，都升为太监等高位，在而后的北征中与朱棣皆同作战，或出镇边藩。朱棣也逐渐给予宦官内侍更多的信任与委任，应该说是特殊的形势下造就了内侍们的才干，决定了他们被更多的重用，这与朱棣本人对宦官的好恶并没有太大关系。

经过仁宗朝短暂的过渡，宣宗朱瞻基登基，再次起用包括刘氏兄弟在内的，曾追随成祖靖难、北征累立军功的心腹内侍平汉王高煦叛乱，这些宦官内侍再为其皇位的稳定立下功勋，用行动赢得新任君主的宠位。于是，我们从刘氏兄弟的生平可以看到，他们得到的恩宠到宣宗朝没有任何削减。明朝初期，边疆问题造就了一批立有军功的宦官内侍，使军功宦官成为明初上层宦官的重要组成部分。

第二节　宦官与皇权的渗透——钱能个案

明宪宗朱见深在位 23 年，仅召见过一次阁臣，据说因"天语微吃，以故赐对甚稀"。① 君主不见大臣，宦官便成为其联系外廷的重要途径，论者皆以成化朝宦官用事，明人以明宪宗宠信宦官汪直言："我朝宦官气焰，至此极矣；一时士风澜倒，至此极矣。"② 然《明史》评曰："明代阉宦之祸酷矣，然非诸党人附丽之，羽翼之，张其势而助之攻，虐焰不若是其烈也。中叶以前，士大夫知重名节，虽以王振、汪直之横，党与未盛。"③ 成化朝，宦官权炽但朝臣尚重名节，因而未与之结党，但内外臣之间的矛盾斗争却更为激烈。

宦官钱能，成化朝著名的云南镇守太监，以专横贪虐屡次成为外廷抨击的对象，史籍对其事迹记载亦多侧重其在镇守云南期间，对当地经济、民族关系等方面的破坏作用。并且《明史》将之与太监韦眷、王敬皆归之于（梁）芳党成员。

---

① （明）沈德符：《万历野获编》卷 1《召对》，中华书局 1959 年版，第 25 页。
② （明）尹直：《謇斋琐辍录》卷 7，《丛书集成初编》，中华书局 1991 年版。
③ （清）张廷玉：《明史》卷 306《阉党传》，第 7833 页。

但耐人寻味的是汪直、梁芳、韦眷、王敬这些成化朝宦官中所谓"奸"的一类到弘治朝皆未得善终，独钱能非但终老于弘治末年，并且死后赐葬最胜寺。沈德符感叹"人疑无天道"。①

事实上，钱能兄弟四人俱供事内廷，在成化朝荣宠一时，钱能弟弟钱义的墓志至今仍存于北京石刻艺术博物馆内即原真觉寺所在地，而以往论者多强调钱能镇守云南期间个人的负面作用，而忽略其背后所代表的皇权。因而在本文中，笔者试结合不同史料，对钱氏兄弟做相对全面的考察，借以探讨镇守太监钱能在国家对西南边陲云南统治中的作用，以及其得以善终的原因。

一　钱氏一门四宦官

钱能史事，略见于《明史·梁芳列传附钱能列传》②

> 钱能，芳党也。宪宗时，郑忠镇贵州，韦朗镇辽东，能镇云南，并恣纵，而能尤横。贵州巡抚陈宣劾忠，因请尽撤诸镇监，帝不允。而云南巡按御史郭阳顾上疏誉能，请留之云南。旧制，安南贡道出广西，后请改由云南，弗许也。能诈言安南捕盗兵入境，请遣指挥使郭景往谕其王，诏从之。能遂令景以玉带、彩缯、犬马遗王，绐其贡使改道云南。边吏格之不得入，乃去。复遣景与指挥卢安等索宝货于干崖、孟密诸土司，至逼淫曩罕弄女孙，许为奏授宣抚。逾三年，事发。诏巡抚都御史王恕廉之，捕景，景赴井死。再遣刑部郎中钟蕃往按，事皆实。帝宥能，而致其党九人于法。指挥姜和、李祥不就逮，能复上疏为二人求宥，帝曲从之。巡按御史甄希贤复劾能杖守矿千户一人死，亦不罪。召归，安置南京。复夤缘得南京守备。时恕为南京参赞尚书，能心惮恕不敢肆。久之卒。

上述钱能传记，强调其任职云南镇守期间为害一方的祸事，对其年龄、籍贯、出身等状况俱阙载。而《万历野获编补遗》载："太监钱能，女直人，兄弟四人俱有宠于成化间，曰喜、曰福者，俱用事先死，能号三

钱，出镇云南，其怙宠骄蹇，贪淫侈虐，尤为古所未有。"① 始知钱能为女真人，钱氏共有四兄弟俱供事内庭，钱喜、钱福先死，《明史》皆无传。文献史料中对钱氏兄弟的家世状况止载于此。但幸存有《钱义墓志》和《最胜寺碑记》，为钱氏兄弟提供了重要的考察依据。

（一）钱义（1435—1484）墓志。原墓志存今北京石刻艺术博物馆，刊入《新中国出土墓志·北京卷》志文抄录于原墓志。碑首题《大明御用监太监钱公墓志铭》，由万安（光禄大夫柱国太子太傅吏部尚书兼华盖殿大学士知制诰经筵官）撰文，谢一夔（赐进士及第通议大夫礼部右侍郎兼修玉牒前翰林院学士）书丹，李瑾（奉天翊卫推诚宣力武臣特进荣禄大夫柱国前征夷将军太子太保襄城侯）篆盖。谨录碑文如下：

> 初，公以足疾，乞假调摄。一日，痰忽作，上命医眕瘳，至，则不可复治，急舁出禁城西私第，已瞑目矣，实成化甲辰（二十年1484 年）七月廿二日申时也。距其生宣德甲寅（九年1434 年）十二月廿七日，得年五十有一。上闻，悼惜再四，赐白金百两，纻丝六端有副，楮币万缗，为殡葬资。皇太后、中宫、皇太子俱有赙。命礼部谕祭者再，遣太监郭润、柯兴二公襄事，恤典稠迭焉。公尝奉敕建真觉寺于都城西香山乡，每语润、兴曰："身后务瘗我于斯，使体魄有依，尔等识之。"至是，润、兴卜以是岁八月十八日，扶柩葬于寺侧，从夙愿也。乃具状介公诸子锦衣卫指挥钱通征铭纳诸幽，予弗获辞。
>
> 按状：公钱姓，讳义，其先河西钜族。正统丁巳（二年，1437），与其兄太监喜、福、能，同被选入内垣，时公年才四岁。三代祖考妣莫知其详。赋性警敏，嗜学。稍长，动静每取法于监局前辈。前辈见者咸奇之，且曰："是子将来必大显贵。"天顺丁丑（元年1457 年），英庙复辟，日见近幸，升奉御。寻选侍今上于东宫，夙夜执事，罔敢少怠。有暇，辄取儒书读诵，或有诮之者，答曰："不犹愈于闲坐乎？"闻者韪其言。甲申（八年1464 年），上嗣统，超升御庑监左监丞。明年成化乙酉（元年1465 年），进太监。公仪观瑰伟，言动详雅。自是，宴四夷，简命主席；聘王妃，命与司礼监掌

---

① （明）沈德符：《万历野获编补遗》卷 1《镇滇二内臣》，第 818 页。

礼。且通释老经典，命祈祷，累有感应，用是，渊衷简在，蟒衣玉带，禄米金币，宝镪、图书、玩器，不一赉予也。盖公宅心醇厚，事上恭谨，与诸兄处，爱敬交至。犹善礼待贤士，宽驭仆役，人有见侮，略不与校，有私谒，悉拒不纳。矧操履廉介，每令评物价，纤毫无所私。凡古今奇异器物，名公书画，人所不能识者，一目悉知其详，且能品题其高下。朝廷凡有制造，必经与工艺者商榷，然后称旨。其生而累荷宠遇之厚，没而重承恤典之颁，岂偶然哉！据状备述于右，且系以铭曰：公性警悟，公资瑰伟。自入禁御，业习勤只。瘁力供奉，皇用载惠。晋升既崇，锡予曷已。近臣遭逢，伊谁堪比。岁嗟在辰，大造阕止。皇恤以恩，士吊以诔。佛祠之旁，营魂寔倚。为勒墓铭，传示千祀。①

（二）《敕赐最胜寺兴建碑》，为钱能与其兄御马监太监钱福在其母坟旁捐赀鼎建。寺碑在今北京朝阳区酒仙桥东半截村，拓片收录于《北京图书馆藏中国历代石刻拓本汇编》。由商辂（□□大夫兵部尚书兼翰林院学士知制诰经筵官）撰文，李实（□□资德大夫正治上卿都察院左都御史前南京参赞机务兵部尚书）书丹，孙继宗（奉天翊卫推诚宣力武臣等进光禄大夫柱国监修国史知经筵事太傅会昌侯）篆额。碑文如下：

> 最胜寺在顺天府通州安德乡。先是御马监太监钱福母□□人卒，卜葬于此，时天顺庚辰（四年1460年）五月十二日也。越七年，成化丁亥（三年，1467年），朝廷赐以近坟地，计六十亩奇，俾岁收其租之入，以供太夫人之□□。福感激君亲之恩，力思补报，遂偕弟御用监太监能捐赀，命工鼎建是建，请额于上，蒙赐今名。寺之制，山门内天王殿……太夫人所生三子：长喜，御马太监掌监事；仲即福也；季即能也。能今奉命镇守云南，从子义，亦任御用太监，皆太夫人抚教之力。兄弟联名，贵禄日盛，宠眷有加，太夫人之余庆未艾也。予重太监请，为述其事于石，俾来者有考焉。

---

① （明）万安：《大明御用监太监钱公墓志铭》，《新中国出土墓志·北京卷》，文物出版社2003年版，第121页。

时成化壬辰（八年，1472 年）夏五月朔日记。①

（三）《最胜寺谕旨碑》，寺碑在今北京朝阳区酒仙桥东半截村，拓片收录于《北京图书馆藏中国历代石刻拓本汇编》。碑文如下：

> 皇帝敕谕官员军民僧俗人等，故御马监太监钱能逮事累朝，宣力中外多著劳绩。其葬地在通州安德乡，旁有寺曰最胜。已命僧录司左觉义定宝、右觉义真诚住持，赐之护敕，俾管业茔地以奉香火。然朕眷念旧劳惓惓之意犹未能已，其草场地土仍准拨与十顷，令最胜寺住持真诚并锦衣卫指挥钱璋分耕看守，永奉香火及修理坟域等用。丈量四至筑立封堆，仍使永远遵守。尚虑年久或有势豪侵占及樵牧毁坏，特再降敕禁约：凡官员军民人等，敢有故违者，罪之始律。故谕。
>
> 正德二年八月初三日②

钱义，成化二十年（1484）七月卒。之前因足疾请假，于京城西私宅调养，痰忽作而不及治疗，猝死。皇上、皇太后、中官、皇太子俱有赐葬资，并且命礼部谕祭，遣太监郭润、柯兴治丧。钱义子锦衣卫指挥钱通具状，征铭于万安。撰文者吏部尚书兼内阁大学士万安，《明史》有传："万安，字循吉，眉州人……正统十三年（1448）进士。改庶吉士，授编修。成化初，屡迁礼部左侍郎。五年命兼翰林学士，入内阁参机务……安无学术，既柄用，惟日事请托，结诸阉为内援。时万贵妃宠冠后宫，安因内侍致殷勤，自称子侄行。"③

钱义死于正四品御用监太监任上，为其撰铭者的万安虽厚结万贵妃为士论所鄙，却贵为内阁首辅，并且皇室皆赐葬资，可见钱义生前十分得宠。

据志文，太监钱义，女真人，钱家兄弟四人分别为：钱喜、钱福、钱能、钱义。《最胜寺兴建碑》更进一步说明，钱义虽然是侄子但也被太夫人抚育长大，四人俱为宦官并得宠于成化年间。钱义志文言其先世为

---

① 北京图书馆金石组编：《北京图书馆藏中国历代石刻拓本汇编》，第 52 册，第 90 页，
② 北京图书馆金石组编：《北京图书馆藏中国历代石刻拓本汇编》，第 53 册，第 133 页。
③ （清）张廷玉：《明史》卷 168《万安传》，第 4522—4523 页。

"河西巨族"，但钱氏兄弟若为女真人，那么墓志中便可能误将"海西"女真写作"河西"，因为明朝初期，女真族分为"建州"、"海西"、"野人"三部，钱氏兄弟当出于此三部之一才对。在这里撰者可能为避讳而故意将"海西"写成"河西"。

正统二年（1437），女真钱氏兄弟俱被选入内庭，最小的钱义年仅四岁，"三代祖考妣莫知其详"，推测当时可能被掳掠入宫，并且其三位兄长在入宫时年龄也不会很大。

四兄弟中钱喜、钱福，《明史》中无传，因而对具体行实所知较少。但《最胜寺碑记》载："先是御马监太监钱福母□□人卒……福感激君亲之恩，力思补报，遂偕弟御马监太监能捐赀……太夫人所生三子：长喜，御马太监掌监事；仲即福也。"

从上面截取的这段记录，可以看出得成化八年（1472）在修最胜寺时，钱福任职御马监太监，与其弟钱能捐赀修寺。但除此外，文献中未有关于钱福的记录。钱氏四兄弟分别任职于御马监、御用监两衙门。

长兄钱喜，为御马监太监掌监事，基本的职能是处理"御马并各处进贡及典牧所关收马驴等项"①。钱喜当时在四兄弟中任职最高。《马政纪》中有载："成化二年，该御马监太监钱喜等奏：朝马并披甲等马不敷，要行产马地方收买。本部奏准。于陕西、辽东、山西等处收买及令将外方进贡马匹，拣选矮小在边给军骑操，其余身量高大者解赴御马监交收应用。成化五年题准：云南、贵州、湖广、四川、广西等处所有进贡马匹行各镇守、总兵、巡抚、巡按等官，并布、按二司就彼辨验等第毛齿给军骑操，如镇总抚按出巡出边，听布、按二司辨验，给军具奏给赏。"② 涉及进贡马匹诸事宜。

同年，《明宪宗实录》成化二年（1466）春正月甲辰条载："虏三万余，屯安边营近境，督军太监钱喜以闻，上敕喜及大同宁夏、陕西、延绥各边镇守总兵等官严兵备之。"

甲寅条载："镇守陕西左少监黄沁奏，虏拥众入庆阳环县境抢掠，上敕总兵官宁远伯任寿等相机截杀，并敕太监钱喜、大同总兵官杨信等会兵

---

① （明）朱元璋：《皇明祖训》，第31页。
② （明）杨时乔：《马政纪》卷5《进贡马》，文渊阁《四库全书》本。

剿之。"①

　　成化二年（1466），北虏犯边，督军太监钱喜奉命与大同、陕西等总兵官联合防备、剿杀。《明史·宦官传序》说："明世宦官出使、专征、监军、分镇、刺臣民隐事诸大权。皆自永乐间始。"② 自正统始，宦官专征事已不再见，监军则成为制度。遇有战事，基本上形成了总兵出战，镇守中官守城；或巡抚守城，总兵、中官出战的分工。③ 成化二年（1466）御寇于延绥的用兵即如此，"夏五月壬子，杨信为平虏将军，充总兵官，太监裴当监督军务，御寇延绥"④。成化、弘治朝之后，镇守、监军太监多出自御马监，从《实录》所记载的情况来看，推测钱喜此时正是以御马监太监出任镇守或监军之职。

　　《明宪宗实录》成化十三年（1477）夏四月甲子条载："法司拟福建建宁右卫致仕指挥同知杨泰罪坐斩。时泰子晔阮为太监汪直所获，下狱死。上命太监钱喜及百户韦瑛往籍晔家，并械泰及其同居男女百余人至京狱，具命泰依律处斩，其余拟罪有差，财产悉入官，独祠堂与田三十顷给还泰家属。于是泰弟兵部主事仕伟调台州府通判，婿礼部主事董序调河间府通判，从弟中书舍人仕儆亦坐是调惠州卫经历，原勘官刑部主事王应奎、锦衣卫百户高崇皆受泰赂，为直所遣官枝在道，搜得之亦下狱，崇瘐死，应奎发边卫充军，后泰以审录宥为民。"⑤

　　原福建建宁卫指挥杨晔，是赫赫有名的"三杨"之一杨荣的曾孙，与其父杨泰在老家为仇人所告逃到京城，匿于其姐夫董玙家，董玙向汪直的心腹锦衣百户韦瑛求情，韦瑛表面应承却暗自通报了汪直，于是杨晔与其父杨泰俱被汪直逮捕下西厂大狱，杨晔死于狱中，杨泰论罪坐斩。宪宗派御马监太监钱喜与锦衣百户韦瑛到杨晔家抄家，同时逮捕杨泰及其家人百余至京狱。⑥ 显然，在汪直兴起的这次杨家大狱中，钱喜与汪直的亲信韦瑛都是主要参与和执行者，也意味着钱喜与汪直扯不断的勾连关系，但

　　① 《明宪宗实录》卷25，成化二年春正月甲辰、甲寅条。
　　② （清）张廷玉：《明史》卷304《宦官一》，第7766页。
　　③ 方志远：《明代的御马监》，载《中国史研究》1997年第2期；《明代的镇守中官制度》，《文史》第40辑。
　　④ （清）张廷玉：《明史》卷13《宪宗本纪》，第163页。
　　⑤ 《明宪宗实录》卷165，成化十三年四月甲子条。
　　⑥ （清）张廷玉：《明史》卷304《汪直传》，第7779—7781页。

《明史》中阙录钱喜行实。

另外，济南知府蔡晟撰写的《重修玉帝观记》言成化十九年（1483）："圣天子命御马监太监钱喜归前代封禅玉册于旧所，且为文致告，盖盛举也。"① 成化十九年（1483），宪宗派钱喜到泰山将前代封禅的玉册归于旧所，这是笔者所见到的钱喜的最晚的活动记录，显然至此钱喜仍得重用。

钱能，人称三钱，四兄弟中唯一于《明史》中有传，但关于其身世不详。从其弟钱义的生年可推断出，钱能应生于宣德九年之前，正统二年（1437）选入内廷，"弘治末老死京师，正德初赐葬最胜寺"。寿命是很长的。

关于钱义，《明史》中有载"时宪宗好方术，（李）孜省乃学五雷法，厚结中官梁芳、钱义，以符箓进"②。和梁芳同道与妖人李孜省交结，以方术逢迎明宪宗，钱义在正史中留下的并非美名。而在大学士万安为其撰写的墓志中，则更清楚的勾勒了其一生的经历。

钱义生于宣德九年（1434），卒于成化二十年（1484），得年五十一岁。正统二年与其三位兄长一起入宫，年仅四岁。

"天顺丁丑（元年，1457），英庙复辟，日见近幸，升奉御。寻选侍今上于东宫。"

天顺元年英宗复辟，钱义已经二十四岁，日见信用，升为从六品奉御。不久后被选侍东宫，侍奉时为东宫太子的朱见深，这是颇有前途的职位，太子登基新帝即位最先被任用的多是东宫旧人，因而钱义在日后的成化得宠似已成必然。钱义被选任东宫后，工作卖力，"夙夜执事，罔敢少怠。有暇，辄取儒书读诵"，对于诮讽者，也不以为然。因而，天顺八年（1464），宪宗朱见深即位，马上将钱义由从六品的奉御，超迁为正五品的御用监左监丞。第二年的成化元年（1465），再越级升为正四品太监，钱义当时年仅三十二岁。因其"仪观瑰伟，言动详雅"，宴四夷、聘王妃等礼仪方面的事务，皆命其与司礼监共掌。

志文言："公尝奉敕建真觉寺于都城西香山乡，每语润、兴曰：'身后务瘗我于斯，使体魄有依，尔等识之。'至是，润、兴卜以是岁八月十

---

① （明）胡瑄修、李锦纂：《泰安州志》卷6《文》，明弘治间刻本。

② （清）张廷玉：《明史》卷307《李孜省传》，第7881页。

八日，扶柩葬于寺侧，从夙愿也。"

真觉寺，成化年建①，今名五塔寺，在北京石刻艺术博物馆内，《明宪宗御制真觉寺金刚宝座记略》载："永乐初年，有西域梵僧曰班迪达大国师，贡金身诸佛之像，金刚宝座之式，由是择地西关外，建立真觉寺，创治金身宝座，弗克易就，于兹有年。朕念善果未完，必欲新之。命工督修殿宇，创金刚宝座，以石为之，基高数丈，上有五佛，分为五塔，其丈尺规矩与中印土之宝座无以异也。成化癸巳（九年，1473）十一月告成立石。"② 是说永乐初年有西域僧贡金身诸佛像、金刚宝座之式，成祖为之修建真觉寺，到宪宗再命人修建殿宇，整修该寺。

而钱义的墓志正是于此出土，说明成化九年之前正是钱义奉命修建了真觉寺，因而生前嘱托其名下宦官郭润、柯兴二公将其葬于寺侧。

志文言钱义"与诸兄处，爱敬交至"；《最胜寺兴建碑》亦言"兄弟联名，贵禄日盛，宠眷有加"。显然，钱氏四兄弟感情很好，同时宫内，也许正因兄弟联名，贵禄日增，宠眷有加。但成化二十年（1484），钱义去世，墓志中并未提及其三位兄长。钱喜、钱福无传无志，因而没有其生卒的相关记载，沈德符称：钱氏"四兄弟四人俱有宠于成化间，曰喜、曰福者，俱用事先死"③。但钱喜于成化十九（1483）尚被派到泰山出差，也就是钱义去世的前一年钱喜还在世，不知沈德符的根据为何，或者是以钱喜、钱福与钱能相比，俱算得上先死。钱义去世时钱喜的状态不得而知。关于钱福文献阙言，有可能已先死。成化二十年（1484）的钱能正在南京任守备太监，《明史·王恕传》载：成化"二十年（1484）复改恕南京兵部尚书，时钱能亦守备南京"④。钱义去世时，钱能因之前镇守云南扰害地方而被召回，安置于南京，钱义墓志中未及其兄钱能，推测一是因钱能远在南京未及赶回，二是因其恶名撰者刻意有所避讳。

成化年间，钱氏四兄弟俱身居高位，显赫一时。去世最晚的应该是钱能，直至弘治末年才老死京师。然而至此，钱氏家族的故事并未结束。钱能虽恶名昭著，却得善终，并且死后其家奴钱宁被推恩为锦衣百户。《明

---

①　（明）沈榜：《宛署杂记》卷19《寺观》，北京古籍出版社1983年版，第225页。

②　（清）于敏中：《日下旧闻考》卷77，北京古籍出版社1985年版，第1290页。

③　（明）沈德符：《万历野获编补遗》卷1《镇滇二内臣》，第818页。

④　（清）张廷玉：《明史》卷182《王恕传》，第4833页。

史》云："钱宁，不知所出，或云镇安人。幼鬻太监钱能家为奴，能嬖之，冒钱姓。能死，推恩家人，得为锦衣百户。正德初，曲事刘瑾，得幸于帝，性狷狡，善射，拓左右弓。"[1] 钱宁是钱能在云南任镇守期间，收为家奴，冒其钱姓，钱能死后被推恩为锦衣百户，于正德初年，曲事"八虎"之首的权珰刘瑾，得幸于武宗皇帝，被《明史》归为佞臣。

二　钱能出镇云南

女真人钱氏四兄弟显贵于成化朝，俱居正四品太监高位。而"三钱"钱能镇守云南，以其"怙宠骄蹇，贪淫侈虐，尤为古所未有"的恶名[2]，成为四兄弟中最被关注的一位。《明史》仅将之归为（梁）芳党一员，言其献媚万贵妃而得宠。《明宪宗实录》成化四年（1468）二月癸丑条载："癸丑，云南总兵官黔国公沐琮，奏太监罗圭、梅忠二人同镇云南。今圭卒，乞免更差。盖二人同事，往往相持不决，反致违误。忠明敏不偏，可以独任。事下兵部议，其言可从。有旨不必差官，令写敕与梅忠，用心总镇。越四日，内批召忠还，而以御用监太监钱能往代之。能迤北人，兄弟四人，俱居内侍，用计谋出镇云南，自此多事矣。"[3]

太监罗圭、梅忠二人同镇云南，罗圭死，总兵官沐琮奏请梅忠独任云南镇守，不必再差官，本已下旨批准。但四天后，却突然召回梅忠，而以御用监太监钱能往代之。文献中对这段突然改派的原因并没有详述，只言钱能兄弟四人，俱居内侍，用计谋出镇云南。显然钱能得以出镇云南与其三位内廷显宦的兄弟的暗中协助有关。

据《明史》言："镇守太监始于洪熙，遍设于正统，凡各省各镇无不有镇守太监，至嘉靖八年（1529）后始革。"宦官出镇，最初因军事需要设在边地，后内地亦逐渐增设。到成化时期，"镇守、守备内官视天顺间逾数倍"[4]。

云南镇守太监最初设立于宣宗即位之初，《明宣宗实录》洪熙元年（1425）秋七月载："遣中官云仙往云南镇守，上谕之曰：朕初即位，虑

①　（清）张廷玉：《明史》卷307《钱宁传》，第7890—7891页。

②　（明）沈德符：《万历野获编补遗》卷1《镇滇二内臣》，第818页。

③　《明宪宗实录》卷51，成化四年二月癸丑条。

④　（清）张廷玉：《明史》卷180《汪奎传》，第4781页。

远方军民或有未安，尔内臣朝夕侍左右者，当副委托，务令军民安生乐业，凡所行事，必与总兵官黔国公及三司计议施行，仍具奏闻。遇有警备，则相机调遣，毋擅权自用及肆贪虐。盖尔辈出外，鲜有不恃宠骄傲者。若稍违朕言，治以重法，必不尔贷。"①

镇守太监的职责与职权，在整个明代并非一成不变，而是随着形势变化及不同皇上的需要而灵活变化的。首任云南镇守太监云仙在受命时，明宣宗要求他到任后，"务令军民安生乐业"。云仙镇守云南多年，主要从事加强朝廷与地方的联系，以使者身份处理民族事务。云仙背负着安抚边地夷民的任务，因而到任后行使着处理民族关系的职责。

但到了成化年间，朝廷内库空虚，"岁用赏赐之费不给"②，而后，内承运库太监林绣曾奏请明宪宗"云南所遣岁办差发金银及各处赃罚银尽数差解，以应急用"③。可见，钱能被派往云南是背负着索取云南遗欠的银两，以解朝廷内库空虚之急的使命。

钱能镇守云南实际上担负着到此地括敛钱财的任务，无法索取足够银两便不能解朝廷内库之空虚，因而这样可以明目张胆敛财的职位自然是内廷宦官们争夺的肥缺。《明史·梁芳传》所言："梁芳……日进美珠珍宝悦妃意。其党钱能、韦眷、王敬等，争假采办名，出监大镇。帝以妃故，不问也。"④ 将钱能等人出监采办，归于为进美珠珍宝以献媚万贵妃，这种解释显然过于简单。韦眷等人以厚结梁芳得获出镇采办之职已是成化十年左右的事。

成化四年（1468）御用监太监钱能所以能突然取代梅忠，推测更为可能的是如前文中《明宪宗实录》所言钱氏"兄弟四人，俱居内侍，用计谋出镇云南"。

从钱义墓志可知，宪宗登基，钱义以东宫旧人旋即超次升迁为正四品御用监太监；《最胜寺碑记》中又载，成化三年（1467），朝廷赐地于钱太夫人坟旁以资供养，时钱福任御马监太监，钱能任御用监太监，钱喜高居御马监掌监事太监，但地是赐给钱福的。显然成化初年钱氏兄弟已极为

---

① 《明宣宗实录》卷3，洪熙元年七月庚午条。
② 《明宪宗实录》卷40，成化三年三月辛巳条。
③ 《明宪宗实录》卷120，成化九年九月癸丑条。
④ （清）张廷玉：《明史》卷304《梁芳传》，第7781页。

得宠。

据方志远的研究，"诸边及各省镇守太监开始时是在内府各监派遣，成化尤其是正德以后，多由御马太监出任。以正德元年（1506）为例，派出镇守中官二十余人。其中明载衙门职衔者十八人，御马监中官居半"①。成化年之后镇守太监多由御马监太监出任，而钱能以御用监太监身份出镇云南，推测与其兄钱喜掌御马监事相关。

钱能甫到任便是非不断，成化五年（1469）春正月丁卯条载："巡抚贵州右副都御史陈宣奏，少监郑忠、南宁伯毛荣各带京官舍人随行，纵其役占军伴，办纳月钱，奴辱有司，营求货赂，大为军民之害。顷者，太监钱能出镇云南，道经贵州，从行官舍，怙势横行，需索百端，民吏骇窜……兵部因言近奏准镇守内外官许带随从人皆有定数，在云贵者五人，唯钱能十人，乃特旨所定难以取回，宜行令二处巡按御史严加禁治，不许数外多带及禁约勿使仍前恣横为害，从之。"②

钱能镇守云南十二年，以"出镇云南，怙宠骄蹇，贪淫侈虐，古所未有"的恶名③，成为流传千古的宦官中"贪恣"的典范。史籍中对钱能的记载集中于其镇守云南期间在当地的种种恶行，包括勒索当地土司，"遣（郭）景与指挥卢安等索宝货于干崖、孟密诸土司，至逼淫曩罕弄女孙，许为奏授宣抚"，掠夺矿场，打死守矿官吏"杖守矿千户一人死，亦不罪"等等。④ 但究其根本显然脱离不开他来云南的任务，即解决国库空虚的使命。

三　宦官与皇权的运作

《明史·王恕列传》有云："（成化）十二年（1476），大学士商辂等以云南远在万里，西控诸夷，南接交阯，而镇守中官钱能贪恣甚，议遣大臣有威望者为巡抚镇压之。"大学士商辂以钱能"贪恣甚"为由而奏请明宪宗，要求派遣有威望的朝臣王恕巡抚云南对其进行牵制。⑤

这之前的成化"六年（1470），巡按云南监察御史郭阳奏，太监钱能

---

①　方志远：《明代的镇守中官制度》，《文史》第40辑。

②　《明宪宗实录》卷62，成化五年正月丁卯条。

③　（明）沈德符：《万历野获编补遗》卷1《镇滇二内臣》，第818页。

④　（清）张廷玉：《明史》卷304《钱能传》，第7783页。

⑤　（清）张廷玉：《明史》卷182《王恕传》，第4832页。

刚果有为，政务归一，今闻有疾，乞仍留镇守。士论鄙之。十一年（1475），安南国请由云南道入贡。盖以太监钱能私与通故也。不许"①。钱能在云南的所为与朝野内外积怨颇深，成化六年（1470），钱能有疾，巡按云南御史郭阳上疏请留钱能永镇云南，为士论所鄙。十一年（1475），钱能为索取贡物，派郭景诱安南国改贡道。

《明宪宗实录》成化十一年（1475）五月辛酉条载："敕云南总兵黔国公沐琮等移文晓谕安南国王黎灏，先是镇守太监钱能令指挥郭景赍敕往安南国，不由广西旧路，径自云南以往，于是其国亦遣陪臣何瑄等赍疏缴奏，且以解送广西龙州犯人为名，随景假道云南，赴京索夫六百名，并咨云南总兵等官沐琮等，备咨以闻，事下兵部议：云南自祖宗朝以来不系交人通贡道路，今欲递解囚犯，于礼难从，请琮等移文晓谕彼国所解犯人既系龙州土人，是乃广西所辖地方，宜解广西监候奏请惩治，不必假道动众远解来京。仍令琮等练兵守境以备不虞，从之。盖安南贡路旧率自广西，今因钱能与交通，故欲自云南以避龙州之怨耳。"②

钱能这次诱安南国改贡路的行为，再次引起朝臣的弹劾，时任内阁首辅的商辂旋即奏请派有威望的大臣王恕巡抚云南，以牵制钱能。

从上述文献中我们看到的商辂与钱能是一种交锋、对立。但从商辂为钱氏兄弟所撰写的《最胜寺兴建碑》中，却看到另种情绪的流露。从碑文中可以获悉，钱母卒于天顺四年（1460），当时葬于此地。此时钱氏兄弟不见经传，推测到了宪宗改元后，钱氏兄弟开始日渐显赫，因而在其母去世后七年的成化三年（1467），朝廷赐予坟地六十多亩。钱福、钱能捐资在此处鼎建了寺院，并蒙赐额最胜寺。碑文已标明记于成化壬辰年，即成化八年（1472），也就是太监钱能镇守云南的第四个年头，此时其两位兄长俱得宠于当时。商辂云："予重太监请，为述其事"，这里虽未指出"太监"是指钱家的哪位太监，但"兄弟联名，贵禄日盛，宠眷有加"，可见钱氏兄弟是同气连声，一宠俱宠，立场一致的。而商辂并非奉敕撰文也非"辞不获"，而是重视太监之请，推测其与钱氏一门是有交情的。这与笔者前文中已提及的，史籍所载的商辂力谏钱能之"贪恣"的义愤，实非一致。大学士商辂的这种矛盾的行为实在引人深思。

①　（明）王世贞：《弇山堂别集》卷92《中官考三》，第1759页。
②　《明宪宗实录》卷141，成化十一年五月辛酉条。

商辂的后人及后世的士大夫将其作品辑录为《商文毅公文集》共 30 卷,① 所载作者生前所撰写的诗、词、碑铭、墓志铭、墓表、祭文等百余篇，独不见其为钱家内侍所作的碑文，并且文集的序言中多是赞扬其与宦官斗争停罢西厂之事，以及他对太监钱能做云南镇守太盐的反对声。文集中的商辂俨然是抗击阉党的斗士。

另外，钱能与大臣王恕的关系同样值得关注。从成化四年（1468）至成化十六年（1480），太监钱能镇守云南 12 年，为祸一方。朝廷士大夫多次向宪宗进谏力陈钱能之害。成化十二年（1476），大学士商辂等以"云南远在万里，西控诸夷，交接交阯，而镇守中官钱能贪恣甚，议遣大臣有威望者为巡抚镇压之，乃改（王）恕左副都御史以行，就进右都御史"②。而王恕在巡抚云南后，亦历次上疏弹劾钱能，于《驾贴不可无印信疏》中云：云南之事"干系地方之安危，生民之休戚，国体之轻重……今日钱能等所为之事，殆有甚焉，将来之祸，诚不可测。朝廷纵无按问之文，部属纵无诉告之词，臣巡抚其地，风闻其事，亦当为陛下言之。况交通外国之事，兵部奏准行臣与御史甄希贤会问；搅扰夷方之事，木邦等处节有缅书告诉。臣是以不得不从实上闻其罪"③，要求宪宗皇帝惩治钱能。十三年（1477），王恕再次于《参镇守官跟随人员扰害夷方奏状》中云："倾自太监钱能到于云南，侮慢自贤，罔遵圣训，不时差人前去外夷衙门，假公营私，需索搅扰，失夷人心，职贡因之以缺。今湾甸州告称，前项京官节次要伊银两等情，臣再三体访，委的是实。然此辈之到云南，非特搅扰外夷衙门，而腹里地方，无不被害。"④ 以钱能及其随从扰害夷方，请求给予惩罚。

此外，王恕曾上疏言："昔交阯以镇守非人，致一方陷没。今日之事殆又甚焉。陛下何惜一能，不以安边徼。"导致"（钱）能大惧，急属贵近请召恕还"，并且"屡谮恕于帝"。王恕屡次上疏奏请惩处钱能，言词激烈决绝，而钱能大惧，通过皇帝身边的近臣设法召王恕回京，并且当钱能返回京师后，又向宪宗进王恕的谗言，二者矛盾昭然若揭。尽管如此，

---

① （明）商辂：《商文毅公全集》，万历三十年至万历末年刻本。
② （清）张廷玉：《明史》卷 182《王恕传》，第 4832 页。
③ 《明经世文编》卷 39，明崇祯平露堂刻本。
④ 《明经世文编》卷 39，明崇祯平露堂刻本。

钱能却敬王恕为"天人也"。① 有例证如下：

> 三原王公［恕（1416—1508）］既回钱塘，吴公诚（1423—
> 1483）代之。太监钱能遣指挥胡亮迎宴于平夷。回，问亮曰："比王
> 某何如？"亮曰："甚好，知敬重公公，与王某不同。"能微笑曰：
> "王某只不合与我作对，不然，这样巡抚，只好与他提草鞋耳。"②

王恕离开云南，吴诚被派来做新巡抚，对钱能很是恭敬，但钱能却认为他
只配给王恕提草鞋。

那么何以当时恶名昭著的云南镇守太监钱能与两位享有清誉的朝臣士
大夫之间关系中显示出这样的两面性呢？笔者以为原因有二：一是朝臣对
自身名洁的保护与钱能在朝廷上划分界线；另外一个原因，也是最重要的
理由，即朝臣认识到钱能在云南的为恶敛财背后代表的是皇帝的意愿，是
皇权的体现。具体分析如下：

首先，钱能初到云南便多生事端，显示出贪恣骄横的一面，士大夫对
其讨伐之声，声声震耳。而当时的云南巡抚郭阳却逆潮流而上，向明宪宗
奏请："太监钱能刚果有为，政务归一，今闻有疾，乞仍留镇守。"下场
是"士论鄙之"③，自然成为士大夫鄙夷的对象。王恕在这种朝野上下群
情激奋之时，临危受命到云南牵制钱能。其对钱能的强硬态度固然与王恕
个人的刚直不阿、忠心为国的品德分不开，但同时也脱离不开此时严峻、
敏感的政治形势。前任巡抚郭阳因力保钱能而被士大夫所鄙，留下千古恶
名。前车之鉴，使王恕不得不急于撇清自己与钱能之间的关系，屡次上疏
弹劾之，以显示自己的清白，保持住其"政治贞操"。当多年以后，王
恕、钱能皆已离开云南，朝臣对钱能的挞伐已成为过去，二人再次以同样
的合作关系就任于南京之时，已不再是剑拔弩张的关系了。王世贞作
《吏部尚书王公恕传》言："寻复为南京兵部尚书，参赞机务。时钱能复
夤缘，得同守备南京，与恕共事，然益心服恕。语人曰：'王公，天人

---

① （清）张廷玉：《明史》卷182《王恕传》，第4832—4833页。
② （明）焦竑：《国朝献征录》卷117《寺人·钱能传》，台北明文书局1991年版。
③ （明）王世贞：《弇山堂别集》卷92《中官考三》，第1758页。

也。吾惟有敬事而已。'恕念其少自抑损，坦待之，卒无害。"① 通过上面的分析可以看出，官僚士大夫在关键形势下，能与宦官斗争到底的才会保持住政治贞操，增加政治资本，流芳千古。而与毁坏朝纲的宦官合作，则有遗臭万年之虞。

另外，前文已经说道，钱能被派往云南是背负着索取云南逋欠的银两，以解朝廷内库空虚之急的使命。因而钱能尚未抵达云南，一路上便闹出事端，"道经贵州，从行官舍，需索百端，民吏骇窜"②，到任后"怙宠骄蹇，贪淫侈虐，尤为古所未有"。钱能的贪婪固然有个人道德品质的因素，但其作为皇上信任的"家奴"被派往地方行使使命，不同于官僚士大夫，已是"刑余之人"的宦官并不需要向百姓负责，只要向皇帝交差。

钱能在云南掠夺的背后是皇帝的支持，这些满腹经纶的政治精英自然不会参不透其中的道理。但为人臣子，怎敢一再诘责君主的政策，只能移情将意见与不满发泄在宦官的身上，通过集体上疏弹劾太监钱能，以表达自己对于过度掠夺云南造成当地民不聊生的不满。其背后的意图，是请求皇帝对云南百姓手下留情。其实是一种对皇权的抵制。他们私下里与宦官并无深仇大恨也可以正常交往，但在朝野上却与之交锋，力陈其害，为宦官背后的帝君敲响警钟。而对于太监钱能这一方太监来讲，即使被参奏而显得罪行累累，却因为在云南掠夺的基调是皇上所定，所以自己小打小闹的贪婪些，还是为皇家办事而有恃无恐，仍然能得以善终。过了云南为祸的风头后，还是能与士大夫王恕在南京通力合作，甚至在死后还被新皇帝"眷念旧劳，惓惓之意犹未能已"，而准拨土地为钱能捐赀修盖的最胜寺供奉香火。③

通过上面的分析，笔者以为钱能甚或是钱氏兄弟与商辂、王恕不仅不若史论中所突显的势不两立，甚至可能有着较好的交情，因而无论是皇帝抑或朝臣对于钱能在云南的作用都心知肚明，他只是皇权的代表而已。这也是钱氏兄弟在汪直、梁芳等成化朝所谓怙宠擅政的奸宦们倒台后，仍然得以善终的原因之一。

---

① （明）焦竑：《国朝献征录》卷24《吏部一·尚书》，台北明文书局1991年版。
② （明）王世贞《弇山堂文集》卷92《中官考三》，第1759页。
③ 北京图书馆金石组编：《北京图书馆藏历代石刻拓本汇编》，第53册，第133页。

四　钱能得以善终

钱能从成化四年（1468）初镇云南，至成化十六年（1480）被召回，安置南京。《明宪宗实录》成化十六年（1480）五月丙午条载："命镇守云南太监钱能还南京，以镇守陕西太监覃平代之，能在云南屡启边衅，所为多不法，至是知罪不自容，因称病乞还，科道官交章言之，故有是命。"① 钱能在云南屡启边衅，所为多不法，自知罪不能容，因而称病乞还。

之后的成化十六年（1480）秋七月辛丑条载："云南、车里、老挝、八百大甸三宣慰使司土官、宣慰使刀三宝等，各遣头目招孟捕等来朝贡金银器及犀角、象牙等物，各赐彩段、表里等物有差，仍以文锦、彩段回赐土官及其妻。时老挝被交人攻杀，镇守内官钱能以闻，且言老挝及八百车里所遣贡使，宜量给道里之费，使兼程而回。兵部覆奏：命云南布政司每处给以官帑银二十两。"②

老挝自永乐朝始连年向明廷进贡，是云南边疆地区安定的重要方面。成化十六年（1480）七月，也就是召回钱能的旨令已下，新镇守到任之前，老挝使者来朝进贡，发生了安南国攻掠老挝之事，钱能知道后，请求救其使兼程回，并量给道里之费。这其实是一种保护朝贡国的行为，与之前"屡起边衅"的钱能似乎有所不同。推测正因在云南镇守十二载，留有恶名，屡被弹劾，自感危机，因而乞病归京得保全自身，并且离任前积极应对边务，显然是为自己留有余地。

《明史·钱能传》对其解任云南镇守太监后的经历只简单概括为"召归，安置南京。复夤缘得南京守备。时恕为南京参赞尚书，能心惮恕不敢肆。久之卒"③。正史有着意突显王恕正直权威之意，事实上钱能在南京虽然不再有肆恣纵行的记录，却过得很安稳，直到弘治末年才老死于此，未因君主改换而受到冲击。下面是两条钱能改任南京后的记录：

陈洪谟《治世余闻》载：

---

① 《明宪宗实录》卷 203，成化十六年五月丙午条。

② 《明宪宗实录》卷 205，成化十六年七月辛丑条。

③ （清）张廷玉：《明史》卷 304《钱能传》，第 7782 页。

　　南京守备太监钱能与太监王赐皆好古物，收蓄甚多，且奇。五日，令守事者舁书画二柜，至公堂展玩，毕，复循环而来。中有王右军亲笔字，王维雪景，韩滉题扇，惠崇斗牛，韩干马，黄筌醉锦卷，皆极天下之物。又有小李、大李金碧卷，董、范、巨然等卷，不以为异。苏汉臣、周昉对镜仕女，韩滉班姬题扇，李景高宗瑞应图，壶道文会，黄筌聚禽卷，阎立本锁谏卷，如牛腰书。如顾宠谏松卷、偃松轴，苏、黄、米、蔡各为卷者，不可胜计。挂轴若山水名翰，俱多晋、唐、宋物，元氏不暇论矣。皆神品之物，前后题识钤记具多。钱并收云南沐都阃家物，次第得之，价迫七千余两。计所值四万余两。王家多内帑物，时南都缙绅多得观之，以为极盛。然皆尤物，不宜专于一处也。①

　　钱能在作云南镇守期间的确搜刮了大量财物，从上面的材料可以看到，他曾收得云南沐府价值七千余两的宝物，其拥有的宝物总价达四万余两，来到南京后与另一位爱好古物和收藏的太监王赐互相展示收藏，当时南京的缙绅很多都有机会参观。

　　钱氏兄弟中嗜好古董的并非钱能一人，钱义的墓志中有云"矧操履廉介，每令评物价，纤毫无所私。凡古今奇异器物，名公书画，人所不能识者，一目悉知其详，且能品题其高下。朝廷凡有制造，必经与工艺者商榷，然后称旨"。钱义鉴赏古物、书画的能力显然是专业的，一目即可品其高下。这与钱义的身份是御用监太监有关。

　　刘若愚曾详述道："御用监，掌印太监一员，里外监把总二员，犹总理也。有典簿、掌司、写字、监工。凡御前所用围屏、摆设、器具，皆取办焉。有佛作等事，凡御前安设硬木床、桌、柜及象牙、花梨、白檀、紫檀、乌木、鸂鶒木、双陆、棋子、骨牌、梳栊、楪甸、填漆、雕漆、盘匣、扇柄等件，皆造办之。仁智殿有掌殿监工一员，掌管武英殿中书承旨所写书籍、画扇，奏进御前，亦犹中书之于文华殿中书也"。②

　　从上述材料可以看出，御用监虽不若司礼监有与政的权力，却很有实

---

① （明）陈洪谟：《治世余闻》下篇卷2，中华书局1985年版，第44页。

② （明）刘若愚：《酌中志》卷16《内府衙门职掌》，北京古籍出版社1994年版，第103页。

惠，类似于后勤部门，掌管皇帝御用的各种珍贵物品，有书画、棋子、骨牌等。并且宪宗宠信钱义，因而"蟒衣玉带，禄米金币，宝锭、图书、玩器，不一赉予也"。钱义作为御用监太监掌管这些物品耳濡目染自然培养了鉴赏能力，并且钱义一向"与诸兄处，爱敬交至"，钱氏兄弟感情甚笃，钱能可能也因此培养了收藏古董的嗜好。

另外，王世贞《弇山堂别集》中载：

> （弘治）三年（1490），司礼监何穆等按核南京守备太监蒋琮及御史姜绾等互奏事状。下都察院会刑部议，绾等行事多失，有乖风纪；琮陈辞累辩，诬陷人罪，及太监陈祖生、郑强、钱能等各因袭受献洲场之类，并侍郎阮勤等拟罪不当。有旨："御史不顾大体，构辞讦奏，烦渎朝廷，姜绾、刘逊、余浚、孙绂、缪樗、纪杰、方岳各降一级，刘恺降二级，俱调外任。蒋琮等亦有不实，姑宥之。陈祖生、郑强、钱能、李荣免问。于是六科十三道俱疏论，不听。琮小有才，言语狂诞，为同类所恶，上亦厌之。每为正言以迎合上意，及继晓、李孜省等遇赦，琮奏请复治，上悦之。既守备南京，骄恣不法，绾等劾之，琮支辞深辩，勘官亦右琮而抑绾等，故绾等落职，而不及琮。琮寻论奏南京兵部郎中娄性不法事，命给事中任伦、刑部郎中盛洪等会勘，未结。琮复奏性潜易卷案，伦等阿附掩饰，又奏兵部员外郎袁爖罪，亦连性，性疏辩。会南京广洋卫指挥石文通亦奏琮开掘聚宝山，有伤皇陵王气，及殴死商人，占役军匠，侵夺官地，私造马船诸罪。"[1]

据《明史·蒋琮传》，孝宗初时，蒋琮任南京守备，显然此时钱能已解任南京守备一职。在南京附近沿江的芦苇场，原来都隶属三厂。成化初年，江浦县很多田地被江水冲没，而临江冲出六块沙洲，百姓请耕沙洲以补沉入江中的田地。因沙洲与芦场相临，又有瓦屑坝废地等原不隶属三厂。有奸民将这些地全部说成芦场而投献给当时的南京守备太监黄赐。百姓本已失去田地，还要按原数交纳租税。孝宗改元后，百姓上告于朝廷，朝廷派南京御史姜绾复核该事。而最后的结果是姜绾与蒋琮都有错，但姜

---

① （明）王世贞：《弇山堂别集》卷93《中官考四》，第 1777 页。

缙等御史被降职，对蒋琮不予追究，钱能、陈祖生、郑强等人是蒋琮的前任守备太监，也曾因袭受献洲场，但俱免问。而当时尚书王恕、李敏等人也曾对蒋、姜一案处理结果不满而上奏，却不被孝宗采纳。从上面的这段材料可以看出，君主改立后，钱能的地位仍然十分稳固，弘治末年方老死南京，死后归葬京师最胜寺旁的钱氏坟茔。

正德二年（1507），武宗敕谕最胜寺以保护寺产，同时"草场地土仍准拨与十顷，令最胜寺住持真诚并锦衣卫指挥钱璋分耕看守，永奉香火及修理坟域等用"。钱能历侍正统、景泰、天顺、成化、弘治五朝，论者称其为明代最为贪虐的镇守太监，不仅得以善终，死后亦受新皇帝感念"逮事累朝，宣力中外多著劳绩"，实在不多见。

作为钱氏兄弟四人中最被关注的钱能，从成化四年（1468）至十六年（1480），镇守云南十二载，以骄横贪恣著名昭著，笔者以为一方面是其性格使然，但更重要的是其出镇的原因，即背负着索取云南逋欠的银两，以解朝廷内库空虚之急的使命，背后还有皇帝的意图在里面。另外，作为怙宠擅权的内官钱能屡遭朝臣弹劾，其实背后可能隐含的是对皇权的不满。而云南地方官员、百姓对钱能的控诉，背后蕴含的是对皇权浸透的反抗。

本章小结

明代初期，占据漠北的北元蒙古势力是国家边疆最大的威胁。因而从成祖至宣宗，君主亲自出征驱除残余的蒙古势力，从刘氏兄弟的个案中，我们可以看到女真族宦官以自身的骁勇善战，数次随帝亲征，在巩固国家边防的军事行动中扮演着重要的角色。并且之后在对东北部少数民族边陲的经营中，君主亦利用其民族优势去拉拢安抚当地人民。在明代初期，女真族宦官在明代边疆扮演着不可替代的重要角色。另外，其实从一些朝鲜族宦官的个案中，我们也可以看到君主利用宦官的民族特点派其加强与周边邻国的往来，如派朝鲜族宦官海寿出使朝鲜。[1]

到了明代中期，少数民族宦官的民族特性已不再突显出特别的功用，但许多人仍然被君主任用，在不同的时期有不同的政治功用。钱能镇守云

---

[1] 陈学霖：《明代人物与史料》，香港中文大学出版社 2001 年版，第 125 页。

南背负括敛钱财的皇命，透过对王恕、商辂与钱能的关系的分析可以看出，朝臣们显然明白钱能在云南的大肆掠夺背后所代表的皇权本意，他们借弹劾钱能之举来表达对君主的不满，意不在钱能本人，所以并不排斥与之私下的往来。云南地方的百姓并不会去追究钱能背后的皇权对地方的渗透、侵夺等原因，他们直接面对的只是作为皇意代表的太监钱能和他的横征暴敛的行为，因而将不满发泄到钱能的身上。其实，撇开道德品质等个人因素，作为在云南大肆掠夺的镇守太监钱能，他更多只是代表王权，是国家政治权力的一个组成部分。

第三章

武宗"八虎"新识——高凤及其家族个案

　　对于明代宦官的活动，以往研究者更关注其在政治经济、社会文化等方面的影响。早在明太祖朱元璋建国以前的吴政权时期，内府宦官机构和品秩的设定已具雏形。① 但鉴于前代宦官败政，明太祖朱元璋对宦官限制颇严，有言敕"内臣不许读书识字"、"不得干预政事，犯者斩"等令。而洪武十三年（1386），朱元璋借诛灭丞相胡惟庸一案，对中央政体进行了重大改变：废除中书省丞相制，升六部品秩，各领庶政，皇帝亲御六部九卿问政。这一变革使明代的宦官有机会扩张权力范围。

　　燕王朱棣登基，庙号明成祖。宦官因靖难有功，在成祖即位后得到重用。并且随着内阁设立，大学士以及六部参与机务，皇帝亲理政务，皇权的延伸，使宦官地位与权势逐渐高涨。从英宗时期被斥为窃权误国的权阉王振，到武宗时期"八虎"之一、有"立皇帝"之称的刘瑾，宦官对国政的干预程度更盛历代王朝。

　　明正德年间，曾随侍武宗于东宫的太监中，其中有八位，分别是刘瑾、马永成、高凤、罗祥、魏彬、丘聚、谷大用、张永，以旧恩得幸，人号"八虎"。其中以刘瑾为首，外廷皆言其"造作巧伪，淫荡上心。击球

----

　　① 《明太祖实录》卷25，吴元年九月丁亥，"置内使监，秩正四品，设监令，正四品，丞，正五品，奉御，从五品，内使，正七品，典簿，正八品。皇门官，秩正五品，设皇门使，正五品，副，从五品，后改置内使监、御用监秩皆正三品，各设令一人，正三品，丞二人，从三品，奉御，正六品，典簿，正七品。皇门官，秩，正四品。门正，正四品，副，从四品。春宫门官，正副同。御马司，秩正五品，司正，正五品，副，从五品。尚宝兼守殿尚冠、尚衣、尚佩、尚履、尚药纪事等奉御，秩俱正六品"。台湾"中研院"史语所校勘本，第365—366页。

走马，放鹰逐犬，俳优杂剧，错陈于前"①。以往的研究中多以刘瑾为侧重点，而关注颇多。

本章事主高凤（1439—1512），亦如前述"八虎"之一，在正德初年是权倾一时的大珰，但《明史》无传，文献史料中，高凤是随着"八虎"的群体形象而出现的，除刘瑾外，张永、谷大用、马永成等人在正德年间亦有事迹可考，而高凤虽位列其中，关于其生平行实却语焉未详，《明武宗实录》中略提高凤与太监李荣相交通恃宠弄权，并且在为其侄高得林求得锦衣卫之职时，引起外臣弹劾，正史中对其记述了了。笔者在翻看近年来北京市出土的宦官墓志资料时，偶然发现，不仅幸存有高凤的墓志一方，同时存有高凤侄高得林夫妇、高荣夫妇的四方墓志，对于考述高凤生平及其家族的情况提供了极为重要的传记资料。

高凤、高得林夫妇、高荣夫妇，共计五通墓志皆有拓片，刊入中国文物研究所、北京石刻艺术博物馆所编《新中国出土墓志·北京卷》。现结合高凤家族成员墓志及其他史料试考如下。

高凤于正德七年（1512）卒，为其撰写墓志铭的是内阁大学士李东阳，据志文所言"公之存，尝预属予为墓表"，高凤生前，已嘱托李东阳为其撰写墓表，去世后，李东阳为其撰写志文据"司礼太监温公祥、蒋公贵"所叙之履历。

撰文者内阁大学士李东阳，《明史》有传："李东阳，字宾之，茶陵人，以戍籍居京师……天顺八年，年十八，成进士……武宗立，屡加少傅兼太子太傅。刘瑾入司礼，东阳与（刘）健、（谢）迁即日辞位。中旨去健、迁，而东阳独留。耻之，再疏恳请，不许。"② 有文集《怀麓堂集》一百卷传世。李东阳平生应邀撰写过不少墓志，其中包括数通为宦官所写，但文集中皆不载，笔者以为有意避嫌。书文者为高凤同乡礼部尚书田景贤，田景贤与高凤皆涿州的显贵，笔者通览《涿州志》，发现对田景贤记载颇多，却对显赫的高家只字未提。

提供高凤履历的太监温祥、蒋贵，正史无传，《明史》中记载温祥的主要事迹为："及帝（明武宗）崩，大学士杨廷和用遗命，分遣边兵，罢威武团练营。（江）彬内疑，称疾不出，阴布腹心，衷甲观变，令泰诣内

---

① （清）张廷玉：《明史》卷186《韩文传》，第4915页。

② （清）张廷玉：《明史》卷181《李东阳传》，第4820页。

阁探意。廷和以温语慰之，彬稍安，乃出成服。廷和密与司礼中官魏彬计，因中官温祥入白太后，请除彬。会坤宁宫安兽吻，即命彬与工部尚书李鐩入祭。彬礼服入，家人不得从。事竟将出，中官张永留彬、鐩饭，太后遽下诏收彬。"①

明武宗驾崩后，嘉靖皇帝即位之前，朝局不稳，江彬等所谓"佞幸"势力控制了京营军务，在这一关键时刻，温祥入白太后，请求除去江彬。可以说温祥在朝廷收回京营指挥权，稳定政局的部署中是重要人物。另外，北京市石景山区模式口大街，坐落着历史悠久的古刹承恩寺，就是由司礼监太监温祥修建的，正德八年（1513 年）落成，其中现存《承恩寺敕谕碑》载："司礼监太监温祥……入禁庭小心畏慎□□内馆□业进修，朕在春宫……"② 可惜碑文漫漶难读，推测温祥曾入内馆读书，并陪侍武宗于东宫。虽不若初时刘瑾、高凤等八人风光显赫，佴俱为正德朝大珰，且与高凤同为司礼太监。

《墓志》摭取高凤同僚温祥、蒋贵二人所叙，由同朝内阁大学士李东阳撰写，其纪事大致可靠，但其中有省略或隐讳之处，须补苴考核。

第一节　高凤的家族概况

一　恩荫一门

据高凤志文，高凤生于正统四年（1439），卒于正德七年（1512），寿终七十四岁，官至司礼监太监。顺天府涿州人，谱逸不可考。父四翁，母白氏。有侄子五人：高景春、高景文、高得山、高得林、高荣。

高荣的墓志对高凤家族的情况有所补充："公讳荣，字邦庆，别号兰坡。为顺天涿州人。谱牒散失，先世莫征……大父泗。泗生父英。俱隐农弗耀。"高家世居涿州，先世已无可考，高凤之父为高泗，高泗的另一个儿子叫高英，高荣和高得林皆为高英之子。高家几代人都务农，直到高凤得势，俱受恩荫显赫一时。高凤父高泗赠荣禄大夫、后军都督府都督同知（正一品），母白氏，赠夫人。③

① （清）张廷玉：《明史》卷 107《佞幸传》，第 7889 页。
② 北京图书馆金石组编：《北京图书馆藏历代石刻拓本汇编》，第 54 册，第 6 页。
③ （清）张廷玉：《明史》卷 76《职官五》，第 1856 页。

　　在明代，得势的宦官，其父亲见在者可升授官职，父母已死者亦有追赠官号者。明代文史学家王世贞（1526—1590）所著《弇山堂别集》中记载："正德二年（1507），太监李荣传旨，御马监太监谷大用之父奉、御用监太监张永之父友，俱升锦衣卫指挥使。此内臣父见在授官之始也。其年，又赠御马监太监丘聚、司设监太监马永成、御马监太监魏彬之父俱锦衣卫指挥使，母赠淑人，各与祭一坛。此内臣赠父母之始也。"① 而同书另有关于正德朝另一权珰张雄为其父乞赠官的记载："授太监张雄父千户锐为后府右都督，母寇氏赠一品夫人。雄援太监高凤故父赠官例为锐陈情，乞得超授。"②

　　王世贞云正德二年（1507）丘聚与马永成的父母死后被赠官职，是内臣赠父母之始。而张雄以高凤的故例为自己的父亲乞赠官，高凤于正德七年（1512）去世，正德四年已离朝，笔者推测同为正德"八虎"的高凤可能与丘聚、马永成、魏彬一批甚至更早，在正德二年，为其过世的父母乞得追赠之官号。据《明史·职官志》："锦衣卫指挥使为正三品。"③ 高泗被追赠的品位更高，也显示了高凤在正德朝的受宠信程度。从高得林的墓志可见，除高凤的父母而外，高凤的弟弟高英亦赠后军都督府右都督（正一品）。

　　高凤之侄高得林，"从诸父司礼公凤居京师"。高得林一直随高凤居住在北京，伴其左右，与高凤关系最近，高凤过世，高得林葬之如父。也因高凤之清，得以掌锦衣卫事，而后提升至正一品的后军都督府右都督的高位。但高得林的墓志中对此有所隐讳，将其累升高位归于"威宁王所器"、"军功"、"小心敬慎，未尝有失"等个人因素。高凤墓志中对高得林的晋升同样简略提及："得林，初以军功历都指挥同知，掌锦衣卫事，奉敕缉访，功进都督同知。"这样的隐讳除了夸耀高得林的个人能力外，还因为他的晋升掌锦衣卫事曾在朝廷上引起一场风波。

　　明武宗即位元年，陪侍东宫的宦官内侍多有升赏。外廷言官曾弹劾太监高凤辞免升赏而命其侄高得林得以掌锦衣卫事。朝官言其坏祖宗铨选之法，违先帝推举之旨，实则担心高凤与其侄高得林里应外合，势大窃权。

---

①　（明）王世贞：《弇山堂别集》卷90《中官考一》，第1732页。
②　同上书，卷96《中官考七》，第1830页。
③　（清）张廷玉：《明史》卷76《职官志五》，第1863页。

言官们的激烈上疏并未成功，皇帝的回复是"得林既用矣，已之"。此时的高凤"先以病免"，也许正是为躲避朝臣的弹劾，并且让高得林安稳升至正三品的锦衣卫指挥使，高凤选择暂且退出权力争斗的核心，这也可以解释为何高凤的墓志中载引病谢事，不久又复召入内，"公累引病求谢事，上不忍释，面谕再四，乃许之，命归外第，秩禄皆如故，加给内库米十石、薪夫十人。既而复召入视事"。

二　高凤侄孙——藏书家、目录学家高儒

高凤共有侄五人，景春、景文、得山皆为义官，并无官职，也没有相关记载。除了高得林，高凤另一位侄子高荣亦幸存有夫妻合葬墓志二方。为其妻左氏撰写墓志的杜旻有云"予与兰坡幼同乡塾"，兰坡即高荣之别号，说明高荣是读书出身，而"累举不售，正德初，诸父讳凤者官司礼监见宠……中书舍人"，又参修《历代通鉴纂要》，"书成叙劳，晋尚宝丞"。高荣事儒业，但累举不售，还是因高凤的恩宠得授为从七品的中书舍人①，高凤死后，又推恩由尚宝丞改升为锦衣卫指挥同知管事。文职变武职，但职位升至从三品，而后再升为指挥使。高凤墓志中载其有从孙六人：高淮、高友、高才俱锦衣卫百户；高万良、高瓒、高安贤为涿鹿卫户。考察高得林、高荣的墓志，这六人并非他们的后代，也不是高凤从孙辈的全部，因而其墓志略有遗漏。高得林有子二：高杰、高伟，高杰也因高凤恩荫授锦衣千户，但二人俱早卒。而高荣有子三：高儒、高位、高道儿。在高凤从孙这一代里高儒是有史可载的。高得林的墓志言其二子俱早卒，"犹子锦衣指挥儒"将其归葬，这里没有指明高儒的具体职位，而高荣墓志中言"儒虽荫武，而能博极群书，旁通诗赋，且深究诸兵家方略。"进一步说明高儒的锦衣指挥之职大概也是得到高凤的恩荫。高荣墓志中赞其子高儒博极群书，能文能武，这并非溢美虚言。笔者在尽量更全面搜罗高凤史料之时，赫然发现明正德、嘉靖年间的藏书家、目录学家涿州人高儒，正是高凤的从孙，高荣之子。

高儒在嘉靖十九年以家藏古籍及自己多年访求的古籍编纂成《百川书志》这一目录学著作。其中提到一部文集《兰坡聚珍集》（已佚），介

①　"中书舍人，从七品，掌书写诰敕、制诏、银册、铁券等事。"（清）张廷玉：《明史》卷74《职官志三》，第1807页。

绍道："先父讳荣，字邦庆，涿鹿人也。先任尚宝丞，后转锦衣，积阶镇国将军，暇日取朝野交游题赠翰墨，及先哲图书，手自摹勒，集成数书，此集约收三代，毕载家储，上自王公国老，下及方外闻人，书法详明，诸体攸备，为后之选者设也。"① 另外《百川书志》的序言中对高儒的行谊略有提及，"明涿州高儒，富藏书，撰《百川书志》二十卷"，"明时武人喜藏书者，惟高儒与陈第二人，陈藏不如高氏之多"。高儒为武弁，喜藏书，且著书，这与高荣墓志中对高儒的描述是相符的。杜旻为高荣之妻所撰的墓志载："左氏既卒，其子儒衰衣徒跣，持茂才折月窟状，诣予请墓志铭。"由《百川书志》中的线索，我们方知，折月窟全名折桂，字天香，别号月窟，文武全才，著有《兵书必胜奇法》十二篇，是高儒的武艺老师。可见，高荣墓志中说高儒"深究诸兵家方略"并非虚言。高儒《百川书志》的序言中载："追思先人昔训之言曰：读书三世，经籍难于大备，亦无大阙，尔勉成世业，勿自取面墙之叹。"对于图书的来源，云："闲居启先世之藏，发数年之积，不止万卷。"② 透露了高家三代人皆喜爱读书，因而藏书不止万卷之多。

借宦官势力起家并不是光荣的事，因而高儒在其编纂的书中只言读书三世，却并不提及那个带给高家显赫地位的父祖辈大太监高凤。宦官们的事迹、形象就是这样从各自的家族中被逐渐省略掉了。如果今天没有高凤及其家族墓志资料的出土，很难将目录学家高儒与这位权倾一时的大太监联系起来。

第二节　知识宦官高凤

一　内书堂正途出身

据墓志所载，高凤于景泰丙子（七年，1456）入内庭，时年已十八岁。明代宦官有法定的选用程序，《明会典》规定："民间有四五子以上，

---

① （明）高儒、周弘祖著：《百川书志　古今书刻》卷19《集·总集》，上海古籍出版社2005年版，第299页。

② （明）高儒、周弘祖著：《百川书志　古今书刻》，《序》，上海古籍出版社2005年版，第4、5、3、2页。

愿以一子报官阉割者，听有司造册送部、候收补之日选用。"① 宦官的来源还包括进献掳取的阉童、罪犯或其子弟受刑阉割入宫。除此外，随着明代宦官的权盛势贵，大批自宫求进者也成为明代宦官的重要来源。

　　明人何乔远云："祖宗朝宦侍皆出俘拏罪囚。至景泰中乃有自宫求进者，暂置之罪，竟得收用。自是畿甸之民，以至山东、西，齐鲁关陕之间，其希图避徭以幸富贵者，家有数子辄一阉之，名曰净身男子，上书求用，至以千数。"②

　　自宫求用虽属违法，但高凤入宫的景泰年间，已开始出现大量自宫者，并且得到收用。据高凤及其家族成员的墓志来看，只提到高凤有一弟高英，并且其入宫年纪已经十八岁，因而自宫求进的可能性很大。《墓志》阙录大概有隐讳其事之意。

　　高凤入宫后，"始受学内书馆"。关于内书馆设立的时间，万历朝宦官刘若愚云："内书堂读书，自宣德年间创始。"《明史》亦采用此种说法。③ 香港学者梁绍杰通过对于宦官墓志资料的利用，认为明代宦官教育机构于永乐时期已经出现。④ 而选入内书馆读书加以培养的宦官多是十岁左右的幼阉，对此刘若愚书中有载："凡奉旨收入官人，选年十岁上下者二三百人，拨内书堂读书。"选入的条件是"优选聪明、稳重、慈善之人"。⑤ 高凤此时已十八岁，显然年龄已超标，推测可能因其聪明稳重而被特意送入内书馆加以培养。两年后，"天顺戊寅（二年，1458），英宗命领司礼书札"。内书馆正途出身的高凤，结业后留在司礼监掌管书札事。前文中有提到高凤的侄孙高儒，积高家三世不止万卷之藏书写成《百川书志》，高凤家族世代务农，直至高凤得势方显赫，因而有条件为后世积累万卷藏书的自然是高凤本人，热衷藏书也许正是与高凤年轻时在司礼监掌管书札的这段经历有关。

　　天顺"甲申（八年，1464），预治大丧及宪宗纳后礼"。

　　《明英宗实录》天顺八年春正月条载："己巳，上大渐，召皇太子及

---

　　① （明）申时行等修：《明会典》卷170《刑部》12 "杂犯"条，中华书局1989年版，第875页。

　　② （明）谈迁：《国榷》卷27，中华书局1958年版，第1741页。

　　③ （清）张廷玉：《明史》卷304《宦官二》，第7766页。

　　④ 梁绍杰：《明代宦官教育机构的名称和初设时间新证》，《史学集刊》1996年第3期。

　　⑤ （明）刘若愚：《酌中志》卷16《内府衙门职掌》，第95—97页。

太监牛玉、傅恭、裴当、黄顺、周善至榻前，谕之曰：自古人生必有死，今朕病以深，傥言有不讳，东宫速择吉日即皇帝位，过百成婚。"庚午，上崩。"①

明英宗朱祁镇于天顺八年正月驾崩，临死前嘱咐皇太子即位后过百日即成婚。因而，高凤在此年同时参与了英宗的丧礼以及宪宗的纳后之礼。

高凤于成化乙未（十一年，1475），授奉御（从六品）。壬寅（十八年，1482），擢惜薪司右司副。癸卯（十九年，1483），金司事。② 成化十九年，四十五岁的高凤升为惜薪司正五品的司正，专管宫中柴炭。

而后，高凤于"成化二十年（1484年），致祭襄府"。

襄府坐落襄阳，为襄宪王朱瞻墡的藩王府邸。《明史》有传云："襄宪王瞻墡，仁宗第五子。永乐二十二年（1424）封，庄敬有令誉。宣德四年就藩长沙。正统元年（1478）徙襄阳。英宗北狩，诸王中，瞻墡最长且贤，众望颇属……成化十四年薨。"③ 宪宗的叔祖朱瞻墡成化十四年已去世，何以六年后突然遣宦官谕祭。笔者以为，应该是与这一年发生的天灾北京居庸关大地震有关。关于这次地震，《明实录》成化二十年春正月庚寅条有记载："京师地震。是日永平等府及宣府、大同、辽东地皆震，有声如雷，宣府因而地裂涌沙出水，天寿山、密云、古北口、居庸关一带城垣墩台驿堡倒裂者不可胜计，人有压死者。"④ 此次地震损伤严重，甚至波及天寿山皇陵，成化二十年（1484）三月，"丙辰，命工部右侍郎贾俊，右军署都督金事李泉督修天寿山四陵，以地震有损也"⑤。在几百年前，人们在面对地震这样的天灾，是较为无力的，只能是上报皇帝，皇帝通过祈拜天地山川、祭拜先祖神灵而求得庇祐。这次大地震之后，明宪宗朱见深即敕谕文武群臣，言"地震京师，上天示戒"，"恐事神治民安内攘外之道未有尽"，因而除重修因地震所损的建筑，减免民众赋税等

---

① 《明英宗实录》卷361，天顺八年正月己巳条，天顺八年正月庚午条。

② （明）朱元璋：《皇明祖训》："惜薪司，掌宫内诸处所用柴炭等事。"（《内官》第31页）"惜薪司，司正一人，正五品，左、右司副各一人，从五品。"（清）张廷玉：《明史》卷74《职官志三》，第1825页。

③ （清）张廷玉：《明史》卷119《襄王瞻墡传》，第3629页。

④ 《明宪宗实录》卷284，成化二十年正月庚寅条。

⑤ 《明宪宗实录》卷250，成化二十年三月丙辰条。

"苏民困"的措施，便差人"赍香帛致祭一各处"。① 高凤被派往襄阳谕祭宪宗已逝的叔祖朱瞻墡。

此次外差之后，成化二十一年（1485），即迁内官监②右少监（从四品），仍署惜薪司事。此时，高凤时年已四十七岁。景泰末年十八岁入宫，历天顺、成化两朝，内书馆正途出身的高凤用近三十年的时间方升为从四品的内官监右少监。且所从事的皆管理书札、治丧纳礼之"文翰事"，没有进入国家核心政治圈，也没有其他恩典、赏赐，因而在这段履历中叙述的较为简略，书史中亦没有关于高凤的相关记载。

二　弘治、正德日渐得宠

弘治二年（1489），"孝宗命治秀怀王陈夫人丧礼"。秀怀王朱见澍《明史》有传，为"英宗第五子，生于南宫，天顺元年（1457）封。成化六年（1470）就藩汝宁……成化八年薨。无子，封除"③。封地在河南汝宁的朱见澍成化八年（1472）死，因无子继承爵位，在死后废除封国。陈夫人属于朱见澍的姜媵，地位低于王妃。据《明会典》："洪武二十五年（1392）议准，王妃以下、有所出者称夫人。弘治四年（1491）定，亲王庶子受封，其母始封夫人。"④ 朱见澍因无子死后废除封国，陈夫人应该是有所出才被封，可能子嗣早卒。高凤被孝宗派往河南治陈夫人的丧事之后，弘治三年（1490），"理岐王就邸事。"弘治五年（1492）再被派外差，奉使湖广辽王府。回来后，"特命为东宫典玺局丞，侍今上讲读"。典玺局丞为东宫官，掌玺宝、翰墨之事。⑤

被派往东宫侍候未来的武宗皇帝朱厚照读书，是高凤宦官生涯的重要转折点也是未来得势的起点。高得林的墓志中云"孝庙以其（高凤）谨厚端恪，简侍先皇于春宫，朝夕讲学，左右赖焉"。做东宫伴读，成为未

---

① 《明宪宗实录》卷284，成化二十年正月壬辰条。

② "内官监，设太监一人，正四品，左、右少监各一人，从四品，左、右监丞各一人，正五品，典簿一人，正六品，又设长随、奉御，正六品。"（清）张廷玉：《明史》卷74《职官志三》，第1825页。

③ （清）张廷玉：《明史》卷119《秀怀王见澍传》，第3636页。

④ （明）申时行等修：《明会典》卷55《礼部》13"王国礼一"条，中华书局1989年版，第346页。

⑤ （明）朱元璋：《皇明祖训》，《内官》，第32页。

来皇帝的自己人，前途看好自不用说，高凤是以性格"谨厚端恪"得以被孝宗选任，时年五十四岁。在东宫期间的表现，撰文中概括为："凤夜勤恪，凡讲官所进授，日为温习，起居、动止、食饮、寝处，因事启沃者，不可胜计。"高凤忠于职守，每天帮助太子温习白天的讲课内容，在生活起居、学习等各方面给予有益的劝导。志文可能多有溢美之词，但无论如何高凤在东宫的表现肯定是令孝宗皇帝满意的。

而后弘治十一年（1498），"赐蟒衣，许乘马禁中。始进司礼为太监，仍兼局事，赐玉带"。高凤进司礼监为太监，标志着他开始进入了国家核心政治权力的舞台，时年六十岁，此时仍兼管东宫典玺局事。总体来看，高凤在弘治朝是很被孝宗重用的，尤其在入东宫侍候太子之后，更被宠信，得以入直内府二十四衙门之首的司礼监。

到了明武宗即位，虽然正德四年（1504）高凤便已谢事"归外第"，他的宦官生涯却进入了顶峰，相关事迹也见诸史端。主要涉及两件事，一是被弹劾与宦官李荣相交通，招权纳赂。二是高凤请命其侄高得林管锦衣卫事，被言官弹劾"内外偏重，恐非国家之福"。

弘治十八年（1505），明武宗朱厚照登极，"视监事，掌机密，委任隆重，累辞弗获。一时新政裨益居多，赐岁禄二十四石。命典大丧，复奉太皇太后谕选大婚。丙寅（正德元年，1506），礼成，加岁禄，前后至八十四石"。武宗即位，高凤更加得势，在司礼监开始掌管机密政务，并奉命主持孝宗的丧事以及武宗皇帝大婚的重要典礼，礼成后，所赐岁禄由二十四石，加至八十四石。[①]《墓志》评价高凤对正德初年的新政贡献颇多，而从《实录》等文献的记载来看，此时外朝对高凤却争议不断。

第三节 《实录》与墓志比对中的高凤形象

一 招权纳贿

《明武宗实录》正德元年（1506）三月壬辰条记载："六科给事中张文等，十三道御史李钺等，各以星变天鸣上疏。一曰重辅导，谓内阁典司政本，大学士刘健等皆顾命老臣，宜数赐召对咨访治道。臣民章疏，诸司

---

① （明）朱元璋：《皇明祖训》，宦官升迁或受赏，除蟒衣、玉带，内府骑马等恩赏，再升，则"每岁禄米十二石，如再升，但凡一级止岁加禄米十二石耳"。

覆奏,宜悉付看详,然后决遣,不可轻从中出,使不与闻,或遂改所拟不复商略。一曰抑权幸,谓太监高凤恃宠弄权,交通李荣,引进商人谭景清固欲买补革退残盐,李兴岁兴工役,宁瑾虚费钱粮,苗逵占怃地土觊幸边功,宜究治以彰厥罪。"①

在明代,盐业属官府专卖范围,盐的生产与运销都在官府的控制之下。明初专卖制度是国家把灶户生产的盐全部由政府收购,然后通过户口食盐法运到各州县按口派卖,或通过开中法由商人输送粮草等供应边镇军饷,政府给以盐引,派场支盐,自行运销指定地点。② 最初,朝廷是禁止权贵参与开中的。但随着边境多事,朝廷逐渐放宽限制,开中法亦因诸多原因而被破坏,到了中后时期,权贵侵夺盐利越来越猖狂。他们将大量好盐冒称"残盐"奏讨,以免纳盐课,低价开中。

《实录》中所提到的商人谭景清即将好盐冒称"残盐"向朝廷奏讨,以侵占盐利。《明史·韩文列传》中的进一步记载是:"孝宗时,外戚庆云、寿宁侯家人及商人谭景清等奏请买补残盐至百八十万引。文条盐政夙弊七事,论残盐尤切。孝宗嘉纳,未及行而崩,即入武宗登极诏中,罢之。侯家复奏乞,下部更议,文等再三执奏,弗从,竟如侯请。正德元年,内阁及言官复论之,诏下廷议。文言:'盐法之设,专以备边。今山、陕饥,寇方大入,度支匮绌,飞挽甚难。奈何坏祖宗法,忽边防之重。'景清复陈乞如故。"③ 外戚权贵庆云侯周寿、寿宁侯张鹤龄的家人与商人谭景清结合奏讨盐引一百八十万引,由于韩文力陈盐政尤其是残盐之弊,孝宗嘉纳韩文之言,可是到了武宗继位,谭景清复陈乞如故。

被指与高凤互为交通的太监李荣也是历侍几朝的后宫旧人,且颇具争议。他在之后的正德三年(1508)夏,刘瑾假传圣旨罚朝官跪奉天门下的事件中,为百官解酷暑而"令内竖掷冰瓜"④,给顶烈日跪着的朝臣送西瓜这件得罪刘瑾的小事,得到了外臣的好感而被载诸史册。但之前的成化年间,王世贞对他的评价是"以柔媚结上"。⑤

---

① 《明武宗实录》卷11,正德元年三月壬辰条。
② 薛宗正:《明代的盐法变革与商人资本》,《盐业史研究》1990年第2期;金钟博:《明代盐法之演变与盐商之变化》,《史学集刊》2005年第1期。
③ (清)张廷玉:《明史》卷186《韩文传》,第4914—4915页。
④ (清)谷应泰:《明史纪事本末》卷43,第644页。
⑤ (明)王世贞:《弇山堂别集》卷26,第464页。

另据《实录》同年七月壬午条言官对高凤等人的弹劾云："大学士刘健、李东阳、谢迁疏陈盐法边功利害，留中不报，而太监高凤、李荣纳赂招权，颠倒国是，将使老臣不安其位。"①

高凤、李荣与这件事的关系说的并不清楚，推测时任司礼监太监参与政务的高凤、李荣很可能是收受商人谭景清等人贿赂，而在其乞买残盐的过程中助其成事，故而被外廷言官屡次上疏弹劾。

高凤的墓志中记载，这一年"公累引病求谢事，上不忍释，面谕再四，乃许之，命归外第，秩禄皆如故，加给内库米十石、薪夫十人"。高凤累次以病求退，武宗一再挽留，最后允许他回宫外私宅，但品秩岁禄皆如故，并且加给内库米十石，柴夫十人。

也许正是暂避外臣接二连三对其"招权纳赂"的弹劾，高凤选择以生病为由暂避私宅。但从皇帝的赏赐与挽留可以看出他仍然深得武宗信任、倚重，此时已六十八岁高龄的高凤"辞免升赏"，转而为一直在京师陪伴其左右的侄子高得林乞求升掌锦衣卫事，掀起了新一轮风波。

二　高得林升职风波

《实录》正德元年（1506）十月癸丑条记载："都给事中艾洪等劾都指挥佥事高得林，以司礼监太监高凤之侄，命管锦衣卫事，内外偏重，恐非国家之福，乞并赐罢黜，不从。既而监察御史潘镗亦奏凤内为心膂，得林外为牙爪，非朝廷之体，亦非高氏之福，且旧制锦衣堂上官俱从面简，以慎重其事，今旨从中下，则宦官弟侄更相效尤，而选法坏矣，乞两罢之以惩垄断。兵部覆请。会凤先以病免，上曰得林既用矣，已之。"②

在明代，锦衣卫与东厂、西厂、内行厂被并称为厂卫或厂卫系统。按《明史·职官》所载：锦衣卫的职能是"掌侍卫、缉捕、刑狱之事"，可以说既是京城里皇帝的私人卫队，又负责缉捕、侦察、刑狱之事，直接由皇帝指挥。因为是贴身保护皇帝的私人卫队，所以锦衣卫的最高长官正三品锦衣卫指挥使一职"恒以勋戚都督领之"③。而官吏的

---

① 《明武宗实录》卷15，正德元年七月壬午条。
② 《明武宗实录》卷18，正德元年十月癸丑条。
③ （清）张廷玉：《明史》卷76《职官五》，第1862页。

铨选，按文武职分属于吏部和兵部，锦衣卫虽是内庭亲军，但铨选权仍属兵部，按规制"官之大者，必会推。五军都督府掌印缺，于见任公、侯、伯取一人。金书缺，于带俸公、侯、伯及在京都指挥，在外正副总兵官，推二人。锦衣卫堂上官及前卫掌印缺，视五府例推二人。都指挥、留守以下，上一人"①。锦衣卫堂上官按制应由兵部推选，再由皇帝任命，然而高得林掌锦衣卫事则是因司礼太监高凤之请，未经兵部会推，而被皇帝任命。

据正德元年十一月丁酉条记载："南京十三道御史葛浩等言：朝廷用人之途有限，小人欲进之心无穷，幸门一开则希恩求进更相援引，而传乞之事多矣，圣明之朝岂宜有此。迩者太监高凤辞免升赏，乃命其侄高得林锦衣卫堂上管事，坏祖宗铨选之法，违先帝推举之旨，尧陛下查革之诏，言官论列竟置弗行，恐天下奸回以夤缘为得计，小人由此而竞进，岂可不加之意哉？伏望不惑近习特赐英断，罢高得林官，仍治其罪，以惩幸进，则群小革心，而纪纲亦振举矣，章下所司知之。"②

太监高凤拒绝了升职赏赐，乞请武宗令其侄高得林掌锦衣卫事，并获准。外臣正以此任命破坏了祖宗铨选之法为由次第上疏弹劾，欲罢高得林之官，并治高凤之罪。外廷的弹劾虽名为破坏祖宗之法以禁幸门，当然更重要的原因是担心高凤"内为心膂，得林外为牙爪"。

此时，高凤虽以病为由暂避外宅，但"秩禄皆如故"。司礼监与厂卫一向交集倚结，东厂向为司礼监太监所领，并且通常以司礼秉笔第二人或第三人为之，这就是说司礼监和东厂是一体的，同时东厂"隶役悉取给于卫"。③ 高凤为司礼监太监，乞令其侄高得林掌锦衣工事，监能得之于内，厂卫又能得之于外，内外交结操纵厂卫，正是外臣最为担心的。高凤在这个敏感的时期选择暂时离场，保证了高得林的顺利升迁。"会凤先以病免，上曰得林既用矣，已之。"

正德元年的十月前后颇不平静，对于高凤来说，虽以病为由暂退外宅，但其侄高得林执掌锦衣卫一事引得众外臣交相弹劾，对于高凤所在的"八虎"集团来说，也正是决定存亡的关键时期。

---

① （清）张廷玉：《明史》卷71《职官五》，第1726—1727页。

② 《明武宗实录》卷19，正德元年十一月丁酉条。

③ （清）张廷玉：《明史》卷95《刑法志三》，第2333页。

　　据《明武宗实录》正德元年十月戊午条①的记载，正德元年十月，阁臣刘健、谢迁、李东阳提出辞职。武宗允许了刘健、谢迁的去位，只挽留了李东阳。而两阁臣的去位，起因是刘健、谢迁、李东阳曾以刘瑾等八人"蛊惑上心"上疏劝谏诛之，皆留中不发。十月，户部尚书韩文与阁老商议，继续率众上疏请诛八人。疏入，武宗不舍八人，于是派司礼太监与阁臣商议将诸人安置南京，一日三次返往商议，而阁议的结果是坚持不从。并且被派去的司礼太监王岳、范亨、徐智等人素恶刘瑾等人，暗助韩文等朝臣密奏于武宗。武宗不得已同意次日下旨捕刘瑾等人下狱。刘瑾知道消息后与八人当晚到武宗面前环跪痛哭，说王岳与阁臣相勾结，武宗大怒，当夜命刘瑾"掌司礼监兼提督团营。丘聚提督东厂，谷大用提督西厂，张永等并司营务，分据要地"②。次日早朝，刘健等朝臣方知情形已发生逆转，于是与谢迁、李东阳上疏辞职，只有李东阳被挽留。

　　据《实录》正德元年十月癸丑条的记载，此时高凤已经因病谢事，但作为"八虎"之一的权珰，未能逃脱外臣的弹劾，因而在这次事件中仍参与其中，八人合力斥退了对立的太监王岳等人，还逼得阁臣刘健、谢迁辞职。刘瑾得掌司礼监大权，丘聚、谷大用等人亦分居要职，可能高凤已因病谢事，因而史书中对他的职位情况没有记述。但其侄高得林锦衣卫管事之职却已坐稳，当年十一月南京十三道御史葛浩等人再次弹劾高得林的任职坏铨选之法，武宗并不理睬。

　　对于正德元年，高凤引病求谢事的原因以及与之相关的这几件事，其墓志中俱阙录而隐讳其事。

　　正德元年高凤谢事不久，"既而复召入视事，己巳（四年，1509），复得谢。又三年，乃卒"。

　　外廷阁臣刘健、谢迁辞职，内廷与八虎对立的司礼太监王岳、范亨先后被斥退杀害，刘瑾、谷大用等人分据宦官衙门要职，最敏感的时期过后，高凤不久又被招回宫内任事，不想又引起了外臣旧事重提，据《明武宗实录》正德二年（1507）闰正月庚戌条记载：③

①　《明武宗实录》卷18，正德元年十月戊午条。
②　（清）谷应泰：《明史纪事本末》卷43《刘瑾用事》，第631—632页。
③　《明武宗实录》卷22，正德二年闰正月庚戌条。

先是给事中艾洪等劾太监高凤并侄锦衣卫指挥高得林,纳贿谋升,有旨准凤致仕,得林管事如旧。及大学士刘健、谢迁之致仕也,给事中吕翀、刘蒨又上疏乞留之,南京协同守备武靖伯赵承庆传其奏稿,办事官冯垚录邸报往应天府尹陆珩以之传示诸司。于是兵部尚书林瀚闻之叹息,南京给事中戴铣、李光翰、任惠、徐蕃、牧相、徐暹,亦劾凤、得林,又与南京御史薄彦徽、贡安甫、王蕃、葛浩、史良佐、李熙、任诺、姚学礼、张鸣凤、陆昆、蒋钦、曹闵、黄昭道、王弘、萧乾元等各具疏言健、迁先朝元老,不宜轻去,又言上晏朝废学,与六七内臣、新进佞幸游宴驰骋射猎等事。

正德元年十月兵科给事中艾洪等人弹劾高凤侄高得林掌锦衣卫事,同月刘健、谢迁致仕,吕翀、刘蒨上疏乞留。而后正德二年,诸疏传至南京守备武靖伯赵承庆处,应天府尹陆珩将之传示于诸僚,引起南京的言官戴铣、李光翰等人驰疏弹劾高凤、高得林,乞留刘健、谢迁。结果,使刘瑾等人大怒。《明史》亦有云:"瑾等大怒,矫旨逮铣、彦徽等,下诏狱鞫治,并蒨、翀、洪俱廷杖削籍,承庆停半禄闲住,瀚、珩贬秩致仕。"[1] 谏奏的南京官员俱不同程度受到惩罚,同年三月,即发生了刘瑾召集群臣跪于金水桥南,宣读刘健、谢迁等五十三人为奸党,整饬文官一事。

高凤甫回宫任事,其侄高得林掌锦衣卫事便再被提起,与刘瑾等诸宦官与外臣的明争暗斗一时难平,已近七十高龄的高凤,于正德四年(1509)再次谢事。高凤年事已高,这次辞职大概身体状况已经很不好,回去三年后就死掉了。卒于正德七年(1512)十二月初十日,享年七十四岁,其侄高得林及家人葬之于都城西玉河乡寿藏。据高凤侄高得林夫妇、高荣夫妇墓志,高家人死后皆葬于城西阜成门外的玉河乡池水村寿茔,此处应该是高凤的家族墓地,而玉河乡池水村的位置如今已是钓鱼台国宾馆。

三　高氏一族得以善终

高凤死后,武宗派司礼监太监赖义、御马监太监李能、内官监太监刘

---

① (清)张廷玉:《明史》卷188《刘蒨传》,第4973页。

英、杨森、朱辉诸位正四品太监为其治丧，礼部谕祭，工部治葬，太皇太后、皇太后、皇后亦分别赐赙。据高荣《墓志》，正德七年（1512），司礼公高凤卒，高荣"推恩，改升锦衣卫指挥同知管事"。此之前的正德五年（1510），昔日宦官"八虎"内部已矛盾重重，刘瑾在张永与外臣合力下被诛。从两年后高凤去世所受恩典来看，他并未因刘瑾的伏诛而受到牵连，得以善终。

而其侄高得林《墓志》载，高凤去世后，得林"自惟盛满，力求解任，乃连疏恳辞，遂荷俞允，退而家居。昆季友爱，日与亲朋觞咏燕笑，容与优游，以乐天年。胸次脱然，无所系累，绝口不及时事"。这与《明史》所载："正德时，卫使石文义与张彩表里作威福，时称为刘瑾左右翼。然文义常侍瑾，不治事，治事者高得林。瑾诛，文义伏诛，得林亦罢。"① 关于高得林的罢职，两种史料的记载略有不同。

正史中将高得林的罢任归于刘瑾伏诛受牵连而罢职，其墓志中则言高凤死后，高得林连疏恳辞其职。从高得林墓志还可以知道，他并未如上文所述正德五年（1510）刘瑾伏诛后被罢职，相反正德七年（1517），高凤死前，他最后的官位已升至正一品的后军都督府右都督。刘瑾的倒台并未对高凤家族产生影响，因此在对历史人物进行探讨，必需多种资料参照始知实情。

高凤墓志撰写者李东阳评价他："公为人纯愨简易，无疾言遽色，中不设崖阱，不屑为恩怨计。蚤嗜问学，所治官自壮至老，皆文翰事。"

本章小结

以高凤及其家族成员的墓志为线索，使我们得以对所谓的正德"八虎"有新的认识，高凤虽位列"八虎"，与刘瑾等人纠结勾连，但凤内书堂正途出身，一步步升为司礼太监，且多掌文翰之事，累世藏书，至其孙辈，高家已藏书万卷。高儒得以成为著名的藏书家与目录学家，与高凤曾任职司礼监掌管书札的积累是分不开的。遗憾的是宦官家族亦多讳言其显赫得益于宫中的宦官亲属，高儒在其目录学著作《百川书志》中仅言读书三世，并不提及带给高家显赫地位的父祖辈大太监高凤。如果今天没有

高凤及其家族墓志资料的出土，很难将目录学家高儒与这位权倾一时的大太监联系起来。宦官的事迹就这样从其家族的历史中被抽离掉，正史文献中关于高凤个人形象的记载都以"八虎"的群体形象而出现，只凸显了他负面的形象。

另外，从高凤的墓志中可以了解到，因高凤得宠，他的父母死后都被赠与官号，他的侄子们也都得到高官。整个家族因他的关系获得了权势，并且宦官入宫后，如果再回到家乡其身份不仅是一个个体的人，更因其曾在宫廷任职而具备了特殊的关系网络，有了国家在场的功能，他本人或者是他的家族势必对其家乡的社会生活及权势变迁产生影响。这些关于宦官的事情在地方志或者是他的家族族谱中通常都是不会记载的，但从墓志中可以得到提示和线索，这对地方史研究具有重要的意义。

附录：

（一）高凤（1439—1512）墓志。出土于北京市海淀区公主坟，志石、盖均 78×78 厘米。碑额题《大明故司礼监太监高公墓志铭》，由李东阳（特进光禄大夫左柱国少师兼太子太师吏部尚书华盖殿大学士知制诰同知经筵事国史总裁）撰文，同郡田景贤（赐进士第资政大夫太子少保礼部尚书掌太常寺事侍经筵）书，张懋（特进光禄大夫左柱国太师兼太子太师英国公奉敕提督五军并十二团营总兵官监修国史知经筵事掌后军都督府事）篆盖。谨录碑文如下：

> 正德壬申（七年，1512）十二月初十日，司礼太监高公卒。讣闻，上震悼，命司礼监太监赖公义，御马监太监李公能，内官监太监刘公英、杨公森、朱公辉理其丧，礼部谕祭，工部治凡葬事，赐银币米布为赙。慈圣康寿太皇太后、慈寿皇太后暨中宫咸赐赙有差。
>
> 公以正统己未（四年，1439）六月四日生，至是寿七十有四。卜以癸酉（八年，1513）二月初三日，葬于都城西玉河乡之寿藏。公之存，尝预属予为墓表，及诸学士大夫为碑及传。兹其从子后军右都督得林、尚宝司丞荣以诸太监意请为埋铭。辞弗获。司礼太监温公祥、蒋公贵亦为速予，乃叙其履历岁月而以恤典先焉。
>
> 公自入内庭，景泰丙子（七年，1456），始受学内书馆。天顺戊寅（二年，1458），英宗命领司礼书札。甲申（八年，1464），预治

大丧及宪宗纳后礼。乙未（十一年，1475），授奉御。壬寅（十八年，1482），擢惜薪司右司副。癸卯（十九年，1483），佥司事。甲辰（二十年，1484），致祭襄府。乙巳（二十一年，1485），迁内官监右少监，仍署司事。

己酉（二年，1489），孝宗命治秀怀王陈夫人丧礼。庚戌（三年，1490），理岐王就邸事。辛亥（四年，1491），迁左少监。壬子（五年，1492），奉使辽府。归，特命为东宫典玺局丞，侍今上讲读，夙夜勤恪，凡讲官所进授，日为温习，起居、动止、食饮、寝处，因事启沃者，不可胜计。甲寅（七年，1494），遣祭顺妃。戊午（十一年，1498），赐蟒衣，许乘马禁中。始进司礼为太监，仍兼局事，赐玉带。癸亥（十六年，1503），以疾告，累命医诊视，仍赐御药。比入谢，以步履未健，命乘肩舆。

乙丑（弘治十八年，1505），上登极，命视监事，掌机密，委任隆重，累辞弗许。一时新政裨益居多，赐岁禄二十四石。命典大丧，复奉太皇太后谕选大婚。丙寅（正德元年，1506），礼成，加岁禄，前后至八十四石。公累引疾求谢事，上不忍释，面谕再四，乃许之，命归外第，秩禄皆如故，加给内库米十石、薪夫十人。既而复召入视事。己未（注：无此年，应为己巳，四年，1509），复得谢。又三年，乃卒。

公为人纯悫简易，无疾言遽色，中不设崖窘，不屑屑为恩怨计。蚤嗜问学，所治官自壮至老，皆文翰事。其尤大者，则储官之辅翊，内政之枢机，竭志殚力，务求实用，而恒固不易，进退裕如，遭际之盛，持养之厚，兼得之矣。其所制祠堂，尝赐额曰襃贤，诚贤也哉。

公讳凤，字廷威，号梧冈。世居顺天之涿州，谱逸不可考。考四翁，赠荣禄大夫、后军都督府都督同知。姚白氏，赠夫人。从子五：景春、景文、得山，皆义官；得林，初以军功历都指挥同知，掌锦衣卫事，奉敕缉访，功进都督同知；荣，以恩历中书舍人，皆至今官。从孙六：淮、友、才，俱锦衣卫百户；万良、瓒、安贤，为涿鹿卫百户。兹不厌重录者，为埋铭计也。铭曰：

储宫翼翼，职专承弼，惟先皇帝手自甄择。宸居肃肃，官列监局，惟今天子□笈是属。有美高公，两际其盛。尽思尽忠，退不失正。煌煌命服，郁郁佳城。禄赐山积，恩波海盈。惟天锡之，实备寿祉。惟帝念之，用笃终始。公生达死，公死犹生。维百千年，永此令名。①

（二）高得林妻苏氏（1460—1517）墓志。碑额题《大明高都督之妻夫人苏氏墓志铭》，由南海梁储（光禄大夫柱国少师兼太子太师吏部尚书华盖殿大学士）撰，宣城张纶（正议大夫资治尹刑部左侍郎）书，滁阳谭祐（特进光禄大夫柱国太傅兼太子太傅新宁伯奉敕提督十二团营军务兼提督五军营总兵官掌后军都督府事侍经筵）篆盖。录碑文如下：

> 高夫人苏氏，涿州义官迪之淑女，为今荣禄大夫、后军都督府右都督朴斋高公得林之元配。生天顺庚辰（四年，1460）春正月八日，卒于正德丁丑（十二年，1517）夏五月四日。朴斋悼亡不已，思所以永其传者，乃令厥弟大锦衣邦庆，奉刑部侍郎张公纶所为行状来请铭。予辞不获，乃为叙而铭之。初，夫人之于归也，朴斋尚未贵显，然门高族大，家政素繁，惟夫人能以勤俭孝敬实相之。于是，舅姑安其志养，宗戚式其礼节，僮仆感其慈惠，邻里上下称其义让。舅纯斋翁每喜为人言曰：吾儿有良相矣，吾祚胤庶几其远大乎。
>
> 后朴斋累有军功，自锦衣百户、副千户，历升指挥使、都指挥使，以至今官。
>
> 夫人亦累受封诰，自宜人、淑人以至一品夫人。盖自近年以来，每岁时令节，夫人尝如例乘辎轩、服命服，入大内朝贺三宫，屡荷宝钞、帑币之赐。其恩荣福履，一时殆罕伦比。然夫人之所以崇孝敬以祀先，躬勤俭以率下，省妄费以节财用，恤穷乏而乐施予者，犹比之前时不异也，不贤而能之乎？
>
> 以故士大夫之与朴斋善者，尝以为朴斋之所以累立战功，官跻极品，恩典及于三代，传祚可至无疆，是固若祖、若考及叔考司礼公垂裕之休。
>
> 至论其门庭雍睦，人无间言，内政孔修，身夫家累，肆能职业修举，受兹介福，则夫人之贤、之德、之助，固不可诬也。呜呼！夫岂

---

① （明）李东阳：《大明故司礼监太监高公墓志铭》，《新中国出土墓志·北京卷》，文物出版社2003年版，第153页。

不然也哉。夫岂不然也哉。

夫人生二子：长，早卒；次杰，卓有成立，以恩荫授锦衣千户，近亦卒。所娶徐氏女，有共姜之节。自丧夫后，即卸彩绣，屏铅华，誓终身无他志。兹固其天性之良，亦夫人平日德教之所及也。夫人伤爱子之早亡，终年不释于怀，遂成疾。以致大故，亦其命也。

讣既闻，上遣官赐祭营葬。以是岁六月十六日，葬于阜成门外玉河乡之原，从先墓也。铭曰：吁嗟夫人，德宜有子；子既云亡，寿亦止此。吁嗟夫人，勿怨勿恫；后来诸子，必亢乃宗。吁嗟夫人，不亡者在；生有余荣，没有遗爱。吁嗟夫人，大葬于兹；尚永厥传，太史之词。①

（三）高得林（1456—1526）墓志。碑额题《明故昭勇将军锦衣卫指挥使高君墓志铭》，由颍川贾咏（赐进士出身荣禄大夫少保兼太子太保礼部尚书武英殿大学士知制诰经筵官国史总裁）撰，古沧张瓒（赐进士出身嘉议大夫太常寺卿前兵科都给事中侍经筵）书，武定侯凤阳张勋（后军都督府掌府事奉敕提督五军营兼提督十二团营诸军事总兵官侍经筵荣禄大夫太保兼太子太傅）篆盖。碑文如下：

君讳得林，字邦秀，姓高氏，别号朴斋，世为顺天涿州人。高祖而上，谱无考。自曾祖下逮父英前，俱赠后军都督府右都督。母李氏，赠一品夫人。初君之未贵也，从诸父司礼公凤居京师。司礼公历事四朝，孝庙以其谨厚端恪，简侍先皇于春宫，朝夕讲学，左右赖焉。比登极，命掌机务，眷注日隆，而恩礼宠荣，超轶一时。

君年既壮，慨然有志功名，欲自表见，其为威宁王公所器。会西征，奏参幕下，获以军功，授锦衣百户，升副千户。尝出勘事，人服其公。寻推坐西司房，捕获剧盗，擢正千户。历任既久，进擢都指挥同知，入直禁中。及侍丹宸，小心敬慎，未尝有失。上嘉其勤，乃有蟒衣之赐。掌卫事，提督官校，伺察非常。君受命惟谨，每以人命为重，尝戒部下逻卒，不得以私意罗织人罪而冒功赏。未几，进后军都

---

① （明）梁储：《大明高都督之妻夫人苏氏墓志铭》，《新中国出土墓志·北京卷》，文物出版社 2003 年版，第 181 页。

督府都督同知，累右都督，协金府务。故三代而下，皆赠如其官。

比司礼公卒，君视如父，殓殡祭葬，悉如家礼。事襄，自惟盛满，力求解任，乃连疏恳辞，遂荷俞允，退而家居。昆季友爱，日与亲朋觞咏燕笑，容与优游，以乐天年。胸次脱然，无所系累，绝口不及时事。

肆我皇上龙飞九五，维新庶政，始落君职而授今衔。呜呼！君以纯心朴质，谦执坦易。方其贵也，丰禄崇阶，荣耀之至，顾不事骄侈，居之自若。及其后也，虽少经裁抑，而安肆自得，亦若不介意然。且于族党里间之间，见贫乏颠连及婚丧不能自举者，率出所有赒之。噫！宠辱易动，而喜戚几于不形；富贵易骄，而有亡为之相通。此诚人情之所难，武弁之仅见也。若高君者，其不谓之贤乎？

君生景泰丙子（七年，1456）六月初一日，其卒也，以嘉靖丙戌（五年，1526）八月二十六日，享年七十有一。元配苏氏，前赠一品夫人，先卒。继杨氏，封淑人。生子男二：长曰杰，苏出也，前锦衣千户，先卒。次曰伟，杨出也，亦卒。君之后乏焉。呜呼伤哉！

兹犹子锦衣指挥儒以君卒之年十月二十日吉，奉柩葬都城西玉河乡之原。执通政使柴君时中所次状请铭。予嘉其义而志之，俾纳诸圹云。

铭曰：嗟嗟高君，惟涿之英。第非戎伍，才则干城。功立西鄙，宠锡承明。侯封晋秩，百石千兵。载陟昭勇，载列簪缨。世胄之嗣，锦衣是荣。克效忠力，爰加褒旌。知止远辱，勇退怡情。令终伊始，无忝厥生。斯丘之乐，土厚水清。我铭为志，是曰君茔。①

（四）高荣妻左氏（1471—1532）墓志。碑额题《大明诰封锦衣卫指挥使高室左淑人墓志铭》，由广阳杜旻（赐进士第前大中大夫河东陕西都转运盐使司运使）撰，古燕王举（赐进士出身中顺大夫陕西苑马寺少卿前兵部郎中）书，四明钱俊民（赐进士第奉政大夫山西按察司佥事奉敕督理口北兵备）篆盖。录碑文如下：

---

① （明）李东阳：《明故昭勇将军锦衣卫指挥使高君墓志铭》，《新中国出土墓志·北京卷》，文物出版社 2003 年版，第 201 页。

锦衣指挥使兰坡高公配淑人左氏既卒，其子儒衰衣徒跣，持茂才折月窟状，诣予请墓志铭，意甚恳。予与兰坡幼同乡塾，是恶能辞。按状：淑人为顺天府涿州松林里人。遡厥先世，元季有曾膴仕者，国朝洪武初归附，后高二曾以军功显，经乱谱牒散逸，名称莫考，今锦衣都指挥信，其裔也。父海，能业农裕家，富甲闾井。母宋，出望族。淑人生而敏毅省事，父母钟爱，弗轻许聘。兰坡揔丱，游州学。时父质庵公为择配，得淑人而纳綵焉。既归，能执妇道，动合内则。事舅姑以孝闻，时能得其欢惇。和处娣姒，久无间言。

兰坡性疏宕，淑人尝夜攻女红，伴其诵习，每至四鼓方辍。知有朋徒来，必亲治具以供，盖惟虑兰坡坐失良友也。兰坡得淑人淬砺，故贤声茂著，大为犹父司礼公凤雅重。推恩授中书舍人，晋尚宝丞，继晋今职，摄卫政。家事纷沓，淑人乃谓兰坡曰：君专王事，门以内吾为治之。凡帑务不分巨细，咸自裁决。贵肩王侯，不废纺织。富盛中罔敢暴殄，而赈穷赒急，则无所惜。下逮臧获、兴皂，亦有威惠及之。用是兰坡志向无二，卒以忠勤闻武宗朝。兰坡胤嗣不繁，乃广置姬媵，此尤妇人所难。兰坡每公使于外，辄扃钥中壶，虽童子不得入。盖其平生内治严整，率多类此。兰坡往年患屚疾，医罔奏功。淑人积虑憔悴，因刲股以进，疾顿愈，人以为至诚所致云。

嘉靖来，兰坡谢事家居，屡遭强族妄词，怀抱怏怏。淑人深以为忧，每引否泰往跡譬晓，以慰解其意，世之善事夫君如淑人者，岂多见哉！今年夏四月，偶寒，疾增剧，竟不起。于戏！其可伤也已。距生成化辛卯（七年，1471）五月十有四日，卒于嘉靖壬辰（十一年，1532）四月十有一日，得寿仅六十二岁。以兰坡贵，封如制。子二：长即儒，聘本卫管卫事张都指挥锜女。次位，聘皇亲本卫张千户晟女。女三：长适本卫吴千户江，次聘光禄寺袁寺正子锡，次聘本卫南镇抚司张都指挥铭子。儒将以卒之年月日葬淑人于阜城关外池水村祖茔之侧。

为之铭曰：敏而毅，归宜家室。裕而靡嫉，兰芳并苗。贵而贤，刲股以寿所天。天乎天乎，胡遽逝焉。[1]

---

① （明）杜旻：《大明诰封锦衣卫指挥使高室左淑人墓志铭》，《新中国出土墓志·北京卷》，文物出版社 2003 年版，第 228 页。

（五）高荣（1473—1535）墓志。碑额题《明……军锦衣指挥使高公配淑人左氏合葬墓志铭》，由广阳杜旻（赐进士第前大中大夫河东陕西都转运盐使司运使）撰，分宜彭凤（翰林院编修国史经筵讲官）书，新建魏良贵（大理寺左评事）篆盖。录碑文如下：

未秋，锦衣指挥使高公以疾终于正寝。治命停柩三越岁，许葬。至是，子儒奉其……状诣余，泣请墓铭。余泣数行下，欷歔久之，曰：余尔父厚，先已铭尔母矣，兹忍……耶。

按状：公讳荣，字邦庆，别号兰坡。为顺天涿州人。谱牒散失，先世莫徵。曾大……大父泗。泗生父英。俱隐农弗耀。公幼颖异，资性出类。既冠，治书观风者见而识……州学生，累举不售，士论惜之。正德初，诸父讳凤者官司礼监，见宠……中书舍人，供事……二王楷法，与修《历代通鉴纂要》。书成叙劳，晋尚宝丞。

正德壬申（七年，1512），司礼公卒……推恩，改升公锦衣卫指挥同知管事。乙亥（十年，1515），会……成，博野宗人俱有疑狱，有司请遣京朝钜臣往按，人皆难其行……可讬，命与司礼太监蒋贵、少司寇张纶同事，二公以公为……焉。事峻，覆果称旨，晋公都指挥，屡有文蟒、金牌、内醞之锡，当时以为异数……疾得告，徜徉泉石，陶情诗酒，口不沾世故，识者谓公良于处遁云。既而兄指……上察公无恙，命袭其职。公居之漠然，同列高之。

配左，与公同里，以公贵……而性殊烈。归公能执妇道，综理家政，严整有矩，壶以内斩然也。少日劝公……妻断织之风。公居官时，偶婴痰疾，医不奏绩。淑人忧，妄眠食，乃引刀刲股……疾骤愈，众以为至诚所致也。然此虽非贤圣常道，而女流能知为之，独不……数年卒。公每思及，辄拊膺号痛，怅悯移时。后前疾作，知不能起，顾进儒教……出执绮匣，知为学用，罔利尔母废诵读有受用处，言已而逝，他无所及……以故儒虽荫武，而能博极群书，旁通诗赋，且深究诸兵家方略，武科之……公其贤哉。距生成化癸巳（九年，1473）十二月十六日，卒于嘉靖乙未（十四年，1535）九月十……二岁。

子三：长即儒，本卫中所副千户，侧室张出，娶本卫管事都指挥锜……次位，侧室郝出，聘皇亲张千户晟女。次道儿，尚幼。女三：长适吴指挥……正子锡，俱早卒。左出。次聘本卫南镇抚张铭子茂概。道儿，侧室陈出。儒……周年丁酉日，扶公柩于阜城关外池水村祖茔，启左淑人之……。

　　铭曰：夫之良，荣富允臧，天之所偿。妇之贤，今古相先，世之所怜……宜双……过□□轼。①

---

　　①　（明）杜旻：《明……军锦衣指挥使高公配淑人左氏合葬墓志铭》，《新中国出土墓志·北京卷》，文物出版社2003年版，第240页。

第四章

嘉靖朝政局中的宦官——麦福个案

《明史》有云："世宗习见正德时宦侍之祸，即位后御近侍甚严，有罪挞之至死，或陈尸示戒。张佐、鲍忠，麦福、黄锦辈，虽由兴邸旧人掌司礼监，督东厂，然皆谨饬不敢大肆。帝又尽撤天下镇守内臣及典京营仓场者，终四十余年不复设，故内臣之势，惟嘉靖朝少杀云。"①

而孟森以嘉靖帝尽撤镇守中官，认为其不用宦官最有诚意，"盖阉人出镇，读《明史》者皆知为各边之监军，创自永乐，至嘉靖朝而尽撤，直至天启间魏忠贤而始渐复。盖明之不用宦官，以建文、嘉靖两朝为最有诚意，太祖则知防之，且立法以严制之，自余皆为阉所蔽者也"②。

以往的研究中，学者多认为在明代嘉靖皇帝御宦颇严，革前朝之弊尽撤天下镇守内臣，其不用宦官最有诚意，故而缺少对嘉靖朝宦官的关注，相关研究成果亦主要集中在嘉靖皇帝革除镇守中官问题③，嘉靖一朝似乎难见权珰形象。

其实历朝历代新君即位，往往会对之前朝代的错误教训进行纠错。唐代宦官控制禁军而能任意废立君主，产生宦祸④，明太祖朱元璋便深以此为戒，使宦官不能独专兵权⑤。到了永乐年间，宦官虽有了"出使、专

①　（清）张廷玉：《明史》卷304《宦官一》，第7795页。

②　孟森：《明史讲义》，中华书局2006年版，第132页。

③　代表性的成果有林延清《嘉靖皇帝裁革镇守太监》，《文史杂志》1994年第4期；方志远《明代的镇守中官制度》，《文史》第40辑，1995年；田澍《嘉靖前期革除镇守中官述论》，《文史》第49辑。

④　（清）赵翼：《廿二史札记》卷20《唐代宦官之祸》："推原祸始，总由于使之掌禁兵，掌枢密，所谓倒持太阿，而授之以柄，及其势已成，虽有英君察相，亦无如之何矣。"第449页。

⑤　（清）夏燮：《明通鉴》卷6："朕（朱元璋）读《唐书》，至鱼朝恩为观军容使，未尝不叹此曹掌兵，遂恣肆至此。"

征、监军、分镇、刺臣民隐事诸大权"，却仍不能独专兵权，"各方面有险要者，俱设镇守太监、总兵官、巡抚都御史各一员，下人名为三堂"①。在地方军制上，文臣、武臣、宦官互相牵制，使出镇的宦官虽不能专权作乱，却又产生新的弊端走向反面。镇守宦官权力逐渐膨胀，由牵制补充地方体制的缺陷，监督官吏不法行为等正面作用，演变为破坏地方秩序，甚至支持藩王动乱威胁皇权。正德年间，宁王朱宸濠叛，"镇守中官毕真与宸濠通，将举城应之。（梁）材与巡按张缙劫持真，夺其兵卫"②。因兵权分立，地方镇守宦官称兵作乱是不可能的，却给新皇帝敲了一记警钟，世宗即位以此为戒，尽革各地镇守中官③，据此，人说嘉靖帝不用宦官最具诚意。

　　笔者以为不然，明世宗尽撤天下镇守中官，虽革前朝之弊，却不足以说明他自己不重用宦官，并且这项变革的实际支持者是嘉靖前期的首辅张璁。事实上，正是自嘉靖朝始，开启了司礼监掌印太监兼提督东厂的先例，集行政、监察大权于一身，相当于外廷的"首辅兼总宪"④，宦官权力之大，莫过于此。

　　此后，万历朝相继出现了冯保、张诚、陈矩等权珰，天启年间恶名昭著的魏忠贤，皆以此为先例，以司礼监掌印太监兼提督东厂，得以一人兼握行政、监察大权，使内廷事体一变。沈德符言："司礼掌印，首珰最尊，其权视首揆，东厂次之，最雄紧，但不得兼掌印，每奏事，即首珰亦退避，以俟奏毕。盖机密不使他人得闻也，历朝皆遵守之。至嘉靖戊申（二十七，1548）己酉（二十八，1549）间，始命司礼掌印太监麦福，兼理东厂。至癸丑（三十二年，1553）而黄锦又继之，自此内廷事体一变矣。"⑤

　　嘉靖朝宦官麦福正是第一位集司礼监掌印与提督东厂太监于一身的大珰。他正德年间入宫，曾于乾清宫服侍武宗皇帝。嘉靖改元（1522），日

---

①　（明）陆容：《菽园杂记》卷5，中华书局1985年版，第54页。
②　（清）张廷玉：《明史》卷194《梁材传》，第5149页。
③　参见（清）张廷玉《明史》卷74《职官志三》："凡各省各镇无不有镇守太监，至嘉靖八年后始革"。第1822页。沈德符《万历野获编》卷6《内监》"镇守内臣革复"条："镇守内臣之革，在嘉靖九年十年间，天下称快。"第167页。
④　（清）张廷玉：《明史》卷74《职官志三》，第1821页。
⑤　（清）沈德符：《万历野获编》卷6《内监》，第168页。

渐信用，嘉靖三年（1524），仅二十七岁已升任正四品的御用监太监；嘉靖七年（1528），掌御马监印；嘉靖二十八年（1549），掌司礼监印，兼总督东厂。可以说，麦福在宫中的经历就是一个个人升迁、发迹的过程，自嘉靖改元，麦福便跻身上层宦官队伍，直到嘉靖三十一年（1552）去世，嘉靖朝的政事中常能看到麦福的影子，世宗甚至赐其银印许密疏言事，也表明了作为宦官的麦福在嘉靖朝的特殊地位与需要。但以往研究中多以嘉靖朝不用宦官最具诚意，相应地对嘉靖朝宦官亦缺少关注。麦福这样一位大珰在《明史》中无传，文献资料中更无涉及其生平经历的记载，诸事散见于《明世宗实录》、《弇山堂别集》、《明史纪事本末》，幸存墓志一方，我们可以据此为线索，与传世文献相比照，探讨以往关注不够的嘉靖朝宦官，补《明史》之不足。并且从宦官个人生命史的角度出发，梳理其在嘉靖朝史事中的角色，原来不为关注的人物或隐藏在背后的关系网络被凸显出来，提供很多我们以往并未关注到的历史细节。而这些细节往往为研究者忽略，但对于反思大事件、对重新理解作为人的宦官都有着不可替代的作用。

第一节　嘉靖初的政治环境与麦福墓志考

明世宗在位四十五年，是明代在位时间第二长的皇帝（第一位是世宗之孙神宗，在位四十八年）。这四十五年之中政局变幻，而发生于嘉靖朝前期的"大礼议"，对整个嘉靖朝政局都产生了深远的影响。

以往关于嘉靖朝宦官，论者多以世宗不用宦官最诚，即便论及宦官与政，亦只突显嘉靖中后期严嵩与内侍的交结，如《明史》云："至世宗中叶，夏言、严嵩迭用事，遂赫然为真宰相，压制六卿矣。然内阁之拟票，不得不决于内监之批红，而相权转归之寺人。"[1] 又有明代嘉靖朝何良俊说："有一顺门上内臣尝语余曰：'我辈在顺门上久，见时事几变矣，昔日张先生进朝，我们多要打个弓，盖言罗峰（张璁）也。后至夏先生（夏言），我们只平着眼儿看哩。今严先生（严嵩）与我们拱拱手，方始进去。盖屡变屡下矣。'"[2]

---

[1]　（清）张廷玉：《明史》卷72《职官一》，第1730页。
[2]　（明）何良俊：《四友斋丛说》卷8《史四》，中华书局1997年版，第74页。

大珰麦福自世宗登基始便备受重用，直至嘉靖三十一年（1552）于司礼监掌印兼总督东厂任上去世，在嘉靖前期大礼议背景下其活动与作用都不可小觑。论者对其个人情况向来少有涉猎，因而在对麦福在嘉靖朝中的角色进行深入剖析之前，有必要就其个人状况以及任职背景做一个简要的梳理。

一　嘉靖初年的政治环境

嘉靖前期的政治在明代显得极为独特，因之前的正德皇帝无嗣，明世宗以藩王之子入继大统，引发了明代历史上著名的大礼议事件，起因是嘉靖皇帝与杨廷和内阁甚至整个文官集团之间关于"继统"与"继嗣"的分歧。依杨廷和等人的观点来看，应该本着继统兼继嗣的原则，以孝宗为皇考，张太后为嫡母，称其生父献王为叔考，其母为皇叔母。显然，世宗皇帝对此不能接受，"帝览曰：父母可移易乎？"① 皇帝与朝臣双方陷入了僵局，此时职位低微的观政进士张璁上《大礼疏》，提出了不同于廷臣们的说法，支持皇帝主张只继统不继嗣。大礼议事件使廷内外势力重新整合，张璁、桂萼、霍韬等支持皇帝的"大礼新贵"形成一股新的政治势力，与杨廷和为首的内阁朝臣势力抗衡。嘉靖三年（1524）二月，杨廷和罢免归去，七月，内阁、六部、翰林、给事等朝臣二百余人，在尚书金献民、侍郎何孟春等人的带领下，俱跪左顺门哭谏，请求世宗继续尊称孝宗为皇考，世宗谕退不果，怒遣锦衣卫逮为首的丰熙、张翀等八人，接着再逮一百三十四人下狱，令八十余人姑令待罪。次日，一百八十余人受杖。左顺门事件给争大礼的朝臣势力以沉重打击，九月，朱厚熜改孝宗为皇伯考，孝宗后昭圣皇太后为皇伯母。嘉靖五年（1526），建世庙于太庙之左，崇祀世宗的生父。七年（1528）秋七月，世宗加封皇考为恭睿渊仁宽穆纯圣献皇帝，圣母为章圣慈仁皇太后。嘉靖十七年（1538）九月，又奉皇考献皇帝为睿宗，祔于太庙。② 至此，嘉靖前期的大礼议之争，以世宗的意愿得到实现而告终。

嘉靖初年的大礼议之争，延续十几年，对皇帝、朝臣、宦官等各种势力都是一次重新整合的过程。嘉靖三年（1524），杨廷和致仕，世宗超擢

---

① （清）谷应泰：《明史纪事本末》卷50《大礼议》，第735页。
② 同上书，第761页。

重用了张璁、桂萼、霍韬、席书等议礼新贵。费宏、杨一清分别继杨廷和为首辅，嘉靖六年（1527），张璁入阁参政机务，《明史》云："杨一清为首辅，翟銮亦在阁，帝待之不如璁，尝谕璁：'朕有密谕勿泄，朕与卿帖悉亲书'。"① 嘉靖八年（1529）九月，杨一清致仕，在议礼中支持世宗的张璁接任首辅，开始主理朝政，倚靠皇帝的信任开始进行一系列整顿朝纲的行动。田澍认为嘉靖前期是整个明代历史发展的一个转折点，"张璁、桂萼等大礼新贵的崛起和杨廷和集团全面而又迅速的瓦解，是重建嘉靖政治新秩序的一个关键环节，标志着长期以来在用人问题上因论资排辈所导致的位居津要的官员行政能力低下和治国乏术的严重弊端开始得到真正的纠正。换言之，大礼议所导致的新旧交替，其本身就是一大变革气象，同时，它又是世宗朝推行进一步革新的新起点"②。将嘉靖初年的大礼议与礼议新贵们的崛起本身便看作一种革故鼎新，世宗任用大礼新贵所进行的变革影响深远，余波历隆庆而至万历前期的张居正改革。

　　暂且不论所谓的"嘉靖革新"是否有如此深远的影响，张璁主持朝政之后，与桂萼、霍韬等议礼新贵对朝纲所进行的整顿，为排除朝廷积弊起到重要作用。这些整顿包括将翰林官员外调历练民事、除外戚世封、限革皇庄草场、裁革内外廷冗员（包括自永乐朝以来的镇守中官）等措施。

　　以往的研究多以嘉靖皇帝废除镇守中官，言其不用宦官最具诚意。事实上，镇守内臣被最终裁撤还颇费周折。

　　嘉靖即位之初，正德十六年（1521年）六月，御史汪渊要求裁撤镇守中官，世宗的答案是"免议"。③ 七月，又有御史弹劾江西镇守太监丘得，并请求裁革镇守中官，世宗的答复是：丘得"已逮问，镇守内臣贪恶害民者多已更易，以后有缺，司礼监择廉慎老成者用之"④。只将为恶的镇守太监实行换人的办法，未有尽革其制的意思。

　　直到明世宗取得了大礼议的胜利，张璁、桂萼等议礼诸臣入阁主政后，镇守中官的裁撤问题才有突破性进展。嘉靖七年（1528），阁臣张璁

---

①　（清）张廷玉：《明史》卷196《张璁传》，第5177页。

②　田澍：《嘉靖革新研究》，中国社会科学出版社2002年版，第7页。相似观点的还有李洵《"大礼议"与明代政治》，《东北师大学报》1986年第5期；罗辉映《杨廷和事略考实》，《中国史研究》1990年第2期。

③　《明世宗实录》卷3，正德十六年六月戊戌条。

④　《明世宗实录》卷4，正德十六年七月辛酉条。

借平台召对之机建议裁撤镇守内官，但世宗未有行动，因而再上密疏言："伏蒙皇上独召臣于平台面议，所以臣密切勤恳，实出血诚。已荷垂允，未见实行。今因密谕下问，敢再冒昧上陈，伏乞圣明断然为之，使百年流毒一旦顿除，四海生民从此乐业矣。"① 而后桂萼亦上密疏支持撤除此制，使世宗最终决心革除镇守中官之制。明人沈德符言："镇守内臣之革，在嘉靖九年十年间，天下称快。此正张永嘉入相时也。至十七年（1538），而太师武定侯郭勋，奏请复之，上许云贵、两广、四川、福建、湖广、江西、浙江、大同等边，各仍设一人。中外大骇。时任邱李文康当国，不能救正，人共惜之。十八年（1539）四月，以彗星示变，将新复镇守内臣，尽皆取回，遂不再设。"② 可见，镇守中官之撤，嘉靖皇帝态度反复，在张璁等人的坚持下方成事。

　　就嘉靖皇帝对宦官的态度来看，自其登基之始，对宦官袒护之事便屡屡发生。正德十六年（1521）四月，御史王钧劾奏："司礼监太监魏彬与逆恶江彬结为婚姻，内外盘据；御马监太监张忠、于经、苏缙，或争功启衅排陷忠良，或首开皇店结怨黎庶，或导引巡幸流毒四方。"世宗的答复是"本当重治，姑从宽"③。

　　世宗不仅对被弹劾有罪的宦官尽量从轻发落，并且在入继大统的嘉靖元年（1522），以迎立辅助之功封赏了杨廷和、蒋冕、费宏、崔元等数位朝臣勋戚，也有大量的宦官。如"司礼监各能用心赞襄大计。太监扶安、温祥、赖义、秦文、张钦、张淮各岁加禄米三十六石，荫弟侄一人为锦衣卫世袭指挥同知；萧敬岁加禄米三十六石，荫弟侄一人为锦衣卫世袭指挥使；黄伟、鲍忠各岁加禄米二十四石，荫弟侄一人为锦衣卫世袭指挥金事，从朕藩邸效劳年久左右朕躬，各有功绩；张佐岁加禄米四十八石，荫弟侄一人为锦衣卫世袭指挥使，一人为世袭正千户；黄英岁加禄米三十六石，荫弟侄为锦衣卫世袭指挥同，加一人世袭正千户……"④

　　世宗对宦官的态度遭到了朝臣的抗议，内阁首辅杨廷和提出将正德年间为恶尤甚的宦官逮捕法办，对此世宗言："文臣亦有明奸乱政、

---

① （明）陈子龙等辑：《明经世文编》卷178《议南京守备催革各处镇守》。
② （明）沈德符：《万历野获编》卷6《内监·镇守内臣革复》，第167页。
③ 《明世宗实录》卷1，正德十六年四月乙巳条。
④ 《明世宗实录》卷12，嘉靖元年三月壬申条。

罪恶显著者，皆轻贷，何也"① 而后，在群臣压力下，嘉靖元年
（1522）五月，世宗下令逮捕了武宗年间所谓"罪大恶极"的宦官张
锐、张雄、张忠、于经等人，并将谷大用、丘聚、张永等原八虎成员
遣往南京孝陵司香。

从上面对宦官问题的处理上可以看出世宗对宦官的庇护，惩治正
德朝权珰亦是在朝臣们的步步恳请之下，实未见其不用阉宦的主动选
择。并且除正史中提及的几位兴府旧珰，从数量有限的墓志资料中我
们便可以看到数位正德朝大珰在嘉靖朝被继续重用。如正德朝南京守
备太监芮景贤，在嘉靖改元后，召还京改御马监太监且命总督东厂，
直到嘉靖十二年（1533）病逝，荣宠一生，屡受封赏。② 另正德朝乾清
宫近侍高忠，在世宗登极后亦被超次擢升委任颇重，掌御马监印并提
督京营，直到嘉靖二十九年（1550）的庚戌之变，作为掌管京营的御
马监太监受牵连而使其宦官生涯遭遇挫折，却未受更多惩罚，死前仍
位居司礼监太监。

麦福亦为正德旧阉，世宗登基后荣宠备至，集司礼监掌印太监兼总督
东厂太监于一身，嘉靖朝重要事件中屡能看到其身影，伴随着嘉靖朝政局
的延变。本文通过对麦福个人经历的考察，探索他在嘉靖朝政局中的角色
与作用。

二　麦福墓志考论

在利用麦福墓志探讨一些问题之前，有必要对墓志本身进行考论
辨伪。

梁绍杰编写的《明代宦官碑传录》刊有《司礼监太监掌监事兼督东
厂麦公福墓志》的录文。为研究方便，现将编者的志文移录如下：

司礼监太监掌监事兼督东厂麦公福墓志

徐阶（1503—1583）撰文

---

① （明）焦竑：《国朝献征录》卷15《内阁四》·杨公廷和行状》，台北明文书局1991年
版。

② （明）顾鼎臣：《明故御马监太监总督东厂官校办事钦改司礼监太监直菴芮公（景贤）
墓志铭》，载《新中国出土墓志·北京卷》，第210页。

　　嘉靖壬子（三十一年，1552）十二月二十九日，司礼监太监掌监事，总督东厂升庵麦公卒。上闻，赐钞三万贯、祭三坛，命有司给葬具，建享堂、碑亭，所以恤之甚厚。盖公事上久，敬慎之节，终始一致。故其卒也，上特悼之云。

　　公讳福，字天锡，升庵其号。广之三水人。曾祖讳保旺，祖讳宁，父讳常禄，俱以公弟祥贵赠特进荣禄大夫、后军都督府右都督，妣皆夫人。公幼入内庭。正德丁丑（十二年，1517），以选供事清宁宫。戊寅（十三年，1518），改乾清宫近侍。

　　嘉靖壬午（元年，1522），迁御马监左监丞，改御用监金押管事，升左少监。甲申（三年，1524），升太监，赐乘马禁中，改御马监，监督勇士四卫营务。丙戌（五年，1526），奉命提督上林苑海子。丁亥（六年，1527），奉命随朝请，晋乾清宫牌子。戊子（七年，1528），掌御马监印，提督勇士四卫营禁兵。己丑（八年，1529），提督十二团营兵马，掌乾清宫事。庚寅（九年，1530），掌上林苑海子关防。壬辰（十一年，1532），提督礼仪房并浣衣局，提督尚衣监西值房。甲午（十三年，1534），总提督内西教场操练并都知监，带刀。丁酉（十六年，1537），总督东厂。戊戌（十七年，1538），兼管尚衣监印。己亥（十八年，1539），上南巡，奉命留守京师，赐符验关防。乙巳（二十四年，1545），迁司礼监。丙午（二十五年，1546），提督先蚕坛，掌理祭礼及诸礼仪。戊申（二十七年，1548），复总督东厂，镇静不扰，缙绅谓贤。己酉（二十八年，1549），掌司礼监印。国制，凡旨下诸司礼，名为秉笔，而掌印者尤重，诸监局莫敢望焉。然每遇东厂奏事，则皆趋避，故东厂尤名有事权。累朝以来，未有兼其任者，兼之自公始。自受命至于卒，凡四阅岁。

　　呜呼！其可谓贵且久矣！公前后赐飞鱼、斗牛、蟒衣、大红坐龙衣者各三；玉带、䌽带各一；赐禄米自十二石至三十六石，合之以石计者三百七十三。又尝特赐银记，其文曰"公勤端慎"，赐御书曰"克尽忠勤"、"小心匪懈"、"恭慎如一"。盖见褒美于上者如此，又累朝诸中贵所未有也。公之在东厂，茂著劳绩。诏荫弟祥为后军都督府右都督，侄忠等为锦衣卫指挥千百户者若干人。厂内有隙地，公建堂，祀先师孔子及四配、十哲、七十二贤于其中。太监徐公秀故于公有恩，及卒，公为营葬，建玄觉寺祀之。又建楼兜桥，开唐石口等处，路行者称便。是可以识公心之所存矣。[①]

据志文，墓主麦福为"广之三水人"，即明代的广州府三水县人，嘉靖朝的大宦官，也是明代第一位集司礼监掌印与提督东厂太监于一身的大珰。正德年间入宫，曾于乾清宫服侍武宗皇帝。嘉靖改元（1522），日渐信用，嘉靖三年（1524），仅27岁已升任正四品的御用监太监；嘉靖七年（1528），掌御马监印；嘉靖二十八年（1549），掌司礼监印，兼总督东厂。嘉靖三十一年（1552）十二月卒，为其撰写墓志铭的是时任礼部尚书兼内阁大学士的徐阶。

徐阶，字子升，松江华亭人。《明史》有传。嘉靖二年（1523）进士第三人，授翰林院编修。因忤张孚敬被斥为延平府推官，而后再迁至江西按察副使。皇太子出阁，擢国子祭酒，迁礼部右侍郎，寻改吏部。再进礼部尚书，兼文渊阁大学士。嘉靖四十一年（1562）代替严嵩掌任内阁首辅，史评其"立朝有相度，保全善类。嘉、隆之政多所匡救。间有委蛇，亦不失大节"[②]。其文集《少湖先生文集》十卷，阙录此墓志。另外，徐阶在麦福去世前一年的嘉靖三十年（1551），亲自为麦福、高忠带头捐修的黑山会护国寺撰写碑文，文中写到"麦公、高公同出而受眷知，侍帷幄，勋劳行能，亦与刚公后先相望。故其修是祠，虽费无所惜。刚公之功，赖二公以益彰；二公之贤，因刚公以不泯。皆可为后世劝也"[③]。

徐阶屡为麦福撰文，并不吝溢美之词，显然关系较为密切，对其墓志文中履历的撰写可信度也较高，但也可能因此而诸多隐讳，须仔细核辨增补。

（一）麦福兴府旧阉考辨

麦福自幼入宫，墓志对其生年阙录，史籍中亦无相关记载，难得在《三水县志》中保存了麦福的部分个人信息，虽记载寥寥，可与其墓志两相补苴考核。宦官的生平史料明清方志中并不多见，且主要记载奉差各地

①　梁绍杰：《明代宦官碑传录》，第186页。
②　（清）张廷玉：《明史》卷213《徐阶传》，第5637页。
③　北京图书馆金石组编：《北京图书馆藏中国历代石刻拓本汇编》，第55册，第157页。

的镇守中官在当地的事迹，关于宦官个人生平并不多耗笔墨。因而，地方志中保存的麦福的资料亦弥足珍贵。

广东三水县志方志编纂委员会编写的《三水县志》中关于麦福的记载如下：

> 麦福（1498—1552），字天锡，号升庵，今南边镇涡边村人。幼年即选送朝廷被阉。19 岁被派清宁宫服侍帝、后及妃嫔；翌年改入乾清宫近侍嘉靖。明嘉靖元年（1522）升为宫内马匹总管。后历任御马监，赐乘马禁中、提督上林苑海子关防，提督勇士四卫营禁兵、提督十二团营兵马等卫戍皇宫职务。36 岁时开总提督及都监。明嘉靖十八年（1539）嘉靖南巡，委任他留守京师。47 岁时任司礼监。50 岁时兼提督东厂。麦福于明嘉靖三十一年（1552）病逝于北京终年 54 岁。葬于北京荐福山。麦福生前还受过皇帝赏赐飞鱼斗牛蟒衣、玉带等物。麦福晚年曾返乡探亲，嘉靖敕建麦氏祠堂一座（清初已毁于洪水）。①

麦福的墓志中阙录其出生年龄，仅记其年幼便入内庭。而县志关于麦福记载，则标明其生于 1498 年，也就是弘治十一年（1498）。卒年为 1552 年，与志文的嘉靖壬子（三十一年，1552）是相符的。如果这个生年也是正确的，那么接下来说麦福二十岁"入乾清宫服侍嘉靖皇帝"的时间，便应该是 1518 年，即正德十三年（1518）。正德年入乾清宫服侍嘉靖皇帝，显然是不可能的，但巧合的是，这项记录与麦福墓志的内容却吻合，志文载麦福"正德丁丑（十二年，1517），以选供事清宁宫。戊寅（十三年，1518），改乾清宫近侍"。那么，如果麦福是 1498 年生，他在乾清宫服侍便应该是正德皇帝。

总体来看，《三水县志》中关于麦福的经历记载与其墓志内容还是比较吻合的，唯一一处误差是麦福二十岁入乾清宫服侍的应该是正德皇帝而不是嘉靖皇帝。

此外，清人李友榕等人编修的《嘉庆三水县志》可与之前的两则材料进一步比对。"麦福，丰湖堡人，幼至京选入内廷，以勤敏敬慎、遇事

---

① 三水县地方志编纂委员会：《三水县志》，广东人民出版社 1995 年版，第 1318 页。

果断，特被武庙眷遇。历御马监乘马禁中，提督十二团营……"①

这则材料更加证实了麦福在初入宫时在乾清宫服侍钓是正德皇帝而非嘉靖皇帝。麦福墓志所载其经历应为可信。

清人查继佐言："以司礼兼东厂，则嘉靖中麦福始。内臣预实录，蒙世荫，则嘉靖中张佐、黄英、戴永始。"②

明代王世贞关于内官预实录亦有载：

> 嘉靖五年（1526）六月，大学士费宏等言："皇考《实录》成，其于圣谟睿德，纪载颇为翔实，然臣等不敢自以为功也。盖累朝《实录》皆有章奏可据。若今献皇帝三十余年事，臣等所赖以考据者，则有司礼监太监张佐、黄英、戴永原编《实录》一册，载献皇睿制序文及各年章奏为详，功当首论。后又得司设太监杨保、陈清，锦衣正千户翟裕、陆松所纂之助，功当并论。"有旨，佐荫弟侄指挥佥事，黄英、戴永俱正千户，杨保百户，陈清总旗，俱锦衣卫世袭；翟裕、陆松升指挥佥事。③

世宗开宦官"以司礼兼东厂"、"内臣预实录"两项先例，而《明史》却载有："世宗习见正德时宦侍之祸，即位后御近侍甚严，有罪挞之至死，或陈尸示戒。张佐、鲍忠，麦福、黄锦辈，虽由兴邸旧人掌司礼监，督东厂，然皆谨饬不敢大肆。"④着意凸显了嘉靖朝宦官不预政的一面。《明史》的主要依据是《明实录》，《世宗实录》有嘉靖朝宦官的参与，笔者推测纂者在编写宦官相关史事时有隐讳省略的可能，因而我们今天看到的《明史·宦官传》独缺少对嘉靖朝宦官的评论。权珰麦福被归入兴邸旧人淡化其得势的一面。

然而从墓志来看，麦福幼年入宫，正德十二年（1517），先是供事清宁宫，明年正德十三年（1518）则改乾清宫近侍，服侍武宗皇帝。宦官刘若愚曾说："凡御前亲近大臣，如乾清宫管事、打卯牌子，其秩亦荣

---

① （清）李友榕等修，邓云龙、董思诚纂：《三水县志》卷11《人物传·武略》，嘉庆二十四年（1819）刻本，台湾成文出版社1966年版，第209页。

② （清）查继佐：《罪惟录》卷27《职官志》，"定制内官"条，第974页。

③ （明）王世贞：《弇山堂别集》卷15《中贵与实录恩》，第269页。

④ （清）张廷玉：《明史》卷304《职官一》，第7795页。

显，犹外廷之勋爵戚臣。然皆得掌各衙门之印，视其宠眷厚薄而钦传界之，不拘资次。"① 乾清宫任职的内宦皆属皇帝的亲近侍从，犹如外廷勋戚，是皇帝心腹之人。可见，麦福在正德朝也是被信用的，但无论是墓志抑或文献都没有他在这一阶段的事迹记载，《明史》认为麦福与黄锦等人一样，是世宗在兴邸时旧人，而麦福的墓志却记载他于正德十三年（1518）改乾清宫近侍，侍奉的显然是正德皇帝，至正德十六年（1521）武宗去世，只有三年，麦福的墓志并没有他被派驻兴献王府的记录。

并且，嘉靖登基曾封赏了大批朝臣、内官。《明世宗实录》，嘉靖元年（1522）三月壬申条载：

> "司礼监各能用心赞襄大计。太监扶安、温祥、赖义、秦文、张钦、张淮各岁加禄米三十六石，荫弟侄一人为锦衣卫世袭指挥同知；萧敬岁加禄米三十六石，荫弟侄一人为锦衣卫世袭指挥使；黄伟、鲍忠各岁加禄米二十四石，荫弟侄一人为锦衣卫世袭指挥佥事，从朕藩邸效劳年久左右朕躬，各有功绩；张佐……"②

这些受赏的宦官有迎立有功的温祥、赖义、萧敬等正德大珰，也有藩邸效劳有功的鲍忠、张佐、黄锦，独不见日后最具权势的麦福。嘉靖元年（1522），麦福已升任从四品的御马监左少监，迈入宦官中的高层，朱厚熜在兴府的旧阉并不多，如果麦福是兴府跟来的，显然也会以旧劳受赏，但这个人数众多的受赏名单中却没有麦福。最大的可能是，世宗初入宫，年资不深的麦福博得了世宗的信任，虽然没有可表的功绩授受封赏，却比那些迎立有功的正德权珰更被信用。

通过对麦福墓志的考辨可以看出，麦福入宫后在乾清宫侍奉的是武宗皇帝而并非《明史》中所说的世宗皇帝的"兴邸旧人"。这通墓志的价值首先是可勘《明史》之误。

（二）恩荫家族

据志文，曾祖麦保旺，祖麦宁，父麦常禄，"俱以公弟祥贵赠特进、荣禄大夫、后军都督府右都督，妣皆夫人"。麦福的父亲，以其弟麦祥

---

① （明）刘若愚：《酌中志》卷16《内府衙门识掌》，第94页。
② 《明世宗实录》卷12，嘉靖元年三月壬申条。

贵，得赠特进、荣禄大夫、后军都督府右都督，此处可能录文有误。麦福的弟弟麦祥，是因麦福荫为后军都督府右都督，其侄麦忠等被荫为锦衣卫指挥千百户者若干人，其父亲显然也是因麦福荫而赠特进、荣禄大夫（正一品）、后军都督府右都督（正一品），其母赠夫人。

在明代，得宠的宦官其父见在者可升授官职，父母已逝者则追赠官号。明代文史学家王世贞（1526—1590）所著《弇山堂别集》中记载："正德二年（1507），太监李荣传旨，御马监太监谷大用之父奉、御用监太监张永之父友，俱升锦衣卫指挥使。此内臣父见在授官之始也。其年，又赠御马监太监丘聚、司设监太监马永成、御马监太监魏彬之父俱锦衣卫指挥使，母赠淑人，各与祭一坛。此内臣赠父母之始也。"①

正德二年（1507）丘聚与马永成父母死后被赠官职，是内臣赠父母之始。而正德朝向被视为宦官擅权较严重，丘聚、马永成更是"八虎"成员，不过为父亲讨得正三品的锦衣卫指挥使的赠官。

相反，世宗皇帝则是被视为明朝历史上驭宦颇严的皇帝，但在为父母讨封号的福利上，嘉靖朝的宦官并未落后，麦福之父麦常禄被追赠为正一品的后军都督府右都督，品位甚至更高。

麦福的弟弟麦祥在万历二十七年（1599）被荫为锦衣卫百户，《明世宗实录》载："以提督东厂太监麦福缉获功，荫其弟祥为锦衣卫百户并厂卫官校各升职一级。刑科给事中李万实言：'福荣宠已极，督捕乃其本职，不宜以微功冒受录荫，乞罢之'。不允。"② 当时麦福提督东厂，以缉获功荫其弟麦祥，引起朝臣不满，认为督捕本是麦福的本职工作，却以此受荫并不合理，但皇帝并未理会，于两年后再以同样的理由，荫麦福的子侄一人为锦衣卫总旗。③ 再两年后的嘉靖三十一年（1552），麦福死，世宗不仅赐钱致祭，为其建亭堂、碑亭，还诏荫麦祥为后军都督府右都督，直接被授升为正一品高位。

从麦福家人得到的恩荫可以看出世宗皇帝的特别恩宠，但在嘉靖朝，这样的恩典并非只此一例。王世贞说："（陆）炳所与共事者，都督高恕、

---

① （明）王世贞：《弇山堂别集》卷 90《中官考一》，第 1732 页。

② 《明世宗实录》卷 337，嘉靖二十七年六月甲辰条。

③ 《明世宗实录》卷 366，嘉靖二十九年十月丙戌条，"以厂卫缉事功，荫太监麦福、都督陆炳各子侄一人为总旗。"

麦祥、黄浦，此皆中贵人子弟，饰舆服、肥酒食、宫室苑囿、声色以娱其身，如是耳。"①

高恕"以公（高忠）贵，历官锦衣卫管卫事、后军都督府右都督"②。从高忠的墓志铭中可以得知高恕是与麦福同出的大珰高忠的哥哥。

黄浦则是黄锦的弟弟，"公（黄锦）既贵，荫其弟浦为锦衣卫正千户，历升后军都督府都督同知，加特进"③。

嘉靖朝，与麦福大约同时期的大珰黄锦、高忠也都享受这样的恩荫，他们的亲人，这些中贵人子弟"饰舆服、服酒食、宫室苑囿"，不仅可以看出"驭宦颇严"的世宗皇帝对亲近宦官的宠信恩典，同时这些墓志史料的发掘也使中贵子弟们的身份得以浮现。

第二节　"大礼议"中的麦福

明世宗在位四十五年，是明代在位时间第二长的皇帝（第一位是世宗之孙神宗，在位四十八年）。这四十五年之中政局变幻，而发生于嘉靖朝前期的"大礼议"，延续十几年，对皇帝、朝臣、宦官等各种势力都是一次重新整合的过程，对嘉靖朝政局产生深远的影响。嘉靖三年（1524）的左顺门事件，使大礼议中皇帝的反对派受到了沉重打击，此后除个别人外，以前以杨廷和为首的争大礼的大部分朝臣都不敢再坚持初衷。张璁、桂萼、方献夫、霍韬等支持大礼的新贵地位日益巩固身居要职，成为朝廷重臣，掌政后对朝纲所进行的整顿，为排除朝廷积弊起到重要作用。

而根据墓志来看，宦官麦福也大概在左顺门事件发生的同时升为御马监太监，列于上层宦官之位，史料中逐渐出现麦福参与政事的记录，而嘉靖朝重要事件中屡屡看到其身影，伴随着嘉靖朝政局的延变。据墓志资料并结合史料来看，麦福的个人经历按时间主要分为三个阶段：一、正德时期，最后任职为乾清宫近侍；二、嘉靖三年（1524）至二十二年（1543），御马监太监；三、嘉靖二十四年（1545）至三十一年（1552）去世，司礼监太监。当然这样以时间为坐标来给麦福的经历分阶段，只是

---

① （明）王世贞：《弇州四部稿》卷79，上海古籍出版社1993年版。

② 贾瑞宏：《高忠家族墓志考》，《北京文博》2004年第4期。

③ 梁绍杰：《明代宦官碑传录》，第185页。

为了在说明问题时脉络更为清晰，毕竟生命、仕宦经历都是不可分割的整体，前后陈陈相因。

一　麦福与御马监草场的变革

无论是否兴邸旧人，麦福始终通显于嘉靖朝。"嘉靖壬午（元年，1522），迁御马监左监丞，改御用监金押管事，升左少监。"嘉靖改元，麦福由乾清宫近侍改迁为御马监左监丞（正五品），不久后，改御用监①，升左少监（从四品）。嘉靖三年（1524），升御用监太监，"改御马监，监督勇士四卫营务"。世宗即位，麦福三年间便由五品监丞升至正四品太监的最高品秩，如果他的生年确实是弘治十一年（1498），那么，此时麦福仅刚满二十七岁。嘉靖五年（1526），"奉命提督上林苑海子"。"南海子，即上林苑。总督太监一员，提督太监四员，管理、佥司数十员，分东西南北四围，每面方方四十里，总谓之二十四铺，各有看守啬铺牌子、净军若干人。东安门外有菜厂一处，是在京之外署也。职掌鹿、獐、兔、菜、西瓜、果子。"② 御马监太监麦福兼上林苑海子提督太监职。"丁亥（六年，1527），奉命随朝请，晋乾清宫牌子。"乾清宫管事、牌子都是皇帝身边最亲近的内侍，犹如外廷勋戚，他们的晋升并不拘于资历品位，视皇帝的宠信程度，多得各衙门掌印之职，如刘若愚所言："凡御前亲近大臣，如乾清宫管事、打卯牌子，其秩亦荣显，犹外廷之勋爵戚臣。然皆得掌各衙门之印，视其宠眷厚薄而钦传界之，不拘资次。"③ 打卯牌子，掌随朝捧剑，其位居司礼、东厂提督、守备之次。④ 明年"戊子（七年，1528），掌御马监印，提督勇士四卫营禁兵"。嘉靖七年，麦福在乾清宫做一年御前近侍之后，直接晋升为御马监掌印太监，提督勇士四卫营禁兵。嘉靖八年（1529），"己丑（八年，1529），提督十二团营兵马，掌乾清宫事"。这意味着世宗皇帝将保卫京师安全的重要权力都交到了三十二岁的麦福手上，足见对他的信任倚重。嘉靖九年（1530），麦福再"掌上林苑海子关防"。十一年（1532），"提督礼仪房并浣衣局，提督尚衣监西值房"⑤。

---

① （清）张廷玉：《明史》卷74《职官三》，第1819页。

② （明）刘若愚：《酌中志》卷16《内府衙门识掌》，第121页。

③ 同上书，第94页。

④ （清）张廷玉：《明史》卷74《职官三》，第1823页。

⑤ （明）刘若愚：《酌中志》卷16《内府衙门识掌》，第98页。

十三年（1534），"总提督内西教场操练并都知监，带刀"。

自嘉靖改元，麦福即任职御马监，三年，升正四品太监。嘉靖六年（1527），晋升乾清宫牌子，成为皇帝身边最亲近的内侍，一年后回御马监已高升为掌印太监，提督京营，嘉靖八年（1529），兼掌乾清宫事。麦福身兼多职，世宗把关系京营及自身安全的最重要的职务都安排给麦福，给他最大的信任与重用。自嘉靖七年（1528）麦福掌御马监印而后，其相关事迹亦在《明世宗实录》中有所反映。

嘉靖八年（1529）三月甲辰条记载：

> 初户部请定各马房马匹下场放牧期，每岁春杪草盛，放牧两月，夏杪气爽，放牧一月，此三月例不得支刍料。御马监太监麦福言：马不当尽放，亦不当定期三月。户部覆：此旧制也，京营马尚放六月，各房马止三月已为优处。上从部议。①

嘉靖八年（1529）三月戊申条载：

> 御马监太监麦福复请尽征收马草场地租。户部言：御马监辖二十马房各草场共五十六所，熟地二万四千十一顷。皇上前从侍郎王轼之言，命科道官勘处，因以熟地八千亩归监，以资公用，留生草地四十万亩，以备刍牧。其所余一千九百三十余顷，召民佃种征租，以充国家岁时之需。信公私两利，经久可行之策也。福请不宜听许。上从部议，令如前旨行。②

而后，嘉靖八年（1529）六月癸巳条载：

> 先是户部题准：御马监马匹每岁下场牧放三月住支草料，至是太监麦福言：本监旧例止于四月，五月下场至五月以后不便牧放。兵部覆议：每岁三月住支草料，户部行为定例不可更易，今称蚊虻生发秋

---

① 《明世宗实录》卷 99，嘉靖八年三月甲辰条。
② 《明世宗实录》卷 99，嘉靖八年三月戊申条。

禾满也，难于牧放，则其下场月分听该监从便行之，诏可。①

　　上述三条记录都是嘉靖八年，麦福出任御马监掌印太监后就监内关于放牧、管理草场子粒事项与外廷僚署的论争，看似琐碎，背后却因涉及财政赋税而变得并不简单。

　　在钦定大礼之后，世宗与张璁等议礼诸臣开始对朝政进行全面整顿，调整涉及政治、经济、军事各方面。嘉靖六年（1527）十一月，阁臣杨一清、张璁等人言："臣等切见近畿八府土田多为各监局及戚畹势豪之家乞讨，或作草场，或作皇庄。民既失其常产，非纳之死地，则驱而为盗耳。既往无论已，愿陛下自今以来凡势豪请乞，绝勿复许，小民控诉中，亟赐审断，庶使畿内之民有所恃以为命。"② 要求对庄田进行坚决清理，世宗亦深表同意。

　　嘉靖八年（1529），张璁派户部左侍郎王轼清查各处庄田等土地。对于宦官除庄田，与其密切相关的土地还有牧马草场、坟园等。而草场与马政密切相关。明代的牧马制度主要分为三个系统：归属内厩的马由御马监中官掌管；官牧由太仆寺、行太仆寺、苑马寺及各军卫掌领；民牧，由有司授马于民户牧养。③ 内厩之马牧于大坝，据宦官刘若愚所说，御马监象房东有里草栏、草场，都城东北有大坝等二十四马房。嘉靖八年（1529）三月条所载："御马监辖二十马房各草场共五十六所，熟地二万四千十一顷。皇上前从侍郎王轼之言，命科道官勘处，因以熟地八千亩归监，以资公用，留生草地四十万亩，以备刍牧。其所余一千九百三十余顷，召民佃种征租，以充国家岁时之需。信公私两利，经久可行之策也。"《明史·王轼传》亦载："勘御马监草场，厘地二万余顷，募民以佃。房山民以牧马地献中官韦恒，轼厘归之官。奸人冯贤等复献中官李秀，秀为请于帝，轼抗疏劾之。"④

　　嘉靖八年（1529）关于麦福的三条记录都是处于王轼奉命清查庄田、草场这样一个大背景下。

---

① 《明世宗实录》卷102，嘉靖八年六月癸巳条。
② 《明世宗实录》卷82，嘉靖六年十一月甲午条。
③ （清）张廷玉：《明史》卷92《兵制》，第2270—2271页。
④ （清）张廷玉：《明史》卷201《王轼传》，第5314页。

从嘉靖八年（1529）三月甲辰、嘉靖八年（1529）六月癸巳两条内容来看，麦福对户部所定的马匹放牧的数量和时间提出反对意见，那么，内厩的马匹的牧养本是御马监本职，何以牵涉户部，并且双方要反复发生论争呢？

据宣德二年（1427）的规制，御马监象马牛羊所需草料，皆"分派两直隶及山东、河南、山西、陕西，诸府州地亩草内征纳"[①]。到了嘉靖时期，随着整个地税由实物向货币过渡，在京御马监仓场所储蓄的草料亦不再直接向民户征纳，而是按价折银由山东、河南粮道支给。到了隆庆、万历间，折色银直纳户部太仓库，再支付给御马监，御马监再用关领银两，向民户购买草料。[②]

正因户部对牧马草料的统管支配，使其直接侵涉到御马监的利益所得。从嘉靖八年（1529）三月甲辰条的内容来看，双方就放牧时间争执，麦福认为不当定期放牧三月，而户部则认为此为旧制，并且京营的马尚且放六月。显然马放三月还是六月不是重点，重要的是马匹下场放牧期间，户部不支刍料，如果这时期马匹刍料已折银支给，那么放牧时间越长意味着御马监所得支给越少，这才是双方论争的真正原因。

稍后的嘉靖八年（1529）三月戊申，针对王轼勘测御马监草场后建议将御马监的二万四千十一顷熟地，其中的八千亩归御马监所有，以资公用，留生草地四十万亩以备刍牧，其余的土地招佃农租种，田租归国家公用。麦福并不满足所拥有的八千亩地，要求拥有全部地租。

虽然麦福的请求被世宗驳回，但可以看出，面对张璁等朝臣强力推进的改革，作为御马监主管的麦福毫不示弱，与朝臣反复论争。

按《明史》载："按明世马政，法久弊丛。其始盛终衰之故，大率由草场兴废……永乐中，又置草场于畿甸。寻以顺圣川至桑乾河百三十余里，水草美，令以太仆千骑，令怀来卫卒百人分牧，后增至万二千匹。宣德……其后庄田日增，草场日削，军民皆困于孳养。弘治初，……而

---

① （明）申时行等修：《明会典》卷29《户部》16"征收"条，中华书局1989年版，第219页。

② 方志远：《明代的御马监》，《中国史研究》1997年第2期。申时行等修《明会典》卷23《户部·马房等仓》："在京御马监及各马房皆有仓场储蓄草料，以供饲秣之用，其商价俱于山东、河南粮道支给。今裁两道，改于银库关领，五草场商价亦如之，每上下半年，户部山东、河南等司官九门盐法等委官，会同科道，照时岁丰歉估定价值。"第388页。

（周）旋言：'香河诸县地占于势家，霸州等处俱有仁寿宫皇庄，乞罢之，以益牧地。'虽允行，而占佃已久，卒不能清……嘉靖六年，武定侯郭勋以边警为辞，奏免之，征各场租以充公费，余贮太仆买马。于是营马专仰秣司农，岁费至十八万，户部为诎，而草场益废。议者争以租佃取赢，浸淫至神宗时，弊坏极矣。"①

永乐时期在京畿初置牧场，草场面积还很大，并且水草丰美。到宣德之后，庄田日增，草场被削，各处草场多以熟地出佃取租。御马监所属的牧场情况亦然，据《明英宗实录》，正统九年（1444）闰七月载："户部右侍郎焦宏等奏：'臣同司礼监左监丞宋文毅等奉命踏勘坝上大马房诸处草场，多被内官内使人等侵占，私役军士耕种，甚者起盖寺庙、擅立窑冶，及借与有力之家耕种，以致草场窄狭，马多瘦损，请正其罪。'上曰：'朝廷设立马场，令内官监之，而乃作毙如此，论法当罪，今姑宽贷，令速改过。其内官各赐地一顷，内使、净军各赐五十亩，已盖寺庙者勿除，余悉还官都察院，仍给榜禁，约每岁遣给事中御史各一员巡视，敢蹈前非者，必杀不宥。'"②

正统九年（1444），户部右侍郎焦宏与司礼监左监丞宋文毅等人去坝上勘查御马监草场，发现草场多被内官侵占用来耕种或建窑盖庙，于是上报朝廷。但英宗非但未定内官之罪，已盖寺庙也没要求拆除还牧，并且其内官、内使还各获赐地。这等于承认了御马监草场被私占私垦。

《明世宗实录》嘉靖二年（1523）九月癸酉条载："弘治间，太监宁诚始亩科银三分，嘉靖改元，诏革去。至是，以监臣奏，后命征收。户部参奏，各署内官，始则侵民田为牧地，终则夺牲地为己业。观其设心，不尽逐四署之民而专聚一己之例不已也。宜恪守前旨，追寝近批，以安人心。不报。"③

弘治年间，实行了太监宁诚所建议的对已被垦占的牧场征收草场地租。到嘉靖改元，即诏革此项。嘉靖八年（1529）三月戊申条所载，即为御马监掌印太监麦福再请求尽征此租，户部经勘查后奏准御马监所辖草场熟地二万四千十一顷中，以八千亩归御马监公用，生草地四十万亩刍

---

① （清）张廷玉：《明史》卷92《兵志四》，第2275—2276页。
② 《明英宗实录》卷119，正统九年闰七月甲申条。
③ 《明世宗实录》卷31，嘉靖二年九月癸酉条。

牧，所余的一千九百三十余顷，召民佃种征租，以充国家岁时之需。麦福的反对未被采纳，却为御马监争取到尽征草场子粒银的权力。从《明史·王轼传》所载："勘御马监草场，厘地二万余顷，募民以佃。房山民以牧马地献中官韦恒，轼厘归之官。奸人冯贤等复献中官李秀，秀为请于帝，轼抗疏劾之。"可以看出，王轼在清理宦官庄田、草场的过程中表现比较强硬，但在御马监草场的处理上，却颇为退让，等于间接承认了部分草场地租归御马监所有。而麦福对于嘉靖改元之初已诏革的征收草场地租一项，再次提起，虽被驳回，却未受到世宗的任何责备，颇有被暗中纵容支持之意。

二　麦福与裁革冗员

嘉靖"戊子（七年，1528），掌御马监印，提督勇士四卫营禁兵。己丑（八年，1529），提督十二团营兵马，掌乾清宫事"。嘉靖七年（1528），麦福掌御马监印，并提督勇士四卫营禁兵，次年，提督十二团营兵马。

明代永乐朝之后，御马监的职能得到扩充，开始统率禁军队伍，具备了军事上的职能，这只禁军队伍后改名为四卫营。

据《明孝宗实录》记载：弘治十年（1497）十月辛卯，兵部尚书马文升等奏："我太祖高皇帝有天下，法古为治，制兵之法极其周悉。故置十六卫亲军指挥使司，不隶五府，为禁兵……永乐中，复设亲军指挥使司十二卫。又选天下卫所官军年力精壮者及房中走回男子，收作勇士，常数千余人，俱属御马监，更番上直，委心腹内外官统领，其盔甲器械俱异他军。"[1]

兵部尚书马文升在奏疏中对明代禁兵的设置进行了回顾，从中可了解到，自永乐中期已设有常数为千余人的禁军，地位甚至高于亲军指挥使司所辖的十二卫，队伍由各卫中的精壮者及蒙古地区逃回的壮男子组成，隶属于御马监，掌管皇室的宿卫工作。这样的一支禁军算是皇帝的贴身侍卫，自然需要最信任人的来指挥。而最初，永乐皇帝便将它交给了御马监来掌管。"宣德六年（1431），乃专设羽林三千户所统之，凡三千一百余

---

①　《明宣宗实录》卷130，弘治十年十月辛卯条。

人。寻改武骧、腾骧左右卫，称四卫军。"①

永乐朝设立的这支由御马监所统领的亲卫禁军，后改称为四卫军，其作用"以备宿卫扈从，名为养马，实为防奸御侮也"②。由于统领禁兵，使御马监在诸宦官衙门中具有特殊的地位，"逐渐具备多种军事职能，并被视为内廷中的武职衙门"③。

另外，明代的京军在永乐时设三大营，而后景泰年成立十团营，到成化时期增为十二团营④，也多由司礼监及御马监太监任提督职。

执御马监印并统领禁军使麦福在各内府衙门中占有着特殊重要的地位，掌握护卫京师安全的禁兵队伍代表了世宗皇帝对他的极大信任。

嘉靖九年（1530），麦福再就四卫军点阅、补员事与兵部论争，奏乞免科道对四卫军操练的点阅，并且新补军士不必经兵部审验，兵部以弘治旧例为由拒绝。之后的嘉靖二十一年（1542）、二十二年（1543），麦福继续就御马监所属的勇士营员额以及科道官对御马监的巡视问题为御马监争取更多的权力空间。

《明世宗实录》嘉靖九年（1530）正月壬寅条记载：

> 御马监太监麦福奏：乞腾骧左等四卫军士见操者，不必差科道点阅，新补者不必由兵部审验。兵部覆言："委官验审，科道点阅，皆弘治间旧例，又屡奉皇上诏旨申饬，宜如旧为便。"上从部议。⑤

嘉靖二十一年（1542）正月丙戌条记载：

> 御马监太监麦福奏：勇士营逃亡者多，仅存五千五十八名，顷闻边警请以故勇士子侄，选其精壮五千人补充。兵部言：勇士原额五千三百三十名，嘉靖八年侍郎王廷相奉旨清查，已存留五千四百三名浮于原额，固将以备补逃亡也，即如福言，缺少不过三百余人耳，且兹

---

① （清）张廷玉：《明史》卷89《兵一》，第2190页。
② 《明武宗实录》卷7，弘治十八年十一月乙酉条。
③ 方志远：《明代的御马监》，《中国史研究》1997年第2期。
④ （清）张廷玉：《明史》卷89《兵一》，第2176—2178页。
⑤ 《明世宗实录》卷109，嘉靖九年正月壬寅条。

营非为备边设，安得藉口以行其私。上从部议。诏自今选补一如旧制。①

嘉靖二十二年（1543）正月辛未条记载：

> 御马监太监麦福请免科道官巡视该监，给事中李纶以违例自便劾之。诏下户、兵二部议覆：以刍豆之出纳、存马匹之饲养在围仆，是以瘐死有罚，岁用有考，巡视官员不为徒设。请仍令科道官巡视该监马政如例。从之。②

钦定大礼议之后，杨廷和势力退出，取而代之的是张璁、桂萼、霍韬等议礼新贵，在世宗的支持下开始对政府冗员进行一番彻底的裁革。针对武职滥冒的问题，嘉靖七年（1528）十一月，刑部尚书胡世宁疏言："正德间权奸黩货，致令小人冒功世袭武职，大坏国典。至于军匠亦多额外滥收，岁耗国储数十百万。自今官舍军民有杀获功，其升级者仍填注原卫所，不许再署锦衣卫。文武官除有戡乱平贼奇功，准世袭爵秩外，其有听子侄夤缘冒升者，文官削籍，武职揭黄。至于军匠额外滥收者，俱发远充军，则奸弊永绝而财无妄耗。"③《明史·胡世宁传》亦云："兵部尚书王时中罢，以世宁代，加太子太保。再辞不得命，乃陈兵政十事……所言多破常格，帝优旨答之。"④ 胡世宁向世宗力陈兵政十事，其中包括对监冒武职的惩处。而霍韬亦言："今之袭职者，率纳赂权贵，乃行比试，虽乳臭小儿亦无比试不中矣。此军职所以冗滥，材力忠勇者无途自进也。故比试之别，在今日尤宜举行。仍严纳赂之禁，乃弊可革。"⑤

可见明代到了嘉靖朝武职冗滥的情况已十分严重，因此张璁等朝臣们力推改革。另外，对于御马监统领的四卫营勇士的选用也有具体的变革办法：

如遇事故缺伍，除逃北回还亲生子孙勘无违碍，径令替补外，其余进

---

① 《明世宗实录》卷 257，嘉靖二十一年正月丙戌条。
② 《明世宗实录》卷 270，嘉靖二十二年正月辛未条。
③ 《明世宗实录》卷 95，嘉靖七年十一月庚申条。
④ （清）张廷玉：《明史》卷 199《胡世宁传》，第 5262 页。
⑤ （明）霍韬：《禅治疏》，载陈子龙辑《明经世文编》卷 186。

充勇士，缺至十人之上，该卫即申兵部知会，先尽见故子孙，方许将候缺
人役开送兵部验军主事，从实拣选年力精壮者，照名充补，俱止终本身。
如候缺人役充补已尽，又有事故缺伍，仍照前例，再行拣选收用。①

从嘉靖九年（1530）正月壬寅条的记录来看，麦福请求"腾骧左等
四卫军士见操者，不必差科道点阅，新补者不必由兵部审验"。显然与革
新背道而驰，也可看作麦福对朝臣们改革的抵触，虽未经世宗允许，但如
前文中麦福对牧马草场问题与朝臣的论争一样，也未受谴责，世宗对麦福
一再与朝臣抗衡的做法未有任何不满，笔者以为这未尝不是世宗对麦福的
暗中支持，以此牵制强硬的锐意革新的朝臣们。

张璁为首的朝臣们在裁革冗员的革新中，颇有成效。据《明史·李
承勋传》载："兵部尚书胡世宁致仕，诏承勋还部代之……中官出镇者，
率暴横。承勋因谏官李凤毛等言，先后裁二十七人，又革锦衣官五百人，
监局冒役数千人。独御马监未汰，复因给事中田秋奏，多所裁减。而请以
腾骧四卫属部，核诡冒，制可。"② 兵部尚书李承勋继任后，在裁革镇守
中官、监局滥冒者的行动中表现得十分刚果，却独有一个例外，即麦福所
执掌的御马监未受裁汰，而后显然是在言官的压力下，才有所裁减。

从朝臣裁革冗员滥冒及清查庄田草场的改革中，麦福显然是一个重要
的阻力，在对其他监局、镇守中官果断下手的时候，独绕御马监而行。无
论是胡世宁、其继任者李承勋，抑或这次革新的大领导张璁，他们与麦福
的关系颇耐人寻味。

三　麦福与张延龄案

嘉靖丁酉（十六年，1537），麦福以御马监掌印太监，总督东厂，兼
管尚衣监印。正德朝，武宗令御马监太监张锐提督东厂，被认为是侵夺了
司礼监的已有职权，其势力事实上已全面超过司礼监。嘉靖改元，对正德
朝内府势力进行清算，且将除弊的矛头指向御马监，东厂提督仍归于司礼
监。③ 到了嘉靖十六年（1537），提督东厂的职权再次由御马监掌印太监

---

① （明）申时行：《明会典》卷134《兵部》17"四卫营"条，中华书局1989年版，第
693—694页。

② （清）张廷玉：《明史》卷199《李承勋传》，第5266页。

③ 方志远：《明代的御马监》，《中国史研究》1997年第2期。

麦福兼领。其实在嘉靖朝，提督东厂的职权归司礼监或御马监并不重要，重要的是清除正德年间的权宦而代之以世宗皇帝的心腹内侍，显然麦福是世宗非常信任的内官，因为他的原因，兼领东厂的权力才再落入御马监掌印的职权范围，御马监也因掌印麦福的关系在其执掌的阶段成为宦官衙门中势重的机构。

嘉靖"己亥（十八年，1539），上南巡，奉命留守京师，赐符验关防"。明世宗南巡，赐提督团营关防给御马监太监麦福。对此，《礼部志稿》记载了嘉靖南巡的具体安排："嘉靖十八年（1539）二月，命皇太子监国，以宣城伯卫錞、遂安伯陈镃为留守，大学士顾鼎臣为同留守，兵部尚书张瓒参赞机务，太监麦福为内提督，与錞等协同行事，文武大臣刑部右侍郎屠侨等一十八人分守京城九门，仍命内坐营官九人协守。赐留守大学士顾鼎臣勅曰：'朕兹巡幸承天，恭视显陵，车驾往回动历数月，昨已册立东宫令之监国，特留卿赞务协同，文武重臣居守，内自禁掖，外而都城，远及边陲，并大小有司庶务，悉以付卿，卿宜遵承朕命，应启请者，请令旨；应闻奏者，驰奏行在；其有密切紧重事情，宜用钦赐印记来闻。卿讲幄旧臣，久怀经济，朕兹重寄，其钦承之。'"①

《明世宗实录》嘉靖十八年（1539）二月甲寅条，亦有记载："皇太子监国，以宣城伯卫錞、遂安伯陈镃为留守使，大学士顾鼎臣为同留守使，兵部尚书张瓒参赞机务，太监麦福为内提督，与錞等协同行事，文武大臣刑部右侍郎屠侨等一十八员分守京城九门，仍命内坐营官九员协守。"②

嘉靖十八年（1539）二月，明世宗南幸承天谒陵，回来需历数月，因而命太子监国，宣城伯卫錞、遂安伯陈镃留守，阁臣顾鼎臣等人协守。麦福掌禁军被赐关防作为内提督，负责京师的安全，显然麦福仍然是明世宗所倚重的心腹。而这之前的嘉靖十七年（1538），数位朝臣、勋戚、宦官因牵涉建昌侯张延龄父子之事，俱下锦衣卫拷讯。

嘉靖十七年（1538）正月丙申③：

① （明）俞汝楫：《礼部志稿》卷95，文渊阁《四库全书》本。
② 《明世宗实录》卷221，嘉靖十八年二月甲寅条。
③ 《明世宗实录》卷208，嘉靖十七年正月丙申条。

　　初，建昌侯张延龄既以罪论系狱，其兄昌国公张鹤龄调降南京锦衣卫指挥，诸子宗说、宗俭辈尚在京师。张氏自弘治、正德，凭宠肆虐多行不义，久为中外所怨嫉。延龄等既得罪，而诸子席其故赀富厚擅都下。诸无赖子及家奴利其所有，类撰造危言以恐吓之，率协取重贿索或贿不得、或得，得而意未慊者则首诸官。去年冬，有班明、于云鹤者上章告变，构及中官戚里，鹤龄自南京逮赴诏狱瘐死，明、云鹤以诬奏充戍，而言者且接踵。未已，其刘东山者以射父坐死在逃，巡视东城御史陈让檄兵马钱珊捕获之，东山故刁狡，尝驱赚宗俭辈银物无算，至是乃上者言延龄夫妻、父子、亲戚魇镇上事皆实，班明等奏不诬，冀脱己罪，并让珊构致之，仍取张氏奴陈大绅所构奏词一纸连封以进。诸奸猾小人庞永洪、于良臣、刘琦、郭文振、王文正等又群起而和之，言张氏诅咒魇魁事有迹，连逮安伯陈镛、西宁侯宋良臣、京山侯崔元、太监麦福、赵稷、贺恩、李勋等，诸所蔓引无虑数十人。章俱下锦衣卫拷讯。独令镛、良臣及福俟讯竟日奏请。锦衣卫推鞫东山等所言，事皆无实，不可听。奏上，诏释元等，放稷等三人于南京闲住，余俱付法司会鞫。法司拟东山等枷号三月，满日发极边充军；让、珊赎杖还职；镛、良臣免究；福等请自圣裁。因言延龄罪状多端，久留禁狱，其子侄骄溢敛怨，以致奸人垂涎财物纷纷告讦，动辄指斥乘舆，干犯宫禁，其于国体所伤匪小，乞将延龄早赐处决，宗说、宗俭等调发南京，产业查夺。奏上，诏延龄仍禁锢候决，宗说调南京锦衣卫带俸，并宗俭家口俱随，诸所有田、住宅，户、工二部查旧以奏，讨得者悉藉还官，铁券追夺。镛、良臣如旧管事，福等免究。余如拟。

　　据《明史》，建昌侯张延龄，是明孝宗的皇后、嘉靖年昭圣孝慈太后的弟弟。张延龄之父为张峦，也就是张太后的父亲，张峦于弘治四年封寿宁伯，死后赠昌国公。张延龄之兄张鹤龄嗣寿宁侯，而后张延龄亦从都督同知加封建昌伯再进侯。[①] 弘治朝，张氏兄弟在孝宗和张皇后的庇护下并"骄肆，纵家奴夺民田庐，篡狱囚，数犯法"。武宗继位，仍宽纵张氏兄弟，但其恃宠而多行不义，已久为怨嫉。嘉靖十二年（1533），张延龄终

---

① （清）张廷玉：《明史》卷300《张峦传》，第7676页。

因罪下狱论死，大臣争谏，命长系狱中。并革其兄张鹤龄爵，调降南京锦衣卫指挥同知，其子宗说、宗俭等尚在京师。十六年（1537），班明（《明史》为班期）、于云鹤"告延龄兄弟挟左道祝诅，辞及太后。鹤龄自南京赴逮，瘐死，明、云鹤亦坐诬谪戍"。不久，曾为张氏兄弟门客心腹的刘东山为脱己罪，言班、于二人所告张氏兄弟诅咒之事属实，并构及遂安伯陈鏸、西宁侯宋良臣、京山侯崔元、太监麦福、赵稷、贺恩、李勋等。数十人因此事受牵连蔓引，而纷纷被下锦衣卫拷讯，独令鏸、良臣及福俟讯。曾至兴献府邸亲迎朱厚熜即位的驸马京山侯崔元尚且被讯问，太监麦福却独与陈鏸、宋良臣俟讯，在这件事中世宗皇帝对麦福表现出较强的庇护。而从处理结果来看，刘东山虽以诬告获罪受死，崔元亦得释放，但赵稷等三位宦官却被发往南京闲住，其他人亦付法司鞫讯。可以推测，刘东山等人也许并非诬告，万历朝的焦竑也曾说过："世庙时，有上变言张延龄诅魇怨望，大逆杀人，事颇有状。"①

　　张延龄一案，在当时株连甚广，但具体案情史载不详，当朝的史家王世贞亦没有留下更翔实的记录，万历朝的沈德符在《万历野获编》中载："京师人刘东山，狡猾多智，善笔札，兼习城旦家言，初以射父论死得出，素为昌国公张鹤龄、建昌侯张延龄门客，托以心腹。二张平日横恣，皆其发踪，因默籍其稔恶事状时日，毫发不爽。世宗入缵，张氏失势，东山屡挟之，得赂不赀，最后挟夺延龄爱妾不得，即上变告二张反状。上震怒，议族张氏，赖永嘉为首揆，与方南海力抗之，得小挺。锦衣帅王佐者，素知东山奸宄，力为辨析，且发其生平诸罪状甚悉。上始悟，东山坐论如法，枷示而死。鹤龄夺爵贬南京，寻又逮至，瘐死诏狱，延龄论斩，长系狱中。京师人无不快东山之伏辜，并服王佐之持正，至称为王青天。近日江陵败，言官亦有疏，坐以谋反，时刑部尚书潘季驯、侍郎陆光祖等，力明其不然。上虽不从言官奏，然有'本当斫棺戮尸'之旨，而季驯亦削籍为编氓。无论缇帅不能出一语，即政府亦无永嘉其人矣。"② 沈德符以为《实录》中关于刘东山诬告张延龄之事记载不实，不知其论据为何，但有借古讽今不满对张居正处理之意，存在较强个人意识。

　　朝野内外牵涉张延龄案人员众多，太监麦福也被构及与张延龄案勾

<hr />

① （明）焦竑：《玉堂丛语》卷4《献替》，第114页。
② （明）沈德符：《万历野获编》卷18《刑部》，第464页。

连，但在其中的角色已无法探知。不过，据麦福墓志所载，其"正德丁丑（十二年，1517），以选供事清宁宫"。清宁宫向为太后居所，张鹤龄、张延龄兄弟是孝宗皇后也是正德朝张太后的弟弟，麦福在正德末年曾供事清宁宫，显然与张太后脱不开关系，这样来看，麦福牵涉张延龄案并与之勾连的可能性是极大的。但麦福在众多宦官、勋戚纷纷被告入狱的情况下，并未受到惩处而是例外的独不被"俟讯"。嘉靖十八年（1539），世宗南巡赐其提督京营的关防，着令其留守并护卫京城的安全，非但宠任未减，并逐日达到职业生涯的顶点。

四　与议礼诸臣的关系看麦福在大礼议中的态度

其实在以往的研究中，嘉靖中后期严嵩为首辅时交结内侍被着意凸显，如《明史》中所描绘的一个场景："帝数使小内竖诣言所，言负气岸，奴视之。嵩必延坐，亲纳金银袖中，以故日誉嵩而短言。"[1] 把严嵩被重用与夏言的失势归于对宦官的态度，并且强调在嘉靖后期宦官势张。而嘉靖前期的礼议诸臣则少有与宦官的勾连，强调世宗对宦官的裁抑。

事实上，前文以麦福为个案，从他在嘉靖初期改革中所扮演的角色来看，他执掌御马监印，统率京营卫队，多次针对改革与朝臣论争，为御马监争得权益，并且在涉及张延龄谋反的大案中，勋戚、宦官大批被告入狱，麦福独被信任。这些事件的背后，都可以透视出他与皇帝、朝臣不寻常的关联。

首先，我们来看在革新中与麦福发生关系的朝臣胡世宁、李承勋。

据《明史·胡世宁列传》载："胡世宁，字永清，仁和人。弘治六年（1493）进士。性刚直，不畏强御，且知兵……既免丧家居，朝廷方议'大礼'，异议者多得罪。世宁意是张璁等，疏乞早定追崇'大礼'。未上，语闻京师……与李承勋善。"[2]

《明史·李承勋列传》载："承勋沉毅有大略。帝所信任，自辅臣外，独承勋与胡世宁，大事辄咨访。二人亦孜孜奉国，知无不言。世宁卒半岁，承勋亦卒，帝深嗟悼……其议'大礼'，亦与世宁相合云。"[3]

①　（清）张廷玉：《明史》卷 196《夏言传》，第 5197 页。

②　（清）张廷玉：《明史》卷 199《胡世宁传》，第 5258—2563 页。

③　（清）张廷玉：《明史》卷 199《李承勋传》，第 5266 页。

胡世宁与李承勋交好，并且在大礼议之争中皆支持张璁、世宗一方，世宗对这两人非常信任。而胡世宁、李承勋相继任兵部尚书职时，对冗官滥冒武职者大力裁革，独对麦福所执掌的御马监手下留情。推测一方面是世宗对麦福的暗中支持，以制衡张璁、胡世宁等新崛起的议礼重臣；另一方面胡、李二人与麦福有较密切的关联。

胡世宁、李承勋都是嘉靖初年支持议礼的朝臣，显然，当时权势颇重的内臣麦福与内阁首辅张璁也难免发生勾连。麦福牵涉张延龄一案为笔者前面的推测提供了证据。

关于张延龄兄弟的行为，早有朝臣上疏要求对其严惩，嘉靖十三年（1534），南京兵部主事刘世龙疏言："至如张延龄凭宠为非，法难容假。侧闻长老之首，孝宗时待之过厚，遂酿成今日之祸。顾区区腐鼠，何足深惜。独念孝庙在天之灵，太皇太后垂老之景，乃至不能自庇其骨肉，于情忍乎？恐陛下孝养两宫，亦不能不为一动心也。"[①]

世宗亦欲以张氏谋反罪，族其家。当时，张璁仍任内阁首辅以张延龄谋反罪难以成立而对其力保。

明人焦竑记载："世庙时，有上变言张延龄诅魇怨望，大逆杀人，事颇有状。昭圣恐，乃因上后宫有嗣息者屈节为延龄请。上益怒，至欲坐延龄反，族其家。孚敬固以为延龄杀人抵偿当，而坐之反、族不可。夫延龄守财虏耳，何以能反？凡数诘问，其对如初。论延龄杀人罪，属秋尽当论。孚敬复上疏，谓：'昭圣皇太后春秋高，卒闻延龄死，能不重伤痛乎？万一不食，有它故，何以慰敬皇帝在天之灵？'上恚，责孚敬：'自古强臣令君非一，若今爱死囚令我矣，当悔不从廷和事敬皇帝耶？'上故为重语，欲以喝止，孚敬意不已，与少保方献夫复持之，献夫至谓：'陛下居法宫，谁导以悖伦忍心之事若此者？'上虽不悦，然难二大臣，诏以'秋报，悉缓诸论死刑。'而终太后及孚敬世，延龄得长系矣。"[②]

焦竑是万历朝进士，生活的年代与张延龄案事发并不久远。据他所说张延龄谋反案"事颇有状"，世宗欲族其家，事体颇大牵连甚众，而张璁、方献夫却冒死申救，有研究者认为张璁此举是"为了照顾慈寿皇太后的情面和避免亲孝宗势力借机兴风作浪，没有立即处决张延龄，而是将

① （清）张廷玉：《明史》卷207《刘世龙传》，第5475页。
② （明）焦竑：《玉堂丛语》卷4《纂述》，第114页。

其关在牢狱之中"①。但据前文所述，权珰麦福亦牵涉此案，张璁、方献夫等人大力申救张延龄，照顾的不仅是张太后的情面，推测其中也有麦福的周旋、运作。

麦福牵涉张延龄一案，如前文所述，可能与其在正德年间于清宁宫侍奉过张太后有关。而平时为人"颇平恕"的方献夫为何"独帝欲杀张延龄，常力争"呢？从《明史·方献夫列传》中得知："方献夫，字叔贤，南海人。缘议礼骤贵。"② 南海归今广东省佛山市，方献夫与霍韬皆为南海同乡。而麦福的墓志中显示，麦福是"广之三水人"，同样在广东省佛山市。显然麦福与议礼重臣方献夫、霍韬同为广东同乡。这对同朝为官的人来说是一种重要且可资利用的社会关系。

在我国古代安土重迁的农业社会中，存在着极其浓厚的地域、乡里观念，而这种同乡关系对于官吏之间、宦官之间抑或官员与宦官之间都起着很重要的勾连作用。乡里关系成了宦官与外廷朝臣建立联系的一个重要因素。"（正统六年）八月，召山东提学佥事薛瑄为大理寺左少卿。初，王振问杨士奇曰'吾乡人谁可大用者？'士奇荐瑄，乃有是召。"③ 正统年间王振亦欲推举自己的同乡为官，杨士奇推荐了薛瑄，而后薛瑄虽不肯与王振为伍，但这种同乡关系却实实在在地发挥了作用，薛瑄因王振而得以入朝。

在嘉靖朝初年，对于以议礼而骤贵的张璁、方献夫等人，与正德朝内庭大珰没有交往基础，作为同乡的麦福是皇帝身边宠信的内官，显然是要发生勾连。据《南海县志》载："（霍韬）风度端凝，帝所严惮，每起居有失辄问内监曰：霍韬知否？见重如此。"④ 世宗每日起居皆问身边内监是不是知道霍韬其人。

从麦福的个人经历来看，嘉靖三年（1524），升为正四品御马监太监。而同年，发生了左顺门事件，杨廷和集团被沉重打击，议礼诸臣取得成功。这些关联来看，与方献夫、霍韬的同乡关系最有可能是麦福与议礼诸臣勾连的结点。在张延龄事件中，张璁、方献夫的全力申救势必有麦福

①　田澍：《嘉靖革新研究》，中国社会科学出版社 2002 年版，第 189 页。

②　（清）张廷玉：《明史》卷 196《方献夫传》，第 5185—5191 页。

③　（清）谷应泰：《明史纪事本末》卷 29，第 445 页。

④　（清）潘尚楫等修，邓士宪等纂：《南海县志》卷 36《列传五·霍韬》，清同治八年重刊本。

周旋其中。

无论是胡世宁、李承勋，还是张璁、方献夫、霍韬，他们有一个共同点：都与麦福有勾连，并且凭大礼骤贵。虽然文献中找不到他们直接发生关系的记录，但在嘉靖前期锐意革新的强硬行动中，都绕麦福而行。麦福亦在外廷争议大礼的背影下，逐级高升，显然是皇帝与议礼诸臣重要的合作者。

第三节　麦福与嘉靖中后期政事

麦福在任职司礼监太监之后，文献中所涉及的事迹比较少，本节通过麦福与朝臣徐阶、内臣高忠的关系来看他在这一任职阶段对嘉靖朝政事的影响。

一　开司礼监掌印兼总东厂先例

嘉靖"乙巳（二十四年，1545），迁司礼监。丙午（二十五年，1546），提督先蚕坛，掌理祭礼及诸礼仪"。

嘉靖二十四年（1545），麦福迁司礼监，而这之前的嘉靖二十二年麦福由御马监掌印卸任，从嘉靖朝另一位大珰高忠的墓志可知，高忠于"二十二年（1543），加命提督十二团营，兼掌御马监印及提督勇士四卫营。二十三年（1544），上命总督内西教场操练及都知监带刀"[1]。

嘉靖二十二年（1543），高忠接任麦福掌御马监印兼提督京营禁兵。由御马监卸任两年后，麦福改迁司礼监太监。万历朝沈德符曾说："司礼今为十二监中第一署，其长与首揆对柄机要；金书、秉笔与管文书房，则职司同次相；其僚佐及小内使，俱以内翰自命，若外之词林……御马监虽最后设，然所掌乃御厩兵符等项，与兵部相关。近日内臣用事稍关兵柄者，辄改御马衔以出，如督抚之兼司马中丞，亦僭拟甚矣。"[2]

这段话说明了明代的中后期，司礼监位居内府十二监之首，与内阁对柄机要，而御马监则与外廷兵部相关，共执兵柄，可以说司礼监、御马监分据内府衙门中文、武两个最重要的职能部门。

---

① 贾瑞宏：《高忠家族墓志考》，《北京文博》2004 年第 4 期。

② （明）沈德符：《万历野获编补遗》卷1，《内官定制》，第814 页。

　　这次改迁也使麦福由内衙中的"武职"转"文职"，意味着麦福真正走入国家行政权力的核心舞台。

　　从制度上来说，洪武二十八年（1395）修订的《皇明祖训》中规定司礼监的职能还只是"掌冠婚、丧祭、一应礼仪、制帛、及御前勘合、赏赐笔、墨、裱、褙、书画，管长随当差内使人等出门马牌等事，并催督光禄司造办一应廷宴"①。地位和职掌没有特殊重要之处。自宣宗时期内阁实行票拟，相应地司礼太监代皇帝行批红的工作，开始成为各宦官机构中的首脑。司礼监的职责是"掌印掌理内外章奏及御前勘合，秉笔、随堂掌章奏文书，照阁票批朱。掌司各掌所司典簿典记奏章及诸出纳号簿"②。具体工作是，"遵照阁中票来字样，用朱笔楷书批之。间有偏旁偶讹者，亦不妨略为改正"。司礼监宦官的任务应该仅是照阁票字样，机械代劳皇帝用朱笔批之，最多有偏旁讹误者，略为改正。

　　但实际情况是，大多数奏本皇帝并不过目，直接由司礼太监按内阁票拟代劳分批，这便给司礼宦官改动阁议的结果留下空间。"凡每日奏文书，自御笔亲批数本外，皆众太监分批。"③司礼监因其手中握有批红的大权而能参与并影响国家政治生活，成为十二监中第一署。

　　由于负责内外章奏、批朱等工作，《明史》规定：司礼监官"必由文书房出，如外廷之詹、翰也"④。而实际并不能贯彻这项规制，因皇帝个人的恩宠等原因，司礼监官的来源并不单一的出于文书房，麦福即由御马监迁司礼监官，"提督先蚕坛，掌理祭礼及诸礼仪"，掌管各种礼仪相关事务。

　　"戊申（二十七年，1548），复总督东厂，镇静不扰，缙绅谓贤。"

　　嘉靖二十七年（1548），再次总督东厂，推测嘉靖二十四年（1545），麦福在改迁司礼监官时，可能同时卸任了总督东厂之职，此次复掌领东厂。

　　东厂权重，向为司礼监中"最有宠者一人，以秉笔掌东厂，掌印秩尊，视元辅；掌东厂权重，视总宪兼次辅"⑤。《明史》亦说到明武宗时规

---

① （明）朱元璋：《皇明祖训》，第32页。
② （清）张廷玉：《明史》卷74《职官志三》，第1819页。
③ （明）刘若愚：《酌中志》卷16《内府衙门识掌》，第93页。
④ （清）张廷玉：《明史》卷74，《职官三》，第1822页。
⑤ （明）刘若愚：《酌中志》卷16《内府衙门识掌》，第93页。

定"专用司礼监秉笔太监之第二或第三人充任"。麦福此时虽位居司礼监官，但并非秉笔，却兼领东厂，已是越次委任。并且甫受此任，即获功赏，荫其弟麦祥为锦衣卫百户，并厂卫官校各升一职一级。

《明世宗实录》记载：嘉靖二十七年（1548）六月甲辰，"以提督东厂太监麦福缉获功，荫其弟祥为锦衣卫百户并厂卫官校各升职一级，刑科给事中李万实言：'福荣宠已极，督捕乃其本职，不宜以微功冒受录荫，乞罢之。'不允"①。

对此功荫，言官表示麦福的荣宠已极，督捕只是其职，不宜以此微功受荫。显然麦福的所谓缉获之功，只是皇帝欲奖赏他的由头，因而外臣的异议并未减少皇帝对麦福的奖赏。

"己酉（二十八年，1549），掌司礼监印。"

嘉靖二十八年（1549），已总督东厂的司礼监官麦福升掌司礼监印，成为明代史上第一位司礼监掌印太监兼领东厂的大珰。

徐阶在为其撰写的墓志中言司礼监掌印本已位高权重，"诸监局莫敢望焉"，但每遇到东厂奏事，都要回避，东厂尤为有实权的部门，因而历朝以来，没有两者兼任的，兼任者则始自麦福。

沈德符亦云："司礼掌印，首珰最尊。其权视首揆，东厂次之，最雄紧，但不得兼掌印，每奏事，即首珰亦退避，以俟奏毕，盖机密不使他人得闻也。历朝皆遵守之。至嘉靖戊申（二十七年，1548）己酉（二十八年，1549）间，始命司礼掌印太监麦福，兼理东厂。至癸丑（三十二年，1553）而锦又继之，自此内廷事体一变矣。"②

麦福兼总内外，成为明代历史上首位集行政、监察两权于一身的大珰，达到了其宦官生涯的顶峰。明年，世宗再"以厂卫缉事功，荫太监麦福、都督陆炳各子侄一人为总旗"③。

二　麦福与庚戌之变

今位于北京市八宝山的黑山会护国寺留有三通嘉靖三十年（1551）的庙碑，现将涉及麦福、高忠的内容摘录于下：

---

① 《明世宗实录》卷337，嘉靖二十七年六月甲辰条。
② （明）沈德符：《万历野获编》卷6《内臣兼掌印厂》，第168页。
③ 《明世宗实录》卷366，嘉靖二十九年十月丙戌条。

（一）黑山会护国寺记

　　洪维我皇明洪武开国元勋、司礼监太监刚公祠墓，在都城之西十八里，地曰黑山会者，岁久倾圮。至嘉靖庚戌仲冬，适值原总督内外营务、今司礼监掌印太监兼督东厂官校办事麦公福等，总督内外营务并上林监等衙门兼掌御马监、内官监掌印太监高公忠等，约会诸公，各捐己资，重建祠堂三间……①

（二）黑山会流芳碑记

　　尝闻忠孝贤良者，皆人之大节，理宜书而不可湮者。洪惟我皇明原总督内外营务、今司礼监掌印太监、兼总督东厂官校办事麦公福等，总督内营务并上林苑监等衙门、兼掌御马监印、内官监掌印太监高忠等，生逢盛世，际遇明时。中间忠孝贤良者甚多，予不能工于文法而悉举也，特以二公之行表之，则诸公之行亦知也。今上圣明，知二公持身谨慎，性资端敏，讬以腹心，委以重任。二公知感圣恩，协心殚力，维持内政，荐拔贤能，共图补报。所以披霜戴雪于严寒之月，冲风冒雪于溽暑之时。鹄立扆前，而罄竟忠尽；恭侍便殿，而纤毫无息。辛勤百至，劳瘁万端。益加敬慎，委身于国，不顾其家……②

（三）护国褒忠祠记

　　今修其旧，又加拓焉者，原总督内外营务、今司礼监掌监事兼总督东厂太监麦公福，总督内外营务并上林苑监等衙门兼掌御马监印、内官监掌监事太监高公忠也。仰惟皇上神功圣德，增光二祖。麦公、高公同出而受眷知，侍帷幄，勋劳行能，亦与刚公后先相望。故其修是祠，虽费无所惜。刚公之功，赖二公以益彰；二公之贤，因刚公以

---

① 北京图书馆金石组编：《北京图书馆藏中国历代石刻拓本汇编》，第55册，第155页。
② 同上书，第153页。

不泯。皆可为后世劝也。①

　　除第三通碑标明是大学士徐阶所撰，前两通庙碑撰者不详，皆立于嘉靖三十年（1551），庙碑的中心内容都是说嘉靖二十九年（1550），麦福与高忠相约捐赀修黑山会护国寺之事。

　　赵世瑜的研究最早将黑山会刚铁祠寺与宦官政治联系起来。对于御马监掌印太监兼总内外营务的高忠来说，嘉靖二十九年（1550）的庚戌之变中，他所统率的京营溃不成军，随后其京营提督被罢免，并将十二团营改为三大营，值此失意之时，高忠来此修庙，有求神赐福保佑之意，并通过此举为自己正名。②

　　嘉靖二十九年（1550）八月，蒙古部落首领俺答汗率部下入古北口，以数千骑长驱入内地，京兵大溃，提京营提督太监为高忠，九月俺答兵退之后，高忠被罢免。③ 文献中记录了高忠在这次事变中所扮演的角色及承担的责任。

　　而黑山会护国寺的这几通碑不仅对高忠来说蓄含了特殊的政治含义，同时也引出了与庚戌之变有间接关系的人物麦福。

　　徐阶的撰文说："麦公、高公同出而受眷知"。麦福和高忠几乎同时见用于嘉靖朝，从二人共同修寺的行为来看，显然关系密切。据高忠的墓志所载：高忠"正德二年（1507 年），以选入内庭，八年（1513 年）选直乾清宫。皇上之登极，合诸近侍，加选择焉，公长身玉立，进止有仪，褒然在举首。嘉靖二年（1523 年），遂赐冠帽。三年（1524 年），迁御马监右监丞。六年（1527 年），迁右少监，寻迁本监太监"④。

　　对照麦福的经历，二人皆于正德年间做乾清宫近侍，嘉靖改元，高忠以"长身玉立，进止有仪"被重用，推测麦福被选用的情况差不多。两人皆以御马监起步，麦福升迁得更快一步，嘉靖二十二年（1543 年），麦福迁司礼监太监后，高忠方掌御马监印兼提督京营，却并不兼领东厂。麦福在离任的当年尚为御马监争取权益，据《明世宗实录》载：嘉靖二十

　　① 北京图书馆金石组编：《北京图书馆藏中国历代石刻拓本汇编》，第 55 册，第 157 页。

　　② 赵世瑜、张宏艳：《黑山会的故事：明清宦官政治与民间社会》，《历史研究》2000 年第 4 期。

　　③ （清）谷应泰：《明史纪事本末》卷 59《庚戌之变》，第 900 页。

　　④ 贾瑞宏：《高忠家族墓志考》，《北京文博》2004 年第 4 期。

二年（1543），"御马监太监麦福请免科道官巡视该监"。① 显然，麦福对自己经营十几年的御马监还是非常重视的，继任掌印的太监必然也是麦福所嘱意。

嘉靖二十九年（1550）庚戌之变发生时，麦福已升任司礼监掌印兼总督东厂太监，这一事件不仅对麦福没有影响，同年的十月，世宗还以厂卫缉事之功，荫麦福子侄一人为总旗，《明世宗实录》载："以厂卫缉事功，荫太监麦福、都督陆炳各子侄一人为总旗。"②

但正如前文所说，麦福在入掌司礼监之前的职务是御马监掌印兼提督京营，而高忠正是他的继任者，因而庚戌之变中宦官所统领的京营惨败，不仅对高忠，对高忠的前任御马监掌印太监麦福在名誉上都是一次比较严重的打击，这年麦福随高忠来此修庙，很有可能通过修庙活动来为自己正名。另外，庚戌之变后，朝廷对负责京营的太监高忠的惩处并不严厉，以至其嘉靖四十三年（1564）去世前的职务尚且为司礼监太监。与其交好的大珰麦福在庚戌之变发生后的第一时间能陪高忠去修庙祈福正名，势必也不会在对高忠的处罚中袖手旁观，因而，高忠在一次如此严重的责任事件中，只受到撤除提督京营职务的轻罚。

三　麦福与仇鸾倒台

嘉靖朝在整个明代以宦官势力有所抑制而著称，除后期的首辅严嵩以善结内侍而被诟病，其他辅臣并没有留下太多与内侍结交的记录。尤其是徐阶，《明史》称其："所持净，多宫禁事，行者十八九，中官多侧目。"③ 在正史中凸显了不与宦官为伍的清名。

但从徐阶为麦福、高忠撰写的墓志铭，以及为二人所捐修的黑山会祠庙撰写的庙碑来看，徐阶与麦福的关系还是非常密切的，因而屡重其请为之撰文。并且以内庭首珰麦福的地位来看，徐阶甚至比严嵩更善"结交内侍"。

而《明史》中之所以更凸显徐阶的正面形象，恐怕与另一位重要人物张居正有关。我们知道《明史》的主要依据是《明实录》，张居正是编

---

① 《明世宗实录》卷270，嘉靖二十二年正月辛未条。

② 《明世宗实录》卷366，嘉靖二十九年十月丙戌条。

③ （清）张廷玉：《明史》卷213《徐阶传》，第5637页。

纂《明世宗实录》《明穆宗实录》的主持者，同时又是被徐阶提拔的私人，显然在正史的书写中脱离不开个人意识的作用。而同时，我们从王世贞为徐阶所撰写的另一份传记中，却可以看到一个更详细的徐阶的事迹经历。其中谈到其疏发仇鸾罪状时，是这样记载的："时咸宁侯仇鸾方言边事有殊宠，与阶共直舍东西屋杯酒小昵。嵩益恶忌阶。鸾时利属国房朵颜弱，欲掩以为功，谓其实导房请大发兵征之。下礼、兵二部议。阶曰：征之易耳，一征而永撤我百八十年之藩篱，且侯鸾所云导俺答者即得之俺答所夫焉，知俺答之不利其土沃而假手我也，我得其地不能戍，将母为房外圉何。金事赵时春以山东募卒入卫颇精，侯鸾恶而欲并之，每言时春暴且怨望流言渐狃，闻阶挟缇绮帅炳出犒师，所以慰谕有加，归以语中贵人麦福，俾婉曲白之上，乃弗果。并鸾自是不悦阶，然方与嵩角，弗暇也。"①

这段撰文中，对于徐阶的人际网络有更清楚的描述，也证明了徐阶与麦福的密切往来合作，在扳倒仇鸾的事件中，仍然可以看到麦福的影子。

《明史》中关于徐阶告发仇鸾之事，是这样记载的："密疏发咸宁侯仇鸾罪状。嵩以阶与鸾尝同直，欲因鸾以倾阶。及闻鸾罪发自阶，乃愕然止，而忌阶益甚……阶所持诤，多宫禁事，行者十八九，中官多侧目。"②严嵩欲在告发仇鸾的事件中，以徐阶与仇鸾曾同直而将徐阶牵涉其中，没想到仇鸾之罪却发自徐阶，凸显了严嵩欲陷害徐阶不成的卑恶一面。

而王世贞为徐阶的撰文中，则有更详细的描述，可以更清楚看到徐阶与仇鸾之间的纠葛。仇鸾欲发兵征房，下礼、兵二部议时，被时任礼部尚书的徐阶驳回。另外，山东金事赵时春曾得罪仇鸾③，仇鸾欲吞并赵时春在山东所招募的精兵，而徐阶与陆炳出去犒师后，回来对赵时春"慰谕有加"，并且通过麦福之口，传达到皇帝的耳中，使仇鸾的计划不成。

史书中记载关于仇鸾倒台一事的大概过程为徐阶最早以密疏告发，然后是陆炳与严嵩的合作推动，使仇鸾最终被诛杀。

关于陆炳、严嵩与仇鸾的矛盾，正史中有下面的记载：

《明史·陆炳列传》载："炳骤贵，同列多父行，炳阳敬事之，徐以

---

① （明）焦竑：《国朝献征录》卷16《内阁五·大学士徐公阶传》，台北明文书局1991年版。

② （清）张廷玉：《明史》卷213《徐阶传》，第5633—5637页。

③ （清）张廷玉：《明史》卷200《赵时春传》，第5301页。

计去其易己者。又能得阁臣夏言、严嵩欢，以故日益重……后仇鸾得宠，陵嵩出其上，独惮炳。炳曲奉之，不敢与钧礼，而私出金钱结其所亲爱，得鸾阴私。及鸾病亟，炳尽发其不轨状。帝大惊，立收鸾敕印，鸾忧惧死，至剖棺戮尸。"①

《明史·严嵩列传》："大将军仇鸾，始为曾铣所劾，倚嵩倾铣，遂约为父子。已而鸾挟寇得帝重，嵩犹儿子蓄之，浸相恶。嵩密疏毁鸾，帝不听，而颇纳鸾所陈嵩父子过，少疏之……时陆炳掌锦衣，与鸾争宠，嵩乃结炳共图鸾。会鸾病死，炳讦鸾阴事，帝追戮之。"②

仇鸾曾与严嵩情如父子，后来反目，而仇鸾与陆炳的矛盾是互相争宠，于是严嵩与陆炳联合扳倒仇鸾。

而前文中王世贞做的《徐阶传》则可看到，徐阶与陆炳是有合作的，他们共同阻止了仇鸾欲吞并赵时春在山东招募入卫的精兵，显然关系并不简单，但正史中却省略了他与陆炳的勾连，只言陆炳"得阁臣夏言、严嵩欢。"而徐阶与陆炳的这次合作所以能成事，却得益于一个最关键的人物，即中贵人麦福，"俾婉曲白之上"，仇鸾的计划"乃弗果"。

可见，在扳倒仇鸾的事件中，徐阶、陆炳、麦福利益一致，成为同一关系网络中的合作者。而麦福之所以与陆炳、徐阶联合扳倒仇鸾也是有原因的。前文我们说过，麦福与太监高忠同为官，二人共同修庙关系密切。而在庚戌之变中，高忠被罢京营提督之职，并且"改十二团营为三大营：曰五军，曰神枢，曰神机。总三营曰戎政府，以咸宁侯仇鸾入理之，为制印章重其任"③。显然，仇鸾取代高忠掌理京营，触动了麦福一派的利益。

而陆炳与麦福、高忠都有密切关联。王世贞《弇州四部稿》有载："炳所与共事者，都督高恕、麦祥、黄浦，此皆中贵人子弟，饰舆服、肥酒食、宫室苑囿、声色以娱其身，如是耳。"④ 陆炳掌锦衣卫时，与他共事同路的有都督高恕、麦祥等中贵人子弟，而麦福、高忠的墓志资料中显示高恕、麦祥分别是高忠、麦福的哥哥和侄子。

从处理仇鸾的事件中，我们看到，麦福与徐阶、陆炳的合作，以及他

---

①　（清）张廷玉：《明史》卷 307《陆炳传》，第 7893 页。

②　（清）张廷玉：《明史》卷 308《严嵩传》，第 7917 页。

③　（清）谷应泰：《明史纪事本末》卷 59《庚戌之变》，第 906 页。

④　（明）王世贞：《弇州四部稿》卷 79，上海古籍出版社 1993 年版。

在其中发挥的作用。在以不用内侍著称的嘉靖朝，任何大的事件其实都少不了宦官这个重要的枢纽，正史中极力撇开与宦官联系的清流朝臣，往往可能在另一份不同的史料中看到他们之间脱不开的勾连。

本章小结

利用墓志史料、从麦福个人生命史的角度出发来探讨嘉靖朝的史事，笔者以为可以有下面几点新的认识：

第一，可勘《明史》之误。通过对麦福墓志的考辨可以看出，麦福入宫后在乾清宫侍奉的是武宗皇帝而并非《明史》中所说的世宗皇帝的"兴邸旧人"。

第二，从前文所述麦福所受恩遇及其与礼议新贵朝臣的几次抗衡，都可以看出世宗对麦福的回护，这与史论中驭宦颇严的嘉靖皇帝形象并不相符。嘉靖朝并非无权宦。

就嘉靖皇帝对宦官的态度来看，自其登基之始，对宦官袒护之事便屡屡发生。正德十六年（1521）四月，御史王钧劾奏："司礼监太监魏彬与逆恶江彬结为婚姻，内外盘据；御马监太监张忠、于经、苏缙，或争功启衅排陷忠良，或首开皇店结怨黎庶，或导引巡幸流毒四方。"世宗的答复是"本当重治，姑从宽"①。

世宗不仅对被弹劾有罪的宦官尽量从轻发落，并且在入继大统的嘉靖元年（1522），以迎立辅助之功封赏了杨廷和、蒋冕、费宏、崔元等数位朝臣勋戚，也有大量的宦官。如"司礼监各能用心赞襄大计。太监扶安、温祥、赖义、秦文、张钦、张淮各岁加禄米三十六石，荫弟侄一人为锦衣卫世袭指挥同知；萧敬岁加禄米三十六石，荫弟侄一人为锦衣卫世袭指挥使；黄伟、鲍忠各岁加禄米二十四石，荫弟侄一人为锦衣卫世袭指挥佥事，从朕藩邸效劳年久左右朕躬，各有功绩；张佐岁加禄米四十八石，荫弟侄一人为锦衣卫世袭指挥使，一人为世袭正千户；黄英岁加禄米三十六石，荫弟侄为锦衣卫世袭指挥同，加一人世袭正千户……"②

世宗对宦官的态度遭到了朝臣的抗议，内阁首辅杨廷和提出将正德年

---

① 《明世宗实录》卷1，正德十六年四月乙巳条。

② 《明世宗实录》卷12，嘉靖元年三月壬申条。

间为恶尤甚的宦官逮捕法办，对此世宗言："文臣办有朋奸乱政，罪恶显著者，皆轻贷，何也?"① 而后，在群臣压力下，嘉靖元年（1522）五月，世宗下令逮捕了武宗年间所谓"罪大恶极"的宦官张锐、张雄、张忠、于经等人，并将谷大用、丘聚、张永等原"八虎"成员遣往南京孝陵司香。

从上面对宦官问题的处理上可以看出世宗对宦官的庇护，惩治正德朝权珰亦是在朝臣们的步步恳请之下，实未见其不用阉宦的主动选择。并且除正史中提及的几位兴府旧珰，从数量有限的墓志资料中我们便可以看到数位正德朝大珰在嘉靖朝被继续重用。如正德朝南京守备太监芮景贤，在嘉靖改元后，召还京改御马监太监且命总督东厂，直到嘉靖十二年（1533）病逝，荣宠一生，屡受封赏。② 另正德朝乾清宫近侍高忠，在世宗登极后亦被超次擢升委任颇重，掌御马监印并提督京营，直到嘉靖二十九年（1550）的庚戌之变，作为掌管京营的御马监太监受牵连而使其宦官生涯遭遇挫折，却未受更多惩罚，死前仍位居司礼监太监。

第三，麦福与议礼诸臣的关系。在以往的研究中，嘉靖中后期严嵩为首辅时交结内侍被着意凸显，如《明史》中所描绘的一个场景："帝数使小内竖诣言所，言负气岸，奴视之。嵩必延坐，亲纳金银袖中，以故日誉嵩而短言。"③ 把严嵩被重用与夏言的失势归于对宦官的态度，并且强调在嘉靖后期宦官势张。而嘉靖前期的礼议诸臣则少有与宦官的勾连，并且强调世宗对宦官的裁抑。

事实上，从麦福在嘉靖初期改革中所扮演的角色来看，他执掌御马监印，统率京营卫队，多次针对改革与朝臣论争，为御马监争得权益，并且在涉及张延龄谋反的大案中，勋戚、宦官大批被告入狱，麦福独被信任。这些事件的背后，都可以透视出他与皇帝、朝臣不寻常的关联。

在嘉靖朝初年，对于以议礼而骤贵的张璁、方献夫等人，与正德朝内庭大珰没有交往基础，作为同乡的麦福是皇帝身边宠信的内官，显然是要发生勾连。

① （明）焦竑：《国朝献征录》卷15《内阁四·杨公廷和行状》，台北明文书局1991年版。

② （明）顾鼎臣：《明故御马监太监总督东厂官校办事钦改司礼监太监直菴芮公（景贤）墓志铭》，载《新中国出土墓志·北京卷》，文物出版社2003年版，第230页。

③ （清）张廷玉：《明史》卷196《夏言传》，第5197页。

　　从麦福的个人经历来看，嘉靖三年（1524），升为正四品御马监太监。而同年，发生了左顺门事件，是杨廷和集团被沉重打击，议礼诸臣取得成功的一年。这些关联来看，与方献夫、霍韬的同乡关系最有可能是麦福与议礼诸臣勾连的结点。在张延龄事件中，张璁、方献夫的全力申救势必有麦福周旋其中。

　　无论是胡世宁、李承勋，还是张璁、方献夫、霍韬，他们有一个共同点：都与麦福有勾连，并且凭大礼骤贵。虽然文献中找不到他们直接发生关系的记录，但在嘉靖前期锐意革新的强硬行动中，都绕麦福而行。麦福亦在外廷争议大礼的背影下，逐级高升，显然是皇帝与议礼诸臣重要的合作者。

　　第四，重新认识徐阶与宦官的关系。嘉靖中后期首辅严嵩与内侍的交结妥协是其被诟病的原因之一。然而，从前文中麦福与徐阶的默契往来来看，徐阶甚至比严嵩更善"结交内侍"权宦。《明史》忽略这点同时凸显徐阶的正面形象，恐怕与另一位重要人物张居正有关。《明史》的主要依据是《明实录》，张居正是编纂《明世宗实录》《明穆宗实录》的主持者，同时又是被徐阶提拔的私人，显然对正史的书写脱离不开个人意识的作用。

　　总之，从麦福的个案来看，无论是张璁抑或徐阶，史论中以打击或不结交宦官著称的重臣，都与麦福发生勾连，麦福周旋于各种权力派系当中，是当之无愧的嘉靖朝大珰。那么，何以论者皆言万历朝冯保擅权，开明代中后期大珰的先河，之前的麦福却默默无闻？笔者以为：一、嘉靖朝裁撤镇守中官的举动，淡化了世宗任用宦官的一面；二、恐怕也存在着历史偶然性的因素，麦福没有如冯保那样一段时期内与权臣结成稳定同盟，但不可否认的是麦福在嘉靖朝的权势自始至终都未受到侵夺。

第五章

东林清流与宦官——陈矩个案

明末的东林党人号称"清流"，以反对矿使、税监，敢于冒犯皇帝出名，史书中树立了为民请命不与阉宦同流合污的正面形象。而阉党则恰恰相反，成为依附宦官权势的官僚代名词。一般认为，明王朝亡于党争，因而研究者更关注的是东林党与阉党之争，很少探究东林清流与宦官的勾连往来。

明末清初的计六奇言："东林初负气节，每与内珰为难，即贤珰王安，亦珰之慕贤，非诸贤之通珰也。及其衰也，求胜不得，亦有走险与珰结交者。崇祯之季，往往有之矣。攻东林者，当神庙时群珰无权，未有内通者。自（崔）呈秀辈奉忠贤为主，而所以媚珰者无所不极矣。"① 认为东林人士重气节，常与内珰为难，与贤宦王安的交结，亦是王安慕东林之贤名，到崇祯时期才多有与内珰交结者。万历时期，无权珰，因而攻击东林的人士未成气候，到天启年间，崔呈秀等人与权珰魏忠贤的结合形成阉党，方所向无敌。

事实上，自万历朝党争初始，所谓的东林清流已开始与内廷权珰交结合作。陈矩是万历朝大珰，与前朝的大珰怀恩、李芳并称"贤"。而陈矩最为外廷所称美者有二：一是对妖书案的秉正处理，拒绝沈一贯等人对朝廷清流沈鲤、郭正域的陷害；二是助沈鲤谏止矿监税使。沈鲤、郭正域都被归于东林清流之列，并且陈矩与东林党重要人物李三才存在姻亲关系的传闻。因此，本章中笔者以陈矩为个案，探讨东林清流人物与宦官之间的勾连往来，反思阉党与宦官的关系。

---

① （明）计六奇：《》

第一节　东林、阉党以及陈矩其人

在展开论述之前，我们有必要对东林清流以及阉党做简单的解释。并且对陈矩的个人经历及家庭情况有所回顾，他的家族亲人也是其日后与东林成员发生联系的重要纽带。

一　"清流"与"阉党"

论者常道"明亡于党争"，明代的党争始盛于万历，其后遂有东林、阉党之争，直到南明政权党争连续不断，持续了近半个世纪。关于党争比较普遍的说法是，万历中后期，江南太仓人王锡爵与浙江的沈一贯、方从哲先后扶掌内阁大权，他们"好同恶异"①，利用内阁权力排斥异己，当时被称为"浙党"。万历二十一年（1593），江南无锡人吏部员外郎顾宪成不满阁臣所为，借京察之机操纵吏部"尽黜执政私人"。于是，与"浙党"不和的官僚聚集在顾宪成周围，形成一股势力，与执政阁臣对抗。万历二十二年（1594），王锡爵谢政，需廷推阁臣，顾宪成同吏部尚书陈有年等推举与自己政见相近的休致大学士王家屏等，因"忤帝意，削籍归"。顾宪成回原籍无锡后，讲学于东林书院，同其弟顾允诚、孙丕扬、邹元标、赵南星等人，"往往讽议朝政，裁量人物，朝士慕其风者，多遥相应和"②，时人称他们为"东林党"。东林党人在当时控制了天下舆论，号称"清流"，而浙党则掌握了朝中大权，互不相容，"宪成讲学，天下趋之，（沈）一贯持权求胜，受黜者身去而名益高，此东林、浙党所自始也。其后更相倾轧，垂五十年"③。万历后期，东林党和浙党为排除异己而互相倾轧，万历三十九年（1611），东林党人借京察之机，联合吏部尚书孙丕扬逐斥浙党诸人。双方"日事攻击，议论纷呶……植党求胜，朝端哄然"④。不久，浙党方从哲入阁，浙党反攻东林党人，"党论鼎沸，言路交通铨部，指清流为东林，逐之殆尽"。到万历四十五年（1617）丁巳

---

① （清）张廷玉：《明史》卷218《沈一贯传》，第5759页。
② （清）张廷玉：《明史》卷231《顾宪成传》，第6032页。
③ （清）蒋平阶：《东林始末》，《丛书集成初编》。
④ （清）张廷玉：《明史》卷224《孙丕扬传》，第5903页。

京察时，方从哲已为首辅，浙党势张，"尽斥东林，且及林居者"①。同时，朝中其他官僚亦大多根据自己的政见和利益先后形成了宣、昆、齐、楚、浙等党。东林与诸党之争的大事，主要集中在国本之争、梃击、红丸、移宫三案，以及李三才入阁等事件。天启初年，东林党人把握朝柄，"与东林忤者，众目之为邪党，天启初，废斥殆尽"②。起用万历时期因争国本、矿税等问题被废黜的官员，包括大量的东林人士，并利用京察之机排斥异己，使齐、浙、宣党诸人与权珰魏忠贤结合，形成所谓的阉党，东林与阉党两方力量互相排挤打压连绵不休，一直延续至南明时期。

对于清流，清人纪昀曾指出："明末东林声气倾动四方，君子小人互相搏击，置君国而争门户，驯至于宗社沦胥，犹蔓延诉争而未已。春秋责备贤者，推原祸本，不能不遗恨于清流。宪成，其始事者也。"③ 纪昀以顾宪成为明末清流的先导，清流即指东林。明代万历以降的"清流"，泛指张居正柄政时代及其以后若干敢言忤时，不畏权势的士大夫，最后则汇集而为东林。德国学者卜许指出，"清流"就是执持"清议"的士大夫，而所谓"清"，是指客观、公正、无私的态度，有时兼有理想主义、不切实际，甚至严苛而不讲人情的精神内涵。卜氏归纳明末"清流"的基本特质是：拥护传统的儒家原则，并根据这些原则批判人物、讨论问题。他们主张政府对人民利益与舆论应有高度的尊重，坚持维护朝廷的祖制，反对绝对权力的滥用；他们主要的抨击对象是一些投机、自私、腐化的官吏。④ 明末所谓东林"清流"中人是否具备上述这些特质，尚不究论，但基本上是具备了儒生们坚守朝廷祖制、嫉恶如仇的批评精神，表现出不畏强权、不屑与阉宦为伍的正面形象。

而对于阉党一直没有较明确的概念，《明史·阉党序》言："明代阉宦之祸酷矣，然非诸党人附丽之，羽翼之，张其势而助之攻，虐焰不若是其烈也。中叶以前，士大夫知重名节，虽以王振、汪直之横，党与未盛。至刘瑾窃权，焦芳以阁臣首与之比，于是列卿争先献媚。而司礼之权居内阁上。迨神宗末年，讹言朋兴，群相敌仇，内户之争固结而不可解……庄

---

① （清）张廷玉：《明史》卷 218《方从哲传》，第 5760 页。
② （清）张廷玉：《明史》卷 305《魏忠贤传》，第 7817 页。
③ 《四库全书总目》卷 172，《集部》25，清乾隆武英殿刻本。
④ 林丽月：《明末东林运动新探》，博士学位论文，台湾师范大学，1984 年，第 21 页。

烈帝之定逆案也，以其事付大学士韩爌等，因慨然太息曰：'忠贤不过一人耳，外廷诸臣附之，遂至于此，其罪何可胜诛。'"① 可见，无论是正德朝依附刘瑾的焦芳，还是天启间依附魏忠贤的廷臣，都被归为阉党一类，显然阉党泛指依靠宦官权势的朝臣。

以往的史料给研究者的信息是，那些非东林的阉党朝臣与宦官交结勾连，而注重气节的东林人士则洁身自好不与阉宦为伍，这成为两方人士的重要差别。

二　陈矩生平

《明史》言："自冯保、张诚、张鲸相继获罪，其党有所惩，不敢大肆。"② 认为万历朝自冯保、张诚、张鲸之后，司礼宦官权势被削弱。之后大珰陈矩以保守清流不结党擅权的贤名被载入史册，但深入挖掘他的事迹我们会发现，万历朝发生的国本案等大的事件以及阁臣之间的争斗都有陈矩的影响在其中，因而考察其家世生平，对探讨陈矩与朝廷清流之间的关系，必不可少。

陈矩的事迹略见于《明史·宦官传》：③

　　陈矩，安肃人。万历中，为司礼秉笔太监。二十六年（1598）提督东厂。为人平恕识大体。尝奉诏收书籍，中有侍郎吕坤所著《闺范图说》，帝以赐郑贵妃，妃自为序，锓诸木。时国本未定，或作《闺范图说》跋，名曰《忧危竑议》，大指言贵妃欲夺储位，坤阴助之，并及张养蒙、魏允贞等九人，语极妄诞。逾三年，皇太子立。

　　至三十一年（1603）十一月甲子昧爽，自朝房至勋戚大臣门，各有匿名书一帙，名曰《续忧危竑议》，言贵妃与大学士朱赓，戎政尚书王世扬，三边总督李汶，保定巡抚孙玮，少卿张养志，锦衣都督王之桢，千户王名世、王承恩等相结，谋易太子，其言益妄诞不经。矩获之以闻，大学士赓奏亦入。帝大怒，敕矩及锦衣卫大索，必得造

① （清）张廷玉：《明史》卷306《阉党传序》，第7833页。
② （清）张廷玉：《明史》卷305《宦官二》，第7814页。原文写作"自冯保、张诚、张鲤相继获罪。"张鲤应为张鲸。
③ 同上书，第7813—7815页。

妖书者。时大狱猝发，缉校交错都下，以风影捕系，所株连甚众。之桢欲陷锦衣指挥周嘉庆，首辅沈一贯欲陷次辅沈鲤、侍郎郭正域，俱使人属矩。矩正色拒之。已而百户蒋臣捕皦生光至。生光者，京师无赖人也，尝伪作富商包继志诗，有"郑主乘黄屋"之句，以胁国泰及继志金，故人疑而捕之。酷讯不承，妻妾子弟皆凉治无完肤。矩心念生光即冤，然前罪已当死，且狱无主名，上必怒甚，恐辗转攀累无已。礼部侍郎李廷机亦以生光前诗与妖书词合。乃具狱，生光坐凌迟死。鲤、正域、嘉庆及株连者，皆赖矩得全。

三十三年（1605）掌司礼监，督厂如故。帝欲杖建言参政姜士昌，以矩谏而止。云南民杀税监杨荣，帝欲尽捕乱者，亦以矩言获免。明年奉诏虑囚，御史曹学程以阻封日本酋关白事，系狱且十年，法司请于矩求出，矩谢不敢。已而密白之，竟得释，余亦多所平反。又明年卒，赐祠额曰清忠。自冯保、张诚、张鲸相继获罪，其党有所惩，不敢大肆。帝亦恶其党盛，有缺多不补。迨晚年，用事者寥寥，东厂狱中至生青草。帝常膳旧以司礼轮供，后司礼无人，乾清宫管事牌子常云独办，以故侦卒稀简，中外相安。惟四方采榷者，帝实纵之，故贪残肆虐，民心愤怨，寻致祸乱云。

以上概括明代编纂宦官陈矩的传记，只简述了与他相关的几件大事，为其生平、家族等状况，却未有涉及。

幸存的李廷机为其所撰的墓志铭文，是我们了解陈矩的家族亲人关系网络、出身、职历等状况的重要资料。并且其名下内侍刘若愚所著《酌中志》以及文秉《先拔志始》等资料都有多处关于陈矩生平的回忆与记述，可以补充记载。在此取之诸籍，排比史文，以考核陈矩之生平。

陈矩生前曾托付阁臣李廷机为其撰写神道碑《明故掌司礼监太监麟冈陈公神道碑》①，对其生平经历提供了极为重要的传记资料，现将碑文抄录如下：

太监麟冈陈公以万历三十五年（1607）十二月卒。卒之辰，犹入直。假寝而瞑，人惊谓坐化，上亦以为成佛。重念其忠勤，发帑金

① 梁绍杰：《明代宦官碑传录》，第202页。

造冕瘗之。往中常侍没则献其赀，上念公清白无厚积，悉捐畀之无所问。更命治坟茔、享堂，异数渥恩，前无擬者。

公自嘉靖丁未（二十六年，1547）掄入内庭，于内书堂读书。寻常精微科。历嘉靖至万历壬午（十年，1582），圣驾谒陵，司礼举守掖庭数人，皆不称旨。顾左右曰："有颀而晳者为谁？"及以公名奏，上曰："是也。"盖此时上已知公矣。旋除本监典簿。癸未（十一年，1583），升右监丞，寻转左监丞。甲申（十二年，1584），升太监，赐蟒衣，掌礼仪房事。丁亥（十五年，1587），命官内教书，赐玉带。己丑（十七年，1589），兼管皇史宬，提督新房。庚寅（十八年，1590），命禁中乘骑。辛卯（十九年，1591），差代藩还，提督司礼。癸巳（二十一年，1593），钦检乾清宫近侍、司礼监秉笔，赐禄米，掌司钥库。甲午（二十二年，1594），赐坐蟒，加禄米；后累加至六百石。丙申（二十四年，1596），掌司苑局。戊戌（二十六年，1598），命提督东厂官校。己亥（二十七年，1599），命禁中坐机。辛丑（二十九年，1601），命总督南海子、上林苑。乙巳（三十三年，1605），命掌司礼监。先是甲午（二十二年，1594）、乙未（二十三年，1595）、丙申（二十四年，1596）岁，东宫于文华殿东厢讲读，余以宫僚侍班。每见公从行，独不繇中阶。侍立，自讲读作字，良久无懈容。每讲毕，公为解一二语，浅而明明，转觉亲切。一日余进启东宫："今日书殿下能诵否？"东宫举"敬事而信，节用而爱人，使民以时"诵之。余复进曰："古人半部《论语》致太平，此三言足当一部《论语》，须熟记。"公复申其说，颇有所感动。公之通晓书指，能助讲读开发如此类甚多。而进止有常度，不失尺寸，虽礼法之儒，不能过也。乙未（二十三年，1595），余既解侍班，迁国子祭酒，而公之弟进士曰万策者，官博士。人曰博士登第，公戒曰："吾在内，尔惟学官可为。"故博士遵之，而恂恂谨饬，人无知者。余又以徵公家教，尤善远嫌也。及癸卯（三十一年，1603），余来礼部，妖书事起，上命公会廷臣讯鞫。公焚香籲天，辄问礼于余。其讯鞫，亦辄问，曰："礼乐刑政，公礼官也。"讯三日，罪人既服实，众犹未决。余曰："古片言折狱，后乃会问，二、三人止耳。今一狱而百十人治之，即无私见，不能尽同。今会题稿在此，莫若各书所见，或'情真'，或'矜疑'，以俟圣裁。如何？"公深然余言，首注

"情真"。时有直指沈出一疏示公，曰可用即回奏，不则自上。盖言"事无可疑，不决祸且及缙绅"。余飏言愿附名。而公见沈疏，即改容叹曰"有人"，又称沈"忠肝义胆"。是时人心汹汹，祸且不测。卒之罪人斯得，而善类赖以保全。然每事必先逊诸公，曰："其内臣，何敢自张主。"亦可谓谨也。已矣其司东厂，安静平恕，辇毂下便之。官府内外，所调停颇多，而慎密不泄，小心畏谨。尚名义，饬礼法，好行阴德事，故能受知明主，以宠遇终。诸常侍敬惮之。自都中以至四外，绅弁士庶皆称之。及其坐而化，人皆曰："陈公善人，今成佛矣！"行道咨嗟。掖庭诸人，竦然兴起其为善之志。然则公之死生，岂徒乎哉！

公讳矩，字万化，安肃人。兄弟四人，公行三，博士行四。其荫锦衣卫指挥使曰居恭，其为诸生曰居敬、居谦。博士子其荫锦衣卫百户曰居慎。乃兄子锦衣卫指挥同知曰善；太学生曰祚，兄子之子也。嗣公事者为常君与金吾君，葬公，而以神道碑文来谒余。犹记公在日，谒余文。余辞之。今公亡，而余且去矣，遂为撮其事状系之铭。铭曰：

奕奕四星，帝座之旁；沦精于公，乃顾而长。髡乱膺谴，托身黄屋；夙夜惟勤，执事有恪。貂珰云拥，独受简知；禁庭居守，曰维公宜。蟒玉游加，眷倚弥渥；入典枢机，出司耳目。前车是惕，外政靡干；瞥御肃如，都辇以安。衔命鞫妖，罪人斯得；而无蔓连，为公阴德。箴规时进，讵徒娝婀；官府内外，调护功多。人有问公，熟视不答；曰予内臣，所司铃合。盖公慎密，宠至忧深；集木临谷，终始一心。以及进止，皆有常度；何友何师，亦繇天赋。存不务殖，亡无厚赀；据梧遗蜕，帝为咨嗟。朝野传公，成佛不死；安得有佛，佛在腔子。吕强称汉，遵美名唐；悠悠千载，比媺齐芳。香山崔嵬，公藏其下；勒此丰碑，以告来者。

陈矩于万历三十五年（1607）卒，这通神道碑的撰写者是李廷机，《明史》有传："李廷机，字尔张，晋江人。贡入太学，顺天乡试第一。万历十一年（1583），会试复第一，以进士第二授编修……（万历）三十五年（1607）夏，廷推阁臣，廷机果与焉。给事中曹于汴、宋一韩、御史陈宗契不可。相持久之，卒列以上。帝雅重廷机，命以礼部尚书兼东阁大学士入参机务。廷机三辞始视事。"①

　　陈矩卒于万历三十五年（1607）的十二月，而李廷机于当年夏，以礼部尚书兼大学士入阁参机务，当时为陈矩撰写神道碑文的李廷机应该是刚入内阁不久。撰文中称时任司礼监掌印太监的陈矩"卒之辰，犹入直"，陈矩去世前并没有离开岗位，因而与刚入阁的李廷机自然有合作交结。然而据撰文所载，陈矩与李廷机的关系显然更有渊源。

　　万历二十二年（1594）二月，皇长子出阁讲学，撰文中载"甲午（二十二年，1594）、乙未（二十三年，1595）、丙申（二十四年，1596）岁，东宫于文华殿东厢讲读"，文华殿向来为东宫官僚辅导储君之所，李廷机时任东宫讲读。皇长子豫教讲读，陈矩侍立左右，"良久无懈容"，且每讲读完毕，"为解一二语，浅而明，转觉亲切"。刘若愚言陈矩"词臣中讲官惟与郭明龙、正域、李九我廷机先生善"②。万历二十三年（1595），李廷机升国子祭酒，陈矩之弟陈万策与李廷机为同僚，陈万策"官博士"。而后，使李廷机与陈矩二人关系更加密切的机缘则是万历三十一年（1603）发生的妖书案，时任礼部左侍郎的李廷机与提督东厂的司礼太监陈矩共同审讯此案，撰文表达了二人皆不愿因此案多有株连，而"祸且及缙绅"的共识。

　　李廷机与陈矩发生联系的其中一个纽带是陈矩的弟弟——曾考中进士的陈万策。而据东林清流的重要人物李三才所说，他与陈万策又是同年进士。显然，陈万策是陈矩与朝臣关系中的一个重要纽带，欲探讨陈矩与东林诸人的关系，先了解其家庭状况就显得十分必要了。

　　（一）家族概况

　　陈矩（1539—1607），字万化，号麟冈，北直隶安肃县人。"生于嘉靖己亥（十八年，1539）六月二十九日，至丁未（二十六年，1547）冬选入，派秉笔高太监忠名下，任司礼监"③，以万历三十五年（1608）十二月卒。陈矩九岁选入，历侍嘉靖、万历两朝，享寿六十九岁，卒于司礼监掌印太监任上。

　　据志文，陈矩家族兄弟四人，其弟陈万策曾中万历二十年（1592）

---

① （清）张廷玉：《明史》卷217《李廷机传》，第5739—5741页。
② （明）刘若愚：《酌中志》卷7《先监遗事纪略》，第37页。
③ 同上。

进士，官国子监博士。陈矩排行第三，陈万策第四。有侄陈居恭荫为锦衣卫指挥使，陈居敬、陈居谦为生员，陈居慎荫为锦衣卫百户，陈善为锦衣卫指挥同知，陈祚为太学生。

而沈德符的记载更丰富了对于陈矩家庭情况的了解以及其入宫的原因："陈矩，安肃县人。父虎，本农家。一日邑中践更，界迎中使，以供具不时。被笞，归而发愤，即阉其长子，得供奉内廷……又一日，复当践更，界迎过客，亦受笞，问贵客何人，云进士也。即令次子就外傅，既而登壬辰进士。迄两遂其志，亦奇事也。进士名万策，恂恂长者，困公车二十年，甫得第。就教职，仅转国博而卒。其子承伯父荫，今为缇帅。"①

据沈德符的说法，陈矩之父陈虎，本是农民，在一次服役中因故被宦官所笞打，回家后愤而阉其长子陈矩入宫。又一次服役中，被进士所笞，即令其次子陈万策读书，最终考为进士。而陈万策考中进士，公车二十载，一直从事教职，以从八品的国子监博士卒。另刘若愚言陈矩"同母弟万策中壬辰（万历二十年，1592）科进士，受先监之训为多。荫大金吾、陈居恭，万策第四子也，诰赠是以及先监之二亲焉"②。陈万策并未升至高位，但其第四子陈居恭却承其伯父陈矩荫居正三品的锦衣卫指挥使。

沈德符言陈矩为陈家的长子，次子为陈万策，不知从何取材，按陈矩碑文核之，陈家有兄弟四人，关于这点，与陈氏兄弟皆相熟的李廷机撰写的碑文显然有更高的可信度。

大珰陈矩以"贤"名留青史，其弟陈万策虽考中进士，并未借其权势享有特别的恩典。颇为讽刺的是陈万策之子陈居恭却在日后成为魏忠贤阉党的重要一员。天启四年（1624）六月，左副都御史杨涟上疏弹劾魏忠贤二十四罪，称"陈居恭为之鼓舌摇唇"。③ 显然，陈矩死后，任职锦衣卫的陈居恭成为恶名昭著的魏忠贤一党而被外臣弹劾。杨涟之后，袁化中亦率同官上疏弹劾魏忠贤，并及陈居恭，而陈居恭"亦惧于众议，具

---

① （明）沈德符《万历野获编》卷6《内监》，第173页。
② （明）刘若愚：《酌中志》卷7《先监遗事纪略》，第37页。
③ （清）谷应泰：《明史纪事本末》卷71《魏忠贤乱政》，第1140页。

疏参驳。"① 陈居恭不堪外廷攻击，转而参劾魏忠贤以为自解。据宦官刘若愚的记载："（天启）四年（1624）夏，逆贤欲杖陈居恭，幸王体乾素感先监旧恩，向逆贤救免。"② 魏忠贤欲杖责陈居恭，虽未说明原因，但从时间上来看，正是杨涟等朝臣交相弹劾最激烈的时段，推测正是陈居恭攻魏忠贤而上疏自保惹怒魏忠贤。王体乾感念陈矩旧恩，为陈居恭求情他才得以救免，但此后便落职而无作为。

（二）嘉靖朝经历

陈矩于嘉靖丁未（二十六年，1547）选入内庭，时年九岁。《明会典》规定："民间有四五子以上，愿以一子报官阉割者，听有司造册送部、候收补之日选用。"③ 碑文载陈矩家兄弟四人，正符合民间送子入宫阉割为宦的规制。

陈矩入宫后，"于内书堂读书，寻常精微科"。据刘若愚的回忆，陈矩外貌虽不魁梧，但"白耳黑齿双眸如电"，想必自小便显示出超于常人的机敏懂事，因而"童时至京，大金吾陆炳一见，咤异曰：此子功名异日不在我下，而令名过之。"并且被派于当时司礼监秉笔太监高忠名下。④

嘉靖朝大珰高忠，《明史》无传，其事迹散见于《明世宗实录》《明史纪事本末》以及其幸存的墓志资料。

2003 年 8 月，在北京甘家口五矿集团西侧施工地，发现了嘉靖时期太监高忠的墓葬一座，墓已被盗，所幸墓志保留完整，碑名为《明故乾清宫掌事司礼监太监进斋高公墓志铭》⑤，转载如下：

> 赐进士及第光禄大夫柱国少师兼太子太师吏部尚书武英殿大学士知制诰典志总裁华亭徐阶撰文
>
> 赐进士及第少保兼太子太师户部尚书武英殿大学士知制诰典志总裁慈溪袁炜书丹
>
> 特进光禄大夫柱国太师兼太子太师成国公后军都督府掌府事怀远

①　（明）李逊之：《三朝野记》，北京古籍出版社 2002 年版，第 59 页。

②　（明）刘若愚：《酌中志》卷 23《累臣自叙略节》，第 209 页。

③　（清）申时行等修：《明会典》卷 170《刑部》12"杂犯"条，中华书局 1989 年版，第 875 页。

④　（明）刘若愚：《酌中志》卷 7《先监遗事纪略》，第 37 页。

⑤　贾珸宏：《高忠家族墓志考》，《北京文博》2004 年第 4 期。

朱希忠篆盖

　　公讳忠，字廷显，别号进斋，世居顺天府霸州之临津里。自其大父英而上，咸以善称。英生俊，娶范氏，生子六人。公其季也。正德二年（1507），以选入内庭，八年（1513）选直乾清宫。皇上之登极，合诸近侍，加选择焉，公长身玉立，进止有仪，褒然在举首。嘉靖二年（1523），遂赐冠帽。三年（1524），迁御马监右监丞。四年（1525），命本监金押管事。六年（1527），迁右少监，寻迁本监太监，赐莽衣。

　　公性素敬畏，及既通显，益自检饬，上察知之。七年（1528），命掌神机效勇等营务，赐玉带、内府乘马、兼提督上林苑监。其冬，命掌官内牌子事，随朝请剑提督待诏房。九年（1530），上录公勤慎，赐银五两、纻丝一表里。明年，赐禄米岁三十六石。十一年（1532），改内官监太监掌监事。当是时，上方建四郊，九庙、玄极宝殿、大高玄殿、皇穹宇、皇史、雩坛、神祇坛、永禧仙宫、慈宁、慈庆、毓德、祥等十二宫，及修葺七陵，皆属公董其役。既成，赐坐蟒衣三件，加禄米十二石。九月，命乾清宫掌事提督两司房并茶膳牲口房。十四年（1535），赐银八十两，纻丝六表里，加禄米二十四石。十五年（1536），赐蟒衣三件，其冬加禄米二十四石，又赐大红金彩斗牛圆领蟒衣六表里。十八年（1539），数从祀天寿山，已又从幸承劳绩，独著上书金字褒异者三：一曰天机忠敬、一曰精勤而慎、一曰谨斋。又特降旨褒以日夜勤慎、起止有节，赐银百两，彩段十表里，加禄米二十四石。二十二年（1543），加命提督十二团营，兼掌御马监印及提督勇士四卫营。二十三年（1544），上命总督内西教场操练及都知监带刀。二十四年（1545），命提督西苑农事及恒裕仓。三十一年（1552），命选二王妃。三十二年（1553），命提督礼仪房。三十四年（1555），连命选两都尉。四十年，命兼掌惜薪司印提督圣济殿并西直房。四十三年（1564），改司礼监太监金押管事，赐银三百两兼提督文华殿中书御前作两房司礼政本也。

　　中外咸冀公以其敬畏之心光辅圣主，约诸司而归之法，未几，忽眩仆地，遂不起，甲子（四十三年，1564）六月八日也。距生弘治丙辰（九年，1496）闰三月二十三日，享年六十九。于是公名下内官监左监丞张君宏，以讣闻上。检故事，特加祭一坛，命工部营葬建享堂、碑亭，赐额曰劝勤，总赐谕祭者凡五次焉。且赐张君告令经纪公后事，张君多读书，外静而内朗。公前后历掌诸监，能修举其识业，又于文武百司毅然不以私干者，其规画庨翊，皆出于君，士大夫以是尤多公之知人善任焉。

公兄恕，以公贵历官锦衣卫管卫事、后军都督府右都督。赠公祖若考皆荣禄大夫，祖妣若妣皆夫人。侄二，长鹏，荫锦衣卫管卫事指挥使。次凤，荫锦衣卫指挥佥事，提督象房。孙男八：长秉彝，锦衣千户；次秉伦，锦衣署指挥佥事，中己未科武进士，历升署都指挥佥事，掌浙江都司印；次秉纯，锦衣千户；次秉朴，霸州庠生；次秉元、秉享、秉礼、秉直。曾孙一，允恭，俱幼。张君暨侄鹏凤，以是年七月初九日葬公阜成关外香山乡二里沟之原。奉大宗伯石麓李公状，请予铭墓，予故知公者不得辞。

铭曰：高氏世德　发于公身　公生俊伟　面仪恂恂　爰以抑畏
受知圣明　历董大役　兼总禁兵　衣蟒腰玉　朝夕紫宸　遂秉枢机
生卒蒙恩　藏于其家　有烨金文　亭于其墓　有美赐名　公曷致之
曰慎与勤　福非天降　感召惟人　我作铭词　以勒贞珉　后有观者
庶几其兴

高忠正德年间选入内庭，世宗登极后多选用兴邸旧人张佐、鲍忠、麦福、黄锦辈[1]，而高忠作为前朝旧人，以"长身玉立，进止有仪"得到世宗的宠信，嘉靖六年（1527）即升为御马监太监。七年（1528），即掌京军十二营中的神机、效勇等营务。明朝的军队按其部署的地区和防御任务大概可分为三类：卫所军、京军、边兵。京军为各地调来的精锐部队以保卫京师安全的，终明一世，京营几经变化。明初为三大营，景泰年间成立十团营，到了天顺年间复三大营之制，成化年间又增为十二团营，嘉靖二十九年（1550）庚戌之变，又改为三大营。而提督团营的职位，在明代多由司礼监和御马监太监担任。高忠由嘉靖七年（1528）始，涉及营务，之后累加恩赏。嘉靖二十二年（1543），命提督十二团营，兼掌御马监印及提督勇士四卫营。意味着保卫京师安全的最重要的军事力量都掌握在了高忠的手里，至此，其权势达到了顶峰。

---

① （清）张廷玉：《明史》卷304《宦官一》，第7795页。

　　陈矩正是在高忠最得意之时入内府，并隶于其名下。至于高忠与陈矩之间的关系我们不得而知，但据刘若愚所云："嘉靖庚戌（二十九年，1550）之变，□薄都城，高太监忠披坚执锐，扞御著劳。先监是时十二岁矣，目系心慕，是以有志经济。每留心于国家岁计出入，应改折者，应蠲赈者，时密奏节缩，以苏民困。更留心于边塞冲险，士马登耗。"① 嘉靖二十九年（1550），蒙古俺答汗驱入内地，威胁京师，即史上有名的"庚戌之变"，负责京师十二团的高忠有披坚上阵的职责，此时陈矩是年方十二岁的小内侍，对其本管太监高忠"目系心慕"。高忠所统率的京营在遇到蒙古骑兵便溃不成军，其京营提督也在此次事变后被罢免②，但陈矩却认为其"披坚执锐，扞御著劳"，并且由此"有志经济"，"留心于边塞冲险"，可见作为本管太监的高忠对于其名下小内侍陈矩的影响。

　　庚戌之变，成为高忠职历的转折点，虽然徐阶为其所撰写墓志铭文中阙录了这件最大的失败经历，但从高忠而后担任的无关紧要的职位来看，他已经渐渐失宠于世宗皇帝，虽然嘉靖四十三年（1564），高忠再次升为司礼监太监金押管事，但旋即便死掉了。而此时的陈矩已经成年，但无论是墓志抑或其名下内侍刘若愚的记述都没有他在这阶段的记录，显然并不得意。其墓志载，"历嘉靖至万历壬午（十年，1582），圣驾谒陵，司礼举守掖庭数人，皆不称旨。顾左右曰：'有顾而晰者为谁？'及以公名奏，上曰：'是也。'盖此时上已知公矣。旋除本监典簿"。据此推测，陈矩从嘉靖至万历十年这阶段一直在司礼监，并且默默无闻，也许正与其本管太监高忠有着莫大的关系。陈矩刚入宫便隶于权倾一时的大珰高忠名下，本该仕途顺畅，孰料三年后（此时陈矩正于内书馆读书或刚结业），高忠失势，其名下还未成气候需要其栽培举荐的小内侍自然受到波及难以发展。后来高忠再次升为司礼监管事，大概此时将其名下的陈矩推荐入司礼监。不多久高忠便病逝了，年轻又失去了根基和靠山的陈矩在权力网络密集的宦官集团内部自然难以出头，因而陈矩在嘉靖年间的经历碑文中未有提及。

---

① （明）刘若愚：《酌中志》卷 7 七《先监遗事纪略》，第 41 页。
② （清）谷应泰：《明史纪事本末》卷 59《庚戌之变》，第 906 页。

（三）万历朝得势

陈矩历侍嘉靖、万历两朝，而其宦官生涯的顶峰时期是在万历朝，尤其是万历十年（1582）之后，其相关的事迹也开始见诸史端。

万历十年（1582），冯保被斥退，继任司礼监掌印者是宦官张宏。神宗谒陵，司礼监推举留守宫廷的内侍数人皆不称上意，及奏陈矩之名，神宗才满意，说明此时皇上已知陈矩之名，不久四十四岁的陈矩即升正六品的司礼监典簿，而后很快进一步得到重用并升迁，迎来了宦官生涯的高峰期。冯保去位后的司礼监掌印太监为张宏，这次司礼监向神宗举荐陈矩必然也是掌印太监张宏意愿的反映。推测张宏与陈矩必然有着较为密切的关联，这点从前文中宦官高忠的墓志撰文中得到证实，"公（高忠）名下内官监左监丞张君宏……多读书，外静而内朗。公前后历掌诸监，能修举其识业，又于文武百司毅然不以私干者，其规画厓翊，皆出于君，士大夫以是尤多公之知人善任焉"。张宏也是出自嘉靖朝大珰高忠的名下，与陈矩是同官的关系。也许正是这层关系使张宏在得势之后提携举荐了同官的陈矩。并且刘若愚曾云，"冯籍没后，监（王安）以年幼未经退下，盖张宏辈卵翼庇护之也……又有先监矩密荐"[1]。从张宏与陈矩共同庇护冯保名下幼阉王安，可见二人的政治目标与处事腔调也比较一致。"癸未（十一年，1583），升右监丞，寻转左监丞。甲申（十二年，1584），升太监，赐蟒衣，掌礼仪房事。"初执权柄的神宗皇帝对陈矩很是信任倚重，仅两年时间，陈矩由正六品的典簿升至正四品司礼监太监，掌管选驸马、皇室子女诞生等礼仪房事。"丁亥（十五年，1587），命宫内教书，赐玉带。"万历十五年（1587），司礼太监陈矩再被任命在宫内教书。刘若愚有记载："宫内教书，选二十四衙门多读书、善楷书、有德行、无势力者任之。三四员、五六员不拘。穿褃襬。不妨原衙门原职衔，而随御司房或管柜子关赏，亦渐升玉带骑马，仍命一秉笔提督之。所教宫女读《百家姓》、《千字文》、《孝经》、《女训》、《女诫》、《内则》、《诗》、《大学》、《中庸》、《论语》等书。"[2] 宦官能够被任命为教书者，除要德才兼备，还要无势力。内书堂正途出身的陈矩此时显然也是被认定是无势力者，万历初年，大珰冯

---

① （明）刘若愚：《酌中志》卷9《正监蒙难纪略》，第46页。

② （明）刘若愚：《酌中志》卷16《内府衙门识掌》，第130页。

保被斥退后，也许正是这种游离于宫内权力网络之外的无势力状态，使陈矩深得年轻皇帝的信任而迅速升迁。

万历十七年（1589），"兼管皇史宬，提督新房"。司礼监设有提督一员，掌印太监一员。掌印掌理内外章奏及御前勘合。而提督太监的职责则是督理皇城内一应仪礼刑名，关防门禁，古今书籍、书画等，并且内书堂亦隶属之。自提督而下，有监官、典簿十余员。第一员监官提督皇史宬并新房，候转提督。皇史宬珍藏有明太祖以来御笔实录以及其他要紧的典籍。① 这一年，陈矩是司礼监提督太监之下的第一员监官。

万历"辛卯（十九年，1591），差代藩还，提督司礼"，陈矩出差代王藩府回宫后，即循制升任提督太监。万历十九年春，"代藩奉国将军廷堂有罪，革爵禁锢凤阳高墙"②，陈矩奉命押送，事成后回宫，途经老家安肃，陈矩回家上坟，并留下《皇华纪实》诗一卷。奉国将军，在明代是授予郡王曾孙的爵位名称。据《明史》："明制，皇子封亲王，授金册金宝，岁禄万石，府置官属……亲王嫡长子，年及十岁，则授金册金宝，立为王世子，长孙立为世孙，冠服视一品。诸子年十岁，则授涂金银册银宝，封为郡王。嫡长子为郡王世子，嫡长孙则授长孙，冠服视二品。诸子授镇国将军，孙辅国将军，曾孙奉国将军，四世孙镇国中尉，五世孙辅国中尉，六世以下皆奉国中尉。"③

在明代，朱元璋的老家凤阳，俨然皇家监狱，皇子皇孙犯法，皆送凤阳高墙禁锢。奉国将军朱廷堂犯罪，由陈矩将其押送至凤阳。宫中有规

---

① 详见（清）张廷玉《明史》卷74《职官三》，第1818—1819页。"司礼监，提督太监一员，掌印太监一员，秉笔太监、随堂太监、书籍名画等库掌司、内书堂掌司、六科廊掌司、典簿无定员。提督掌督理皇城内一应仪礼刑名，及钤束长随、当差、听事各役，关防门禁，催督光禄供应等事。掌印掌理内外章奏及御前勘合。秉笔、随堂掌章奏文书，照阁票批朱。掌司各掌所司。典簿典记奏章及诸出纳号簿。"刘若愚《酌中志》卷16《内府衙门职掌》，第94页。"司礼监提督一员，秩在监官之上，于本衙门居住，职掌古今书籍、名画、册页、手卷、笔、墨、砚、绫纱、绢布、纸札，各有库贮之，选监工之老成勤敏者，掌其锁钥。所属掌官四员或六员佐理之，并内书堂亦属之。又，经厂掌司四员或六员，在经厂居住，只管一应经书印板及印成书籍、佛藏、道藏、番藏，皆佐理之。自提督以下，则监官、典簿十余员。第一员监官提督皇史宬，并新房。候转提督俱轮流该正，在廊下家宿，专理皇城内一应礼仪、刑名，钤束长随、堂差、听事各役，关防门禁。"

② （明）刘若愚：《酌中志》卷7《先监遗事纪略》，第37页。

③ （清）张廷玉：《明史》卷116《诸王列传序》，第3557页。

矩，"凡司礼监掌印、秉笔，非奉公事不敢出"[1]。从陈矩的墓志来看，两年后，即万历二十一年（1593），其升为司礼监秉笔。所以，这次凤阳之行应是陈矩最后一次回家了。其撰写的《皇华纪实》今日已遗失不得见。

万历"癸巳（二十一年，1593），钦检乾清宫近侍、司礼监秉笔，赐禄米，掌司钥库"。万历二十一年（1593），时年五十五岁的陈矩升任司礼监秉笔太监，开始处理国家核心政务。这一时期司礼监掌印兼提督东厂的太监是大珰张诚。

"戊戌（二十六年，1598），命提督东厂官校。"万历二十六年（1598），时任司礼监秉笔太监的陈矩被任命提督东厂。在此之前的万历二十四年（1596），司礼监掌印兼掌东厂太监张诚，因私与戚臣武清侯结姻，使神宗震怒而被退斥。由田义接任司礼监掌印之位，孙暹总督东厂。再两年的万历二十六年（1598），孙暹卒，陈矩继掌东厂。刘若愚有言："最有宠者一人，以秉笔掌东厂，掌印秩尊，视元辅；掌东厂权重，视总宪兼次辅。"[2] 司礼监秉笔太监中最得宠者兼掌东厂，显然陈矩已成为掌印太监田义以下的第一号人物，如果掌印太监被视为元辅，陈矩则可算是次辅。

至"乙巳（三十三年，1605），命掌司礼监"。万历三十三年（1605），田义去世，据其墓志载："田义万历乙巳（三十三年，1605）秋八月癸亥，以疾卒于直庐。"[3] 享年七十二岁高龄的田义病逝住所，六十七岁的陈矩接任司礼监掌印之职，达到其宦官生涯的最高职位。并于两年后的万历三十五年（1607）死在任上，"卒之辰，犹入直，假寝而瞑"。

第二节　阉党与清流之间

一　"国本案"中的陈矩与东林清流

争国本事件是明万历年间围绕着皇位继承展开的争论。神宗王皇后无子，王恭妃于万历十年（1582）八月生子常洛，是为皇长子。郑妃于十四年（1586）正月生子常洵，为神宗第三子。神宗宠爱郑妃，不但进其

① （明）刘若愚《酌中志》卷14《客魏始末纪略》，第73页。
② （明）刘若愚：《酌中志》卷16《内府衙门识掌》，第93页。
③ 北京图书馆金石组编：《北京图书馆藏中国历代石刻拓本汇编》，第58册，第173页。

为皇贵妃，并且拖延不立皇长子常洛为太子，于是朝廷内外纷传神宗将废长而立爱。

从万历十四年（1586），给事中姜应麟、吏部员外郎沈璟上疏言郑贵妃晋封不当，并请明诏立元嗣为东宫，龙颜大震，将二者降谪、外调，自此朝臣请求神宗早日建储以定国本、固国本的章奏纷至沓来。万历二十九年（1601）十月，常洛被立为皇太子之后，此事仍未完结，继而出现了妖书等案，直至万历四十三年（1615），福王常洵之国，三案结束，朝廷的众议方止。在万历朝的"争国本"事件中，外廷朝臣借此事互相攻击，争执不断，相继几任辅臣皆因此事而被言官弹劾致仕。事发之初，先是首辅申时密揭上言"社稷至计，裁自宸衷，毋惑群言"[①]，被言官弹劾其意在迎合帝意，而被迫致仕。万历二十一年（1593），王锡爵省亲归朝继任首辅，同意神宗"三王并封"之议，即将皇长子常洛、三子常洵、五子常浩并封为王，以待皇后生子，数年后若皇后无出，再行册立。神宗下旨："今皇后年尚少傃，后有出册东宫乎，封王乎？欲封王，是背违祖训，欲册东宫，是二东宫也。故朕迟疑未决，既卿奏来，朕今欲将三皇子俱暂一并封王少待数年，皇后无出，再行册立。"[②] 圣旨一下，举朝大哗，朝官如朱维京、王学曾，给事中王如坚等纷纷上疏，纠劾王锡爵谋国无状。时为吏部员外郎的顾宪成上《建储重典国本攸关疏》言"三王并封"的"九不可"。[③] 言官李汝华、张贞观、许宏纲、史孟麟等人甚至在朝房和王锡爵当面争辩。当时激烈反对"三王并封"的顾宪成、顾允成、张纳陛、史孟麟等人，都是后来重建东林书院的核心人物，其黜谪皆与国本之争有着直接或间接的关系。言路压力下神宗废除此议，终于在万历二十九年（1601）完成皇太子册立大礼，在这十几年争国本的争辩中，坚持伦理纲常不惜与皇权对立的顾宪诚等人，因政治主张的相似而形成了所谓的东林派清流。然而太子虽立，但围绕太子地位不稳的议论却不断，万历二十九年（1601）与三十四年（1606）出现了第一次、第二次妖书案。

---

① 《万历邸钞》，万历十九年辛卯卷，江苏广陵古籍刻印社 1991 年版，第 587 页，"九月，谪礼科给事中罗大纮极边复革为民"条。

② 《明神宗实录》256 卷，万历二十一年正月丁丑条。

③ （清）张廷玉：《明史》卷 231《顾宪成传》，第 6030 页。

　　李廷机在碑文中提到与陈矩共事的两件事，一是万历二十二年（1594）皇长子朱常洛出阁豫教，李廷机任东宫讲读与司礼太监陈矩共同辅导皇长子读书；二是万历三十一年（1603）妖书案，时任礼部侍郎的李廷机与提督东厂太监陈矩共审刑狱。

　　李廷机与本文事主陈矩的第一次共事，发生在皇长子豫教的万历二十二年（1594），据碑文：

> 　　先是甲午（二十二年，1594）、乙未（二十三年，1595）、丙申（二十四年，1596）岁，东宫于文华殿东厢讲读，余以宫僚侍班。每见公从行，独不躐中阶。侍立，自讲读作字，良久无懈容。每讲毕，公为解一二语，浅而明明，转觉亲切。一日余进启东宫："今日书殿下能诵否？"东宫举"敬事而信，节用而爱人，使民以时"诵之。余复进曰："古人半部《论语》致太平，此三言足当一部《论语》，须熟记。"公复申其说，颇有所感动。公之通晓书指，能助讲读开发如此类甚多。而进止有常度，不失尺寸，虽礼法之儒，不能过也。

李廷机于东宫进讲，司礼太监陈矩侍立左右，良久无懈容，并且深入浅出地讲解以辅助皇长子进学。从李廷机的这段描述不仅说明陈矩的"通晓书指"、行为举止"不失尺寸"，也可以看得出陈矩对皇长子尽心尽力的辅导。

　　万历朝的外朝内庭因国本案而分为立长、立幼两派，历经各种权力的角逐，万历二十二年（1594），皇长子朱常洛的出阁豫教使其朝着皇太子的目标艰难的迈出了一步。然而，神宗对长子的豫教并不重视，不仅以尚未册立为太子的借口，侍卫仪仗一切从简，并且对皇长子的讲官也颇为敷衍。讲官刘曰宁曾自嘲："我辈初做秀才时，馆谷每岁束修不下五六十金，又受人非常供养。今为皇帝家馆师，岁刚得三十金，自食其食。每五鼓起身，步行数里，黎明讲书，备极劳苦。果然老秀才不及小秀才也。"[①]讲官们起初做民间塾师时每年还能得五六十两银子，并且受人尊重供养，可是做了皇长子的讲官，每年只得三十两银，还要自带饭盒，可见长子常洛不受重视的程度。

---

　　①　（明）朱国桢：《涌幢小品》卷1《出阁》，中华书局1959年版，第20—21页。

陈矩在神宗亲操政柄之后，逐级进入国家权力核心，在使政局动荡的立太子的敏感问题上，陈矩没有直接表态的痕迹，但从其尽心辅导的行为仍可以看出他对于皇长子的维护。

另外，万历二十二年（1594），皇长子朱常洛出阁豫教之前，需要选择一批内侍作为伴读、僚属侍奉左右。刘若愚云：“神庙二十年后，廉知监（王安）学问优博，性孤介，又有先监矩密荐，遂于光庙未膺册立之前，御点为皇长子伴读。”东宫伴读本是颇有前途的职位，但皇长子朱常洛当时却处于虽豫教却未册立的尴尬局面，王安本是冯保名下，是在张宏、陈矩等人的卵翼下得以保存，称得上陈矩的心腹亲信，陈矩将其密荐为皇长子伴读。“万历二十九年（1601）春，光庙移居慈庆宫，从此母子暌隔不相见，惟监拥护保卫之功为多。”① 从日后王安对皇长子的庇护也可以看出陈矩在国本争端中是皇长子的拥护者。而这点与在国本之争中坚决反对三王并封，拥立长子的东林朝臣士大夫不谋而合。

二 宦官、清流之交——陈矩与沈鲤、李三才

（一）陈矩与沈鲤

陈矩最为外廷所称美者主要有两件事，一是妖书案中对沈鲤、郭正域等朝廷清流的保护；二是谏止矿监税使。而这两件事有一个共同点，皆与朝臣沈鲤有关。

关于妖书一案，碑文载：

> 癸卯（三十一年，1603），余来礼部，妖书事起，上命公会廷臣讯鞫。公焚香籲天，辄问礼于余。其讯鞫，亦辄问，曰："礼乐刑政，公礼官也。"讯三日，罪人既服实，众犹未决。余曰："古片言折狱，后乃会问，二、三人止耳。今一狱而百十人治之，即无私见，不能尽同。今会题稿在此，莫若各书所见，或'情真'，或'矜疑'，以俟圣裁。如何？"公深然余言，首注"情真"。时有直指沈出一疏示公，曰可用即回奏，不则自上。盖言"事无可疑，不决祸且及缙绅"。余飏言愿附名。而公见沈疏，即改容叹曰"有人"，又称沈"忠肝义胆"。是时人心洶洶，祸且不测。卒之罪人斯得，而善类赖

---

① （明）刘若愚：《酌中志》卷9《正监蒙难纪略》，第46页。

以保全。然每事必先逊诸公，曰："其内臣，何敢自张主。"亦可谓谨也。已矣其司东厂，安静平恕，辇毂下便之。官府内外，所调停颇多，而慎密不泄，小心畏谨。尚名义，饬礼法，好行阴德事，故能受知明主，以宠遇终。诸常侍敬惮之。自都中以至四外，绅弁士庶皆称之。及其坐而化，人皆曰："陈公善人，今成佛矣！"行道咨嗟。掖庭诸人，竦然兴起其为善之志。然则公之死生，岂徒乎哉！

万历三十一年（1603），妖书事起，内阁大学士朱赓在家门口拾得《续忧危竑议》一书，言皇帝不得已而立东宫，他日必将更易，并指摘内阁大学士朱赓、沈一贯等人为郑贵妃帮手，谋易太子。神宗大怒，命陈矩及锦衣卫索造妖书之人，兴起大狱，厂卫缉校四出，株连甚广。沈一贯与礼部右侍郎郭正域、内阁大学士沈鲤素有嫌隙，欲借此机打击异己，朝臣互相攻讦，人人自危。神宗责令东厂会同三法司（刑部、都察院、大理寺）共审此案，时东厂提督太监为陈矩，他拒绝沈一贯欲借机诬陷沈鲤、郭正域的计划，捕获京城无赖生员皦生光，疑为造妖书者，陈矩虽心知皦生光未必是真造妖书之人，"然前罪已当死，且狱无主名，上必怒其，恐辗攀累无已"。于是，皦生光被凌死，沈鲤、郭正域等朝廷清流，因陈矩之力得以保全。李廷机所记载的妖书案中的陈矩对照《明史》本传来看，两段史料基本一致，应属实。

陈矩另一件为士林所称道之事，是助沈鲤谏止矿监税使。

据《明史·沈鲤传》载："鲤初相，即请除矿税。居位数年，数以为言……明年长至，一贯在告，鲤、赓谒贺仁德门。帝赐食，司礼太监陈矩侍，小珰数往来窃听，且执笔以俟。鲤因极陈矿税害民状，矩亦戚然。鲤复进曰：'矿使出，破坏天下名山大川灵气尽矣，恐于圣躬不利。'矩叹息还，具为帝道之。帝悚然遣矩咨鲤所以补救者。鲤曰：'此无他，急停开凿，则灵气自复。'帝闻为首肯。一贯虑鲤独收其功，急草疏上。帝不怿，复止。然越月果下停矿之命，鲤力也。"①

沈鲤自入阁后，屡上奏废止矿税，都没效果，于是使了伎俩，与陈矩一唱一和，暗示神宗开矿破坏山川灵气，成功地使神宗罢矿。万历三十三年（1605）十二月，神宗即下了停矿之诏"凡有矿洞，悉令各该地方官

① （清）张廷玉：《明史》卷217《沈鲤传》，第5736页。

封闭培筑，不许私自擅开，务完地脉灵气"①。

沈鲤与陈矩关于废止矿税的对话，高攀龙在其文集《高子遗书》中有如下描写：

> 先生（注：沈鲤）与山阴（注：朱赓）诣宫门外叩首，上赐饭小阁中，命陈矩陪席，先生见小内史往来窃听，无何又见持纸笔窃记者，知是上意。心念曰：此时语胜奏疏多矣。乃谓陈矩曰：某一路来见矿税害百姓所不忍见，再三疏请皇上未见允行。陈矩蹙额曰：诚然。先生曰：若说害百姓还是第二义，矩曰：百姓受害何谓第二义？先生曰：皇上受亏多了。矩曰：何谓也？先生曰：如今人家也要风水兴旺，今国家把名山大川都凿破，灵气发泄尽了，将来圣躬岂不受亏？矩曰：此利害真不小。时山阴一语不发，饭毕各谢恩而出。陈矩复命。上曰：两阁老有何语？陈矩备述先生言。上曰：这话说得是关系我身上的，你去与沈先生说有甚培补法子，替我补一补。先生对曰：名山大川灵气发泄如何补得？但急停了矿安静久了灵气自复，便是培补的法子。矩以复。上点头。②

如无陈矩的配合，沈鲤劝停矿之举是否成功还是未知，但与陈矩的这次配合显然是两人早已达成默契之举。沈鲤素以清流形象出现，正史中突显他不与中官往来的一面，但妖书案以及罢矿一事中，却显示两人的默契合作。

另有万历三十四年（1606），云南民众杀矿监税使杨荣，神宗欲逮问守土官，因陈矩谏言而得获免，此事又是在沈鲤的授意之下。

《明神宗实录》载：万历三十四年（1606）三月己卯，"云南指挥贺世勋、韩光大等杀开采太监杨荣，焚其尸。荣居滇日久，恣行威福，府第僭拟，人称之曰'千岁'……指挥贺世勋等及军民数千人拥集荣第纵火，执荣杀之，投尸烈焰中……上以杨荣孽蘖已作，死不足惜，惟命抚按总镇

---

① 《明神宗实录》卷416，万历三十三年十二月壬寅条。

② （明）高攀龙：《高子遗书》卷10《龙江沈先生泰交始末记》，清文渊阁四库全书补配清文津阁四库全书本。

会鞫首凶，余无所问，而解纳余烬及丘监带管"①。

另外，之前的万历三十年（1602）"三月，云南税监杨荣肆虐激变，滇人不胜愤，火厂房，杀委官张安民，抚、按以闻。上怒，持其章不下。大学士沈鲤揭言：'定乱宜速，久且生变。'又具列荣罪状，得毋株及"②。

云南矿监税使杨荣恣行威福，而为当地军民所杀，明神宗欲问罪于带头的云南指挥贺世勋等首凶，"沈鲤揭争，且密属太监陈矩剖示，乃止诛世勋等"③。虽因陈矩谏言而免贺世勋等人之罪，但显然与沈鲤的秘密授意有关。

司礼太监陈矩数次庇护外廷朝臣，因而在正史中留下正面的形象。万历三十一年（1603）的妖书案中，陈矩保护沈鲤、郭正域等清流。沈德符称："陈矩故与沈四明（沈一贯）昵厚，此举尤为士林所美云。"④ 当时世人皆以为陈矩与沈一贯所契厚，妖书案中庇护了沈鲤等人，是其持正的表现。而后万历三十四年（1606），在税使杨荣被杀的事件中，陈矩在沈鲤的授意下谏免首凶之罪。由此看来，陈矩与沈鲤的关系颇不寻常。

（二）陈矩与李三才

在明代，宦官与朝臣士大夫的关系远不像正史所描述的那样以对立居多，他们拥有平常的交往关系。外廷清流的代表沈鲤，《明史》中对沈鲤的评价是："鲤初官翰林，中官黄锦缘同乡以币交，拒不纳。教习内书堂，侍讲筵，皆数与巨珰接，未尝与交。及官愈高，益无所假借，虽上命及政府指，不徇也。"而后，"有老宫人从子为内竖者，走告鲤；司礼张诚亦属鲤乡人内竖廖某密告之。鲤并拒之，曰：'禁中语，非所敢闻。'皆恚而去"⑤。

正史记载中，沈鲤不只一次拒绝了当朝大珰的好意与合作的期待，并且即使与宦官有接触亦"未尝与交"。

虽然曾拒绝与张诚的交往而留下美名，但司礼监掌印太监田义的墓志铭文⑥中却留下了沈鲤的名字。此外，沈鲤利用神宗赐食之机，通过司礼

① 《明神宗实录》卷419，万历三十四年三月己卯条。
② （清）谷应泰：《明史纪事本末》卷65《矿税之弊》，第1018页。
③ 孟森：《明史讲义》，中华书局2006年版，第298页。
④ （明）沈德符《万历野获编》卷6《内监》，"内官勘狱"条，第172—173页。
⑤ （清）张廷玉：《明史》卷217《沈鲤传》，第5733页。
⑥ （明）沈一贯：《田义墓碑》，梁绍杰：《明代宦官碑传录》，第195页。

太监陈矩的配合，促使神宗同意停止矿税。沈鲤拒绝了张诚结交的意愿，却与田义、陈矩有交往。从晚明东林党人顾宪城留下的《顾端文公遗书·自反录》中，我们看到陈矩与所谓的外廷清流东林党人李三才，可能有着不为外人所知的姻亲关系，除了二人意气相投外，也许这才是陈矩庇护沈鲤等人的真正原因。①

李三才，字道甫，顺天通州人，万历二年（1574）进士。万历"二十七年（1599），以右佥都御史总督漕运，巡抚凤阳诸府"②。制裁当地矿监税使宦官陈增等人，《明史》称其"以折税监得民心"。

李三才与顾宪成相交结，"宪成亦深信之"。明末天启年间，魏忠贤阉党成员崔呈秀递入东林"《点将录》、《天鉴录》、《同志录》并《东林姓名》共四个折子"，其中《点将录》，首曰："天罡星：托塔天王李三才、及时雨叶向高……"。③

对于东林人士来说，李三才占有如此重要的地位。万历中期，尤其是三十年（1602）以后，外廷官僚队伍多空席不补。沈一贯与沈鲤相继去位，三十六年（1608），阁臣朱赓卒于官。④ 首辅李廷机，主事者为叶向高，阁臣缺员。万历三十七年（1609），李三才以考满加任漕运总督、户部尚书、左副都御史，恰逢此机，"南京户科给事中段然等言：祖宗卜相，原非一途。求宰相于词林，殊非旧典。乞内外均用，如先朝黄淮、杨士奇等一十三人之例"⑤。东林派人士意图将李三才推补为阁臣。朝上"忌者日众，谤议纷然"⑥。顾宪成修书给阁臣叶向高力证李三才的廉直，并以问答的形式回击对李三才的质疑，这些记录都收入顾宪成的《自反录》。对于李三才受到世上关于其与宦官陈矩关系的质疑，李三才有这样的回答：

　　　漕抚（注：李三才）曰：陈之贤天下莫不知，何独我？……陈

---

①　日本学者小野和子在对李三才的考察中已注意到陈矩与李三木、沈鲤二人的关联，见氏著《明季党社考》，第 184 页。

②　（清）张廷玉：《明史》卷 232《李三才传》，第 6063 页。

③　（明）刘若愚：《酌中志》卷 11《外廷线索纪略》，第 58 页。

④　《明神宗实录》卷 452，万历三十六年十一月壬子条。

⑤　《明神宗实录》卷 454，万历三十七年正月己酉条。

⑥　（清）张廷玉：《明史》卷 232《李三才传》，第 6065 页。

有一弟，与予为乡同年，往与李心湖仪部（注：李懋桧）燕谈，偶
及之。仪部跳而起曰：有这个人在，奈何放过他。予问，意欲何如？
仪部曰：可把起废一事，顿在他身上。予笑云：即系年家，平时绝无
往来，这事恐难。况近侍官，吾辈安可轻与通？仪部嗔曰：若如此，
只是顾自家一身名节，全不顾天下，非吾所望于子也。予曰：兄既如
此责我，兄可作一书，我当再寻几个同年连名写上送去，看他何如。
仪部曰：诺。寻以一书来。予遂械而致之陈。陈得书喜曰：各位老先
生以圣贤望我，我何敢自弃。少须之，当有报。数日报曰：此事非某
所能及也。所可效者，紧要章奏，当稍为流通耳。已而果连下二三百
本，如是而已。嗣后亦绝无往来。①

李三才除称赞陈矩之贤天莫不知，并没有承认这门姻亲却也无法完全否认
他与陈矩的勾连。他说与陈矩的关联，只因为陈矩的弟弟（据陈矩墓志
考其弟为万历二十年进士陈万策）与自己是同乡同年。朝臣士大夫与宦
官的联结显然是要受舆论所谴责而不能昭世的，当事人的回避与隐讳并不
能证明二者毫无关联。

积极奔走于废除矿税的沈鲤与李三才有着密切的交往，对于世间关于
李三才有内援的猜测，沈鲤私下曾说过："李某于诸阉实无交，只闻其弟
室人系陈阉侄女，有此瓜葛不能绝不通耳。"②

沈鲤的话其实印证了世人对李三才与陈矩关系的怀疑，二人即便不是
姻亲，也一定存在某种较为密切的关系。

据此推测，正因李三才的关系，万历三十一年（1603）妖书案起，
向来与沈一贯"昵厚"的执掌东厂的大珰陈矩力保沈鲤、郭正域诸人。
并且于万历三十三年（1605），就矿税问题与阁臣沈鲤以问答的方式向神
宗陈述了矿税之害。

---

①　（明）顾宪成：《顾端文公遗书》卷六《自反录》，续修四库全书本，第297页。
②　（明）顾宪成：《顾端文公遗书》卷六《自反录》，续修四库全书本，第297页。

第三节　清流与宦官的互动

一　主动结纳

翦伯赞曾有言："在明代历史上，阉宦之祸始于英宗，盛于武宗，极于熹宗，而终于庄烈帝。"[①] 明朝所谓的宦官擅权，始于英宗而极于熹宗，似成公论，而擅权干政的主要表现则是架空内阁、操纵厂卫。相对于"权擅天下"的王振、刘瑾、汪直、魏忠贤的恶名，万历朝大珰冯保虽与首辅张居正交结合作，所谓"宫府一体"，却并未过度干政擅权，在历史上的评价毁誉参半。

万历朝初年，神宗以冲龄即位，冯保内倚慈圣太后，外倚首辅张居正，备受宠信，此时神宗年纪尚幼，因而朝政一决于张居正，冯保以司礼监掌印太监而权势极盛，张居正掌政的十年间，二人结纳，权倾朝野，但万历朝始终未出现大珰兼总内外严重干政的局面。万历十年（1582），张居正去世，神宗亲政，旋即冯保被逐，东宫旧阉张鲸、张诚得宠而权势尤盛，却也相继倒台未得善终。《明史》言："自冯保、张诚、张鲸相继获罪，其党有所惩，不敢大肆。"[②] 看起来自冯保等大珰相继获罪后，万历朝的宦官权势似乎被削弱，然而从另一个方面看，在外廷沈一贯与沈鲤等朝臣内部争执不休中，大珰陈矩可以屡屡庇护协助沈鲤一方，足见在当时，陈矩的权势不可小觑。张居正因与权宦冯保的合作，而被后世诟病。反对东林的朝臣与魏忠贤结合而被称为阉党。史论中沈鲤向被视为东林清流加以推重，其屡屡与权珰陈矩的合作，也成为其保全善类的义举，突显出来的历史记忆都是朝臣清流们本身的正直高洁，吸引个别贤宦主动与之交结。而与之对立的朝臣们则是主动献媚于权珰魏忠贤结成阉党，留下后世诟病的口实。然而，在对陈矩的个案进行深入挖掘的过程中，笔者发现东林清流并非如此前在正史中所凸显的不屑与宦官同流合污的形象，相反他们既在乎自身的名声气节，同时为达到其政治目的又常常与宦官主动交结、利用。

---

① 翦伯赞：《论明代的阉宦及阉党政治》，《翦伯赞史学论文选集》，人民出版社1980年版，第168页。

② （清）张廷玉：《明史》卷305《宦官二》，第7814页。

天启间魏忠贤得势，东林高攀龙曾说："中官用事未能拔其毒，且须杀其毒，宜如归德相公故事，谆谆劝化诸珰勿与吾辈为敌，庶几缙绅之祸可减万分一耳。"① 高攀龙所说归德故事，即指万历年间沈鲤与陈矩之间的合作而言。显然，在魏忠贤初得势时，东林重要代表的高攀龙就曾希望像万历年间沈鲤与陈矩之间的合作那样结纳魏忠贤，以期为己所用。如果东林人士果然与魏忠贤合作成功，那么今天来看，东林人士是否也该被称为阉党了呢？然而，出于立场或个人的主体意识，研究者们更愿意忽视这点，而把高攀龙欲与权珰合作的态度看作士大夫为保全善类的权宜办法。②

另外在前文中提及顾宪成《自反录》中收入了关于世间置疑李三才与宦官关系的一段对话。万历三十六年（1608），内阁缺员，东林派希望将李三才推补为阁臣，但遭对立派言官弹劾，首先发难的是沈一贯的同乡邵辅忠，他弹劾李三才贪财、虚伪、结纳内侍。"凡海内名流为陛下用，用耳目者，以馈遗结之，为陛下斥逐山林者，以请托招之，藉道学以为名。依贤豪以立脚，或无端而流涕，或无故而感慨。使天下士靡然从风，乘机躁进者，愿依其幕下，感时忧事者，误入其套中。一时只知有三才，不知道有陛下。"③

在前文陈矩家族中我们已经考证，陈矩有一弟曾考中进士，即陈万策。与李三才是同年的显然是陈万策。李三才在与礼部郎中李懋桧（号心湖）谈话时偶然提起他与陈万策的这层关联。李心湖非常激动地说"有这个人在，奈何放过他"，可以看出所谓的清流朝臣们对结纳权宦的急切心迹。后来，在李心湖的建议下，李三才果然攀上了这层关系，由李心湖作书一本，李三才寻与自己同年的几个人连名把书送给陈矩，陈矩得书甚喜，表示以后一定有所回报。而李三才等人当时需要陈矩帮忙的是禁止矿税之事，陈矩当时表示这件大事不是他能解决的，但同时却将朝臣们的意愿很快转达给了皇帝，使言路稍畅。

李三才表示二人交往仅于此事，以后"绝无往来"。然而，从之后陈矩与沈鲤配合禁矿税一事来看，李三才在与陈矩的关系上显然是有意隐瞒了。与李三才关系颇近的沈鲤也曾无意中说过，听说李三才的弟妻是陈矩

① 《东林书院志》卷7，清雍正刻本。
② 林丽月：《明末东林运动新探》，博士学位论文，台湾师范大学，1984年，第376页。
③ 《明神宗实录》卷465，万历三十七年十二月乙丑条。

的侄女。

二　讳言关联

明代特殊的政治制度决定了明代宦官与士大夫的关系是微妙而富有张力的。明初废除了宰相制，使制度上有了缺环，宦官这一游离于制度之外的，所谓的皇上的"家奴"，名不正言不顺地登上了明朝政治的舞台，剥夺了一部分本该属于官僚士大夫的权力，使士大夫对宦官不仅有道德心态上的鄙视，也带有功利心态的利用。因而，呈现出既利用又交结，又尽量隐讳或美化这种交结，尤其是东林清流，更以重气节闻名，在明末几乎掌控着天下舆论，与所谓反对派的争斗中，将对方结纳奸宦魏忠贤作为攻击的口实，而称之阉党，却将自己与宦官的交结淡化、美化。

万历二十二年（1594）皇长子豫教，陈矩推荐自己的私人宦官王安为皇长子伴读，时郑贵妃谋立己子，局势对皇长子颇为不利，而王安对长子多方调护。而后皇长子登基，对王安自然恩遇有加，东林派通过汪文言主动与之结纳。东林派黄尊素文集曾载《汪文言传》，言："万历癸丑甲寅间，正人渐排去，日以销铄。文言游诸贤豪间，恂恂若无所为者，蹙足屦语，时见端绪。察奄寺中，东宫伴读王安，乃有心储，且端谨知书，谓当以其济国事，遂倾心结交，相与谈世事得失，辨人才邪正，安听之亹亹不怠。"[1]

汪文言是徽州人，本来胥史，通过同乡黄正宾认识了于孔兼，知道了朝中的"正人"和"邪人"之分，也即东林与反东林派的区别，成为东林派的重要谋士，认识到王安的重要作用，而倾心结纳。之后王安一直以助东林行善政而为时论所称，给事中杨涟、御史左光斗亦皆重之。[2] 计六奇将王安与东林诸人的结纳，称为："珰之慕贤，非诸贤之通珰者。"[3]

从前文的描述我们可以看到，其实从争卫国本开始，陈矩与东林清流的态度、利益一致，双方始终纠合在一起。直到王安，是陈矩的私人，仍然与东林人士结盟。但这条关系以往的研究者并没有深入追查，东林士人

---

① （明）黄尊素：《黄忠端公集》卷3《汪文言传》，转引自［日］小野和子著《明季党社考》，第203页。

② （清）张廷玉：《明史》卷305《宦官二》，第7815页。

③ （清）计六奇：《明季北略》卷24《五朝大事总论》，"门户大略"条，中华书局1984年版，第524页。

对权珰陈矩的主动结纳被淡化，与王安的结纳诉诸史端，却美化为"珰之慕贤，非诸贤之通珰者"。

如果说阉党是依附宦官权势的，那么是否东林清流与权珰陈矩的结合也可以称之阉党呢？可见阉党的说法并不准确，他并不能和宦官画等号，不过是派系争端的一方势力而已。

本章小结

通过上面陈矩的个案考察，我们看到所谓的东林清流与权珰结纳的态度以及事实。明末东林、阉党两方势力相争，双方都将宦官作为达到政治目的的棋子，以及打击对方的武器。东林人士向有清名，被誉为"清流"，控制当时的舆论，与权珰的结纳亦被淡化、美化。与其对立的一派朝臣势力皆因交结权珰而被称为"阉党"，仿佛与宦官画上了等号。"尽管有许多官员或甚至大多数官员同宦官合作，利用宦官达到自己的目的，但他们总是热心于为他们的干下坏事的同僚在宦官中找替罪羊。"① 与宦官的合作成了打击对手的武器。因为"总地来说，几乎在一切历史著述中，不论是官修的还是私修的，对宦官的强烈偏见是明显的，因为作者几乎无一例外都是官员，或至少也是绅士阶级的成员"②。

当他们将宦官的事情诉诸笔端时，只选择其中很少的一部分——他们认为符合当时道德评判标准的、较"安全"的内容；更有甚者，他们写作宦官的行为时，会夸大渲染其负面形象，简单化以儒家的"忠"、"奸"作为标准，为宦官做非此即彼的标签。有些著作的作者是官员士大夫，他们在写自己同僚的事情时，尽管在个人或集团之间也可能是敌对或斗争的，但"原则上都对宦官抱有偏见，总是迫不及待地想把他们的同僚所做坏事的责任推到宦官身上"③。

换个角度来看，依附结纳宦官权势的朝臣，并不能以"阉党"代之。

---

① 海因茨·弗赖斯在他未发表的论明代宦官的政治作用的资格论文中，详尽阐述了这个题目。又见乌尔里克·汉斯—理查德·马米特希：《魏忠贤（1568—1628年）：对晚明太监与党争的重新评价》，见［美］牟复礼、［英］崔瑞德编：《剑桥中国明代史》，第802—803页。

② ［美］牟复礼、［英］崔瑞德编：《剑桥中国明代史》，第802页。

③ 同上书，第808页。

第六章

结　　论

第一节　墓志与文本:史料之间的对话

　　传世文本史料的形成以及特点，我们在绪言部分已经论述，近些年来受西方后现代主义的影响，史学作品对文本的考辨与追问愈加普遍。在国内，民国时期傅斯年、胡适等学人已倡导摆脱清儒学者"古董家的习气"，主张无限扩大史料，"利用各地各时的直接材料，大如地方志书，小如私人的日记，远如石器时代的发掘，近如某个洋行的贸易册"。傅斯年更直接表示"改了《读书就是学问》的风气"。[①] 史料观念的改变，加之近年来出土墓志数量的不断增加，使墓志这种新的历史素材逐渐被纳入史学研究者的视野，对其利用也越来越普遍。

一　墓志的历史价值

　　要评估墓志资料对历史研究的价值，我们必须要了解这些墓志是如何被创造出来的，以及墓志资料是否可以克服或弥补正史等传世文献的不足。

　　以宦官研究来说，以往学界关注重点仍在于宦官与国家兴亡相关大历史的研究，运用的史料主要是官修典籍和士大夫的私人著述。通过前文中对传统文本史料的分析，我们看到由于士大夫主体意识形态以及文本史料广泛传世的特点，造成其创造的史料本身不仅对国家政治事件、对涉及的宦官人物都有所选择，并且反映他想表现出的宦官的一个侧面。即便是大宦官，其政治身份之外的普通人生也很难在史料中寻到蛛丝马迹。

---

　　① 王汎森:《什么可以成为历史证据——近代中国新旧史料观点的冲突》，氏著《中国近代思想与学术的系谱》，河北教育出版社 2001 年版，第 349—350 页。

　　宦官墓志的出土，我们固然可以得到更广泛的宦官人物资料，却因上述我们所分析的官方史料的种种局限，以至今天我们仍无法审视宦官真正的作用。

　　例如本文第四章个案中的事主麦福，沈德符在其私人著书中提及："至嘉靖戊申（二十七年，1548）、己酉（二十八年，1549）间，始命司礼掌印太监麦福兼理东厂。至癸丑（三十二年，1553）而黄锦又继之，自此内廷事体一变矣。"① 嘉靖朝出现了明代第一位集司礼监掌印及总督东厂于一身的大珰，之后万历朝的冯保、张诚等名显于史的权宦，其实皆以麦福为先例。但正史中以明世宗尽撤天下镇守中官，而凸显其不用宦官的一面，嘉靖朝宦官《明史》皆无传。麦福墓志有其生平、家族、人物关系、任职经历较详细的记录，将史书中那些关于他的零星记录都可以串联起来。使我们对宦官记录颇少、御宦颇严的嘉靖朝宦官有一个不同以往的认识。

　　然后，在用这些宦官的墓志资料时还有一个重要的前提，就是墓志资料是否可信呢？它的历史价值在哪里？

　　墓志铭一般与棺椁一并深埋于地下墓葬之中，可以永久保存，除非人为的发掘，不会再现于世，最初设置的原因是怕死者会因陵谷变迁，后人不知是谁之墓，故求日后稽考，当然，后来发展为为死者歌功颂德、彰显墓主一生。不过，总体来看，墓志可以算是死者的地下档案，资料最为原始。

　　另外，越来越多的宦官墓志资料的出土，使我们对明代宦官墓志的撰写习惯已有一定掌握。其中有部分宦官，不仅有墓志也在正史中有传，因而通过二者的参证对比，可以发现大多数墓志对于宦官的家族人员状况、仕宦经历虽可能隐恶扬善，却不会大肆编造。

　　例如本文第五章所涉及的事主陈矩，既在《明史》中有传，亦留有墓志铭文。正史中将其归为"贤宦"一类，他在万历朝几个大事件中保护朝臣的事迹都有记录，对照李廷机为其撰写的墓志铭，发现史书中记载关于陈矩涉及几件大事，墓志中都有记载且内容较相符，不同的是，墓志中更详述了陈矩的家世状况，包括陈矩的弟弟陈万策曾中进士并官博士职位，因陈万策的关系陈矩与朝中东林清流朝臣李三才扯上关联。另外，通过陈矩墓志的考证，发现天启朝阉党成员之一的陈居恭是陈矩的侄子。墓

---

① （明）沈德符：《万历野获编》卷六《内监》，第 168 页。

志中还存在很多细枝末节，在此不一一举例，对照文献，我们会看到很多与以往很不同的东西。

通过陈矩的个案，我们可以看到，正史宦官传中关于其经历的几件大的政事记录与墓志所载基本相符。而目前可以看到的唯一一部明代宦官撰写的史书《酌中志》的作者刘若愚，正是万历朝陈矩的名下宦官，因而书中也有关于陈矩的较多记述，墓志与之参证，大体无误。

此外，笔者也仔细考辨过数通在文献史料中有零星记录的明代宦官的墓志，情况都较为相似，有隐恶扬善之处，但生平经历等个人信息亦基本无误。

二　墓志对古代文学的助益

墓志与文本的参证补阙不仅在历史研究中有长远的意义，对古代文学研究领域同样颇有助益，而这点并未被注意到，以往文学研究者更关注的是墓志的文字考证或语言流变。笔者在对正德朝"八虎"之一的大珰高凤墓志进行考辨过程中，无意中发现一个有趣的例证。

在文学领域中，关于《水浒》的成书及版本的研究是一个历经百年的重要课题。围绕《水浒传》的祖本问题，答案至少七种。[①] 竺青、李永祜的研究是其中一项重要的说法，通过对明代的版本目录学家高儒三代人藏书时间推算，得出高儒《百川书志》所载的《忠义水浒传》就是现知所有明代《水浒传》版本的祖本。[②] 竺青、李永祜在其研究中，根据明正德、嘉靖年间的藏书家、目录学家高儒所编纂的目录学著作《百川书志》序言所说："闲居启先世之藏，发数年之积"，"读书三世"。根据这些信息，以古人 30 年为一世，作者推测高儒的叔父高得林生于景泰七年（1456），其祖父生于宣德七年（1432），因而这部《忠义水浒传》，"有可能早在天顺之前即已存在而被高氏家族收藏，亦有可能至迟在成化前期就已存在而被高氏家族收藏"。

竺、李二人对高儒的家族情况没有任何了解，仅以古人 30 年为一世推测其家庭成员的年纪，进而探讨《水浒传》的祖本问题，显然不够严

---

① 陈松柏：《也谈〈水浒传〉的祖本》，《湖南社会科学》2007 年第 1 期。

② 竺青、李永祜：《〈水浒传〉祖本及"郭武定本"问题新议》，《文学遗产》1997 年第 5 期。

谨可信，但就已有的文献史书而言，也仅能获得这些信息而已。

而笔者在对现有的正德朝大珰高凤及其家族成员的墓志①进行考辨过程中发现，高凤有侄子五人：高景春、高景文、高得山、高得林、高荣。高凤之父为高泗，高泗有一儿子叫高英，高荣和高得林皆为高英之子，高家几代务农，直到高凤得势，俱受恩荫得显赫一时。高得林与高凤关系最近，被提携曾官至后军都督府右都督。高荣，号兰坡，事儒业，也因高凤的关系曾最高升任锦衣卫指挥使。高荣有子三：高儒、高位、高道儿。高荣墓志中赞其子高儒"博极群书，能文能武"。笔者在尽量更全面搜罗高凤史料之时，赫然发现明正德、嘉靖年间这位著名的藏书家、目录学家高儒，正是高凤的从孙，高荣之子。

高儒在嘉靖十九年（1540）以家藏古籍及自己多年访求的古籍编纂成《百川书志》这一目录学著作。其中提到一部文集《兰坡聚珍集》（已佚），介绍到："先父讳荣，字邦庆，涿鹿人也。先任尚宝丞，后转锦衣，积阶镇国将军，暇日取朝野交游题赠翰墨，及先哲图书，手自摹勒，集成数书，此集约收三代，毕载家储，上自王公国老，下及方外闻人，书法详明，诸体攸备，为后之选者设也。"② 另外《百川书志》的序言中对高儒的行谊略有提及，"明涿州高儒，富藏书，撰百川书志二十卷"，"明时武人喜藏书者，惟高儒与陈第二人，陈藏不如高氏之多"。高儒为武弁，喜藏书，且著书，这与高荣墓志中对高儒的描述是相符的。高儒《百川书志》的序言中载："追思先人昔训之言曰：读书三世，经籍难于大备，亦无大阙，尔勉成世业，勿自取面墙之叹。"对于图书的来源，云："闲居启先世之藏，发数年之积，不止万卷。"透露了高家三代人皆喜爱读书，因而藏书不止万卷之多。

显然此高儒即彼高儒，高凤曾于"天顺戊寅（二年，1458），英宗命领司礼书札"。内书馆正途出身的高凤，在天顺年间曾留在司礼监掌管书札事。高儒，积高家三世不止万卷之藏书写成《百川书志》，而高凤家族

---

① （明）李东阳：《明故司礼监太监高公墓志铭》；梁储：《明高都督之妻夫人苏氏墓志铭》；贾咏：《明故昭勇将军锦衣卫指挥使高君墓志铭》；杜旻：《明诰封锦衣卫指挥使高室左淑人墓志铭》；《明……军锦衣指挥使高公配淑人左氏合葬墓志铭》，分载《新中国出土墓志·北京卷》，第153、162、186、208、220页。

② （明）高儒、周弘祖：《百川书志　古今书刻》卷19《集·总集》，上海古籍出版社2005年版，第299页。

世代务农，直至高凤得势方显赫，因而有条件为后世积累万卷藏书的自然是高凤本人，热衷藏书也许正是与高凤年轻时在司礼监掌管书札的这段经历有关。

借宦官势力起家并不是光荣的事，因而高儒在其编纂的书中只言读书三世，却并不提及那个带给高家显赫地位的父祖辈大太监高凤。宦官们的事迹、形象就是这样从各自的家族中被逐渐省略掉了。如果今天没有高凤及其家族墓志资料的出土，很难将目录学家高儒与这位权倾一时的大太监联系起来。

并且从高儒的成就来看，其家学渊源与家族的文化素养可能比一般的文人士大夫还要好，这让我们对宦官的家族有了不同以往的认识。

墓志与文本的对话既是揭开宦官真实形象的一把钥匙，也为文学研究大开方便之门。

"古代的墓志固然不是现代意义上的私人表达空间，但相对于官方的文件和正史来说，却又是一种社会认可的宣扬私人成就的场合。"① 墓志史料固然能够提供许多我们在正史文本中无法获取到的信息，但作为"私人表达空间"，也存在着诸多弊端。墓志或神道碑既成于死者的亲友旧戚之手，基于伦常、情谊的考量，撰写者对墓主的评述，往往流于隐恶扬善、褒多于贬的情况。对墓主不利的事迹，多所回护或避重就轻，对墓主有利的叙述，不免过于夸大、主观。更有出于政治现实的考虑，对墓主与时人政局关系多隐蔽，以致若干事实的真相，反而隐晦不明，形成研究上的盲点。因此我们在运用墓志等人物传记资料时，必须广泛参考相关文献，深入探索，详加考订，梳理史实脉络，与文本史料对比、分析，经过去伪存真的考辨，才能对人、事作出客观的评断。

第二节　宦官在明代国家机制中的作用

本书四个宦官个案向我们展示了明代宦官在国家政治生活中扮演的不同角色，每个个案都各有侧重，从不同角度揭示宦官对权力运作方式的影响。

---

① 陆扬：《从墓志的史料分析走向墓志的史学分析》，《中华文史论丛》2006 年第 4 辑。

一 增加地方机构的灵活性

史论者以明代宦官权力的扩充自永乐朝始，燕府旧宦曾助朱棣"靖难"，因而备受重用，而从刘氏兄弟个案来看，宦官们充任各项官职却是情势使然。明太祖设计了各项理想的祖制，但弊端已逐渐显露，宦官监军、镇守等制度是在弥缝旧制之阙以因应新形势的过程中逐渐形成。

明太祖撤销元代总制各地政务的行中书省后，在原政区内实行布政使、按察使、都指挥使三司分立，朝廷便开始面临如何协调分管民政、财赋、军事等事务的地方机构的问题，尤其是在应付那些需要它们协力完成的重大军政活动时，各地权力过于分割、互相牵制的问题，就显得更为严重了。洪武十年（1377）后，制订了让巡按御史代天子巡狩各地"绳愆纠谬"的制度，仍未切实满足有关需要。① 靖难起兵中，朱棣以少数藩府兵取胜，与明初这种权力分散、遇重大事件缺乏灵活机动的地方权力中枢不无关系。

而朱元璋以亲王守边，设立藩王，也有对这种地方权力分散、统治力量薄弱的弊端的补充之意。这样在整个地方权力机制分散的大形势下，遇到实力强大的藩王，地方分散、固化的制度弊端便马上显露。

从燕王朱棣在靖难前对刘氏兄弟的着意培养可以看出，他对宦官的任用是形势下的必然，因当时可倚靠的力量有限。也许朱棣在朱允炆削藩前已对日后的起兵有所准备，故藩府旧宦在靖难中的屡立奇功亦并非偶然。从刘氏兄弟与王彦等人的出身可以看出，朱棣昔日从善战的女真、蒙古人中挑选出智勇兼备的子弟，使之成为阉宦心腹，这种人才储备的方式也是当时寡助的形势下的一种无奈选择。

而这些朱棣着意培养的旧宦的确在靖难过程中领兵、征战，累立军功，成为朱棣起兵成军的重要倚重力量，尤其是女真、蒙古等族的少数民族宦官更骁勇善战，他们在朱棣登基后亦得到相应的犒赏与地位的提高。明成祖"靖难"登基后，迁都北平，占据漠北的北元蒙古势力，仍然是明朝在边疆问题上面临的最大威胁。于是，这些靖难中表现突出的宦官在朱棣登基后，很多被派往边地守卫一方。刘顺即在永乐四年（1406），"以辽东重地，命公往镇之"。永乐七年（1409）起，太监亦失哈亦以钦

---

① 楼劲、刘光华：《中国古代文官制度》，中华书局 2009 年版，第 200 页。

差的身份，曾多次被派到奴尔干都司各地宣圣谕，沟通与当地各族人民的关系。

可见，如果说燕王朱棣对宦官的任用尚有个人感情倾向的因素，那么到靖难夺位之后，成祖朱棣则面临革除旧弊的紧迫局面。其最先取消了亲王守边制度，开始频繁运用非正式临时性任职形式，如文臣、武将以及宦官，因必要的情势需要到地方行使王命。永乐以来，便临时特遣尚书、侍郎等大臣，以"巡行"、"镇守"等名目出使各地，监督或在重大地区性军政活动的过程中协调有关机构的工作。朱棣给予宦官内侍们的信任与委任，与其本人对宦官的好恶并没有太大关系了。

在成化朝镇守太监钱能的个案中，我们同样可以看到宦官对地方制度进行临时性干预，以应对国家大事。

以专横贪虐著称的镇守太监钱能，以往研究多侧重其在镇守云南期间，对当地经济、民族关系等方面的破坏作用。通过前文的分析，可以知道镇守太监的职责与职权，在整个明代并非一成不变，而是随着形势变化及不同皇帝的需要而灵活变化的。首任云南镇守太监云仙在受命时，明宣宗要求他到任后，"务令军民安生乐业"。云仙镇守云南多年，主要从事的即沟通朝廷与地方的联系，以使者身份处理民族事务。云仙背负着安抚边地夷民的任务，因而到任后行使着处理民族关系的职责。但到了成化年间，朝廷内库空虚，"岁用赏赐之费不给"，而后，内承运库太监林绣曾奏请明宪宗"云南所逋岁办差发金银及各处赃罚银尽数差解，以应急用。"钱能被派往云南是背负着索取云南逋欠的银两，以解朝廷内库空虚之急的使命。

可见，明代各时期宦官被派驻地方，担负不同的使命。在明初的永乐朝，边疆安全问题是地方重责，但亲王守边的废止以及地方三权分立在应对重大军事变故的不足，皇帝通过派任亲信宦官，以增加地方机制运作的灵活性，成为弥补地方机制不足的措施之一。到了明中期的成化朝，国库财政危机，而云南逋欠朝廷的金银收不上来，于是，镇守太监又灵活机动地担任了收取地方欠款的重任。以往的研究更强调镇守、巡府等设置在加强中央集权方面的功用，实际从永乐朝开始的宦官随征、镇守都弥补了地方机构的不足，加强了地方机构运作的灵活性。

二　补相权之阙

在一个阁权较强而宦权相对弱势的时期，应该可以更清楚地看到宦官参政的常态。史家多认为嘉靖朝是不用宦官的一个典型时期。但从麦福在嘉靖朝政局中的角色，可以看到，在嘉靖朝每一次大的事件中都存在着大珰的影子，尤其是麦福升任司礼监掌印后，徐阶与严嵩在扳倒仇鸾的过程中，必须依靠麦福的作用，否则权臣亦很难独立成功。纵观以不用宦官著称的嘉靖朝，势重的阁臣也都离不开司礼太监的配合，否则难以成事。到了万历朝初期，张居正与司礼大珰冯保的合作，论者不绝，此事也成为攻击张居正正面形象的口实，万历中后期的陈矩，《明史》称：万历朝"自冯保、张诚、张鲸相继获罪，其党有所惩，不敢大肆。帝亦恶其党盛，有缺多不补"。陈矩在正史中是不"擅权乱政"的忠宦形象，然而，通过前文中的个案，横向比对陈矩与朝臣的关系，即便是向以"清流"自诩、不屑与宦者为伍的东林士人、朝臣，其实与司礼大珰陈矩仍有密不可分的联系。

历史上所谓"擅权乱政"的奸宦如王振、刘瑾、魏忠贤等人，古今论者对其专权为恶的论述已汗牛充栋。然而，换个角度，以新的墓志材料为线索，关注史论中宦官擅权不那么严重的时期或正史中形象较好的、即那种"安守本分"的宦官个人，更容易发现明代宦官参与政治的常态。从司礼大珰麦福、陈矩的个案来看，无论制度上承认与否，宦官体系已嵌入了文官系统，无论阁臣势力是否强大，都离不开被称作"内相"的司礼太监的合作。

明代宦官机构之庞大、设置之完备，在中国古代历史上是空前的，足与官僚机构相匹敌。

明初，太祖朱元璋制定的祖制，奠定了整个王朝分权制衡的基调，只有相互制约的两套体系方能使皇帝高枕无忧。于是，在明代，宦官与文官共同分担了原来只属文官系统的权力。论者皆言明末崇祯皇帝对宦官的政策反复无常，即位之初立除权阉魏忠贤，尽撤各地镇守内官，然不过几年，又命宦官出镇，如此反复。

实则不该过分苛求皇帝个人御宦的决心，而是国家政治机制环环相扣，有缺口自然要有补充。

总之，通过上面的分析来看，明代宦官已成为国家机制中的重要组成部分，并不能简单以忠、奸来区分宦官的好和坏。笔者选取不同时段的宦官个案，来探讨宦官在政治机制中的角色，可以看出，这些时期的政治都有宦官参与并发挥重要作用，但国家机器照常运转，也不见因此而降低了行政效率，史论"明亡于阉宦"，有失偏颇。

　　明代的文官制度在当时的世界范围来看是非常先进的，而宦官实际又是这一机制的组成部分。那么，在承认宦官作为国家机器重要组成部分的前提下，宦官是如何保持大多数人都能承担本不属于其"家奴"身份的职责的呢？这与明代对宦官的教育培养分不开。无论是宦官自己的记忆中所描述的，抑或墓志所记载的，都可以看到，明初已建立宦官专门的教育机构——内书堂，国家不仅建立宦官受教育的机构，而且有一套专门的，虽非制度设定却约定俗成的宦官培养、见习的体系。

　　刘若愚言："自内书堂奉旨派拨者，名曰正途。其次，或乞恩奏保改升者亚焉。按祖宗旧制，必照依钦录姓名，挨次鱼贯升转，罔敢搀越。……如欲内廷有真正忠实才品，必先将内书堂振刷，优选聪明、稳重、慈善之人，加意训教，以储十余年或二三十年之后大用，可也。"[①] 内书堂出身的宦官被视为"正途"，而聪明、稳重、慈善是入选内书堂的优先条件，经过十或二三十年的磨砺、锻造，方可大用。显然，内书堂正途出身的内侍是明代上层宦官的主要组成部分。而升转的程序一般是，"凡各衙门缺写字者，即具印信本奏讨，奉旨拨若干名，即挨名给散"。[②] 内府各衙门若缺写字人员，先具印信请奏皇帝，待得到批复，即可向内书堂讨要，内书堂奉旨拨发，依次向各衙门派出小内侍充任写字之职。由于他们受过系统的正规教育而具知识水平，且奉旨被差派于各衙门，因而其升迁机会自然比未入内书堂者多。小内侍由各衙门的"写字"开始，其后如非意外，可循升为掌司、典簿、总理、金书、直至太监之职。如能拨发至二十四衙门之首的司礼监，则发展更加被看好，也更容易得皇帝的赏识而获得升转。

　　笔者对手中现有的 148 位明代宦官墓志的志主人身份进行考察，他们都是位于上层的宦官衙门的职官层，发现其中有 47 位是内书堂"正途"出身，15 位虽没有曾入内馆的记录，却有琴艺、建筑规划、诗文、

---

① （明）刘若愚：《酌中志》卷 16《内府衙门职掌》，第 95 页。
② 同上书，第 98 页。

书法等方面的专长。还有十余位，志文中亦号称"手不释卷"，愿与士大夫交往等评价。如果将这三部分占总数量一半的宦官都算在具有文化水平的知识层来看，那么知识宦官在明代便是上层宦官的主要组成部分。

下面我们来看一下内书堂出身知识宦官的升迁经历的例证：

例一、覃昌（1433—1495）

正统丁卯（十二年，1447），选入内庭，与其弟覃旺同学书馆

天顺丁丑（元年，1457），东宫伴读

天顺甲申（八年，1464），宪宗嗣位，擢奉御，再擢针工局右副使，管局事

成化乙酉（元年，1465），进司礼监右少监

成化乙巳（二十一年，1485），命掌本监印

参见徐溥撰《司礼监太监葵菴覃公昌墓志》，梁绍杰《明代宦官碑传录》第 108 页

例二、宋兴（1490—1546）

正德丙寅（元年，1506），选入内庭。读书内书馆。司礼六科廊缺员，当事者特疏进公，时称得人

正德丁丑（十二年，1517），进奉御

嘉靖乙酉（四年，1525），擢典簿，掌理章奏及朝见礼仪

嘉靖丁亥（六年，1527），升右监丞

嘉靖辛卯（十年，1531），兼转左

嘉靖癸巳（十二年，1533），提督新房，摄经厂

嘉靖丙申（十五年，1536），升右少监

嘉靖庚子（十九年，1540），转左

嘉靖辛丑（二十年，1541），提督本监经厂并内书馆事

嘉靖壬寅（二十一年，1542），升太监

参见谢少南撰《大明故东厂总督前司礼内官监太监宋公墓志铭》，《北图石拓》第 55 册，第 111 页

例三、田义（1534—1605）

嘉靖壬寅（二十一年，1542），给事宫掖，简送内书堂讲书
隆庆中，迁六科廊掌司

万历甲戌（二年，1574），文书房管事。累迁内官监太监

万历癸未（十一年，1583），南京副守备，以司礼监太监掌内官监印

万历丙戌（十四年，1586），转正守备，兼掌司礼监印

参见沈一贯撰《田义墓碑》，《北图石拓》第 58 册，第 173 页

例四、樊坚（1419—1482）
宣德辛亥（六年，1431），年甫十三，即入禁掖，以俊选，读书禁中学馆
正统丙寅（十一年，1446），始授职为奉御，忠实无他肠，未尝有过举
成化乙酉（元年，1465），以年劳升局副使
成化丙戌（三年，1467），升司设监监丞
明年，升少监
又明年，升太监
参见丘濬撰《明故司设监太监樊公墓志铭》，《北图石拓》第 52 册，第 170 页

　　宦官可能因各种变故，职历并非会由低位直线升高，其中会有新帝即位或政治变故等因而产生曲折。以上例证笔者只截取内书堂出身的小宦官在结业后一段时期内由低位进入高层的经历。一般情况下，内书堂结束学习后的小内侍大约要花二三十年的时间才能最终登上太监的高位，正印证了刘若愚所言，"储十余年或二三十年之后大用"。

　　上面的例证说明，相当一部分上层宦官都经历过系统的教育、培训，这使他们能承担各种职责，权力虽蔓延至国家机器的方方面面，却并不破坏整套体制的运作，几乎和文官们一样接受教育并在朝廷各衙门见习、历练、升迁。以至有官员建议对内府的宦官与文官一样建立考核机制，以杜绝宦官机制中的弊端。弘治十七年（1504），吏科给事许天锡上言乞定京官考察之制时，包括建议对内府宦官进行考察，"又内府二十四监局，掌印金书太多，乞敕司礼监会同内阁，将各内官内使考察，严加裁革，南京监局亦行一体考察"。孝宗表示"此奏深切时弊，其详议以闻"。然而建议的其他内容或被采纳，唯"考察中官一事，吏部不覆奏，内阁不主张，即言官亦不再请，遂使给事说言，付之逝波"[①]。

　　明朝的官员需经科举考试、吏部甄选得到任用提拔，具有完善的选拔升转的标准，宦官由于具有君主"家奴"的身份，处于一种特殊的地位，虽然事实上大部分上层宦官也与官员们一样接受过系统教育，也承担各项类似的职权，却很难在制度上予以承认。具备与文官同样职责却缺乏必要的考核、监察制度也是某些时期出现所谓"宦祸"的一项重要原因。

---

　　① （明）沈德符：《万历野获编补遗》卷 1《内监》，第 818 页。

附　录

明代朝臣士大夫为宦官所撰墓志一览表

	墓主	最后官职	撰者	篆额	书丹	撰写缘由、与死者关系
1	昌盛	神宫监太监	胡濙 礼部尚书	任仲安	任仲安	钦命撰铭
2	刘通	直殿监太监	陈骏 进士	杨春	陈骏	预以状来速铭
3	刘顺	御马监太监	王直礼部 左侍郎	徐瑛	黄养正	作者与黄养正是朋友，黄养正向其请表
4	赵琮	神宫监太监	刘宣 国史 经筵	杨杞	任杰	与太监从孙赵顺是好友固不可辞
5	钱贵甫（宦官钱安父）		胡濙	程南云	黄养正	状其事实，俾余为铭
6	钱安	内官监太监	胡濙	程南云	夏衡	曾为其父写铭其祠记，其死于土木，为其写墓志
7	云奇	赠司礼监 太监	何孟春			去世后许久，按旧碑重写。受后朝宦官所托而写
8	柏玉	镇守宣府内 官监太监	孙丞 进士	胡玉	胡玉	死者堂弟请铭。作者按行状做文
9	李童	御用监太监	胡濙			其同居义嗣谭应等状其履历，徵予表

续表

	墓主	最后官职	撰者	篆额	书丹	撰写缘由、与死者关系
10	陈谨	内官监太监	李永通	赵玹	何恂	妙缘观住持吴玄海持状，请予为之铭
11	阮公（无名）	尚衣监太监	陈秉中	陈纲	韩定	
12	谢徕		赵昂 中书舍人	金钝	王琮	其义男傅、福、让先期衰绖奉状，请予为铭诸墓志
13	梁端	南京司礼监左监丞	钱溥 南京吏部左侍郎	王恕	朱仪	公请予为文以表其事。予惟公预为寿藏而不讳，达生知命贤于人。予不辞公之请，用表于石
14	张瑛	织染局副使	赵昂	寇林	杨宣	其子鉴哀泣请铭，以垂永久
15	牛玉	故两京司礼监掌印太监	倪岳 吏部尚书	元守直	王敞	泣请为铭。惟公历侍七朝，荣名寿考可谓备矣。是宜铭
16	崔保	都知监太监	张升 儒学训导		丘霁	从子璋从予学，以予尝客公馆下最久，知公先事请为记。故为之词
17	阮浪	赠御用监太监	李贤			司设监丞贾安虑公之行实未尽系于世，属予为表，刻石墓道
18	阎礼	都知监太监	郭纪 四川按察使	马昱	杨文琳	其弟请铭。惟公以笃厚和易……是宜铭之
19	樊坚	司设监太监	丘濬 礼部右侍郎	于信	朱奎	予与公素昧平生，而久闻其贤名。兹以田侍御尚贤持状乞铭，乃序而铭
20	张端	赠内官监太监	刘珝 户部尚书	朱永	王越	前此珝偕宫僚进讲，每春坊前揖公，见其动静有节，绪论合理……
21	张广	故都知监太监	杨绎 兵部郎中	杨杞	金钥	其侄谓不可无铭，乃具衰绖请于予。无感情流露

	墓主	最后官职	撰者	篆额	书丹	撰写缘由、与死者关系
22	弓胜	都知监太监	李经庶吉士	朱佐	解性	公于予有官临宾礼之义，不可辞也。始予在诸生间……
23	陈良	故内官监太监	刘武臣山东清吏司	沈冬魁	李洪	从子伟奉状请铭。予以谓不俞其请，无以世劝，乃铭之
24	黄瑜	尚膳监太监	马文升吏部尚书	张懋	曾鑑	名下右副使张靖奉状请铭，为幽圹录纳作不朽计。予弗获辞，序而铭之
25	罗祥	故御用监太监	吴原兵部左侍郎	熊宗德	鲁昂	若公者，我朝内相中之伟人，刘公通亦可谓善继其后者
26	甯英	尚膳监太监	万安吏部尚书	储材	赵祥	侄男洪等虑公之德久而湮没，衰经持状泣拜请铭，志诸墓石，是以序而铭
27	覃昌	司礼监太监	徐溥	不详	不详	未提及与撰者关系但受业于多位士夫
28	钱义	御用监太监	万安吏部尚书	李瑾	谢一夔	乃具状。介公诸子钱通徵铭纳诸幽，予弗获辞
29	龚昇	御用监太监	许瀚	金钥	顾经	义子顺具状请铭。惟公生于遐裔，少历多难，乃致显庸成终始岂偶然之故哉。是可铭也
30	刘赟	尚膳监太监	黎珏应诏山人	张钦	赵式	名下副使魏景与二位养子，奉状再四乞为铭
31	钱能母		商辂兵部尚书	孙继宗	李实	予重太监请，为述其事于石，俾来者有考焉
32	荆端	故内官监太监	濮韶翰林院编修	王玉	王哲	宜而可铭
33	萧敬	司礼监太监	杨一清	不详	不详	大学士石门翟先生撰墓志，又以墓上之石，不可无书，谒予为之表。予因记成化初两诣山陵与公相见……

	墓主	最后官职	撰者	篆额	书丹	撰写缘曰、与死者关系
34	高凤	司礼监太监	李东阳 吏部尚书	张懋	田景贤	公之存尝预属予为墓表，及诸学士大夫为碑及传。死后其子又来请为埋铭，辞弗获。太监温祥蒋贵亦为速予
35	董让	江西镇守御用监太监	李旻 翰林学士	朱晖	闵珪	将葬，太监阎公等具状请铭。予悼其贤有可述，为之铭
36	吴振	内官监太监	李杰 吏部尚书	朱晖	梁储	尚膳监奉御张昇等，爰具状属予铭其墓隧之石
37	房懋	故司设监太监	杨廷和	不详	周文通	神宫监太监廖昕持状请予铭
38	王增		乔宇 吏部郎中	李良	吕杰	司礼监王公是其叔弟，巾帽局左副使郭性与公同业，以状为公请铭
39	江憙	都知监太监	林瀚 礼部右侍郎	谭祐	林章	司礼太监陈公是其懿亲，与撰者是闽的老乡，遣其弟忠奉状请铭，予前未荆识，然闻公贤名旧矣
40	杨穆	内官监太监	刘大夏 兵部尚书	张懋	顾溥	其犹子辉偕弟焌以予与公尝同掌军旅事，涕泣持状以铭为请。予将何词以为公慰
41	赵新	内官监左监丞	刘璟 大理寺左少卿	陈韶	李廷义	先事宪持其儒士吴钦所述事状，请为铭
42	傅锦	尚膳监太监	李东阳 吏部尚书	谭祐	杨一清	御用监右少监苏章，公所抚育，为治大事，谓墓不可无铭，遣其义子清来请于予。予虽老且病辞不可得，强起，叙而铭之
43	苗旺	神宫监太监	王宇刑部主事	李升	王杲	余与有识，兹奉乡进士李文鸣状，请铭诸墓，乃为之铭
44	郭通	镇守云南御用监太监	阎钦 吏科给事中	柳文	王杲	张君复介公之表弟房林持事状徵铭纳幽，以彰潜德。辞弗获
45	李瑾	神宫监太监	滕霄	乔宗	刘棨	公之弟佺，自具事状来请铭志于玄堂庶幽潜之德不泯

续表

	墓主	最后官职	撰者	篆额	书丹	撰写缘由、与死者关系
46	罗照	故司设监太监	不清	不清	不清	□□太监□俱状……石，用垂于后。故表而出之，以示来者
47	韦岣	故内官监右少监	张天骏尚书户部郎	张瓒	李纶	吾于少监韦公作铭，不能不临文兴叹，为人才惜也。
48	梁玉	御马监太监	梁储吏部尚书	朱辅	张纶	刘、韩二公素在公受下，知公行实，具状请予铭，义不可辞
49	彭喜	内官监太监	顾经通政司右参议	顾聪	贾政	内官监左少监刘奉先、郑茂来请铭，不敢以不文辞
50	李质	故神宫监太监	齐之鸾兵科给事中	王桓	黄重	其侄李衰泣血以书抵予，言……以乡进士杨琇状乞铭，欲纪其行，以垂不朽。言之甚哀，有弗容辞者
51	杨（王棘）	内官监太监	杨一溁太常寺卿		杨一溁	实蒙乡里为我而文，允迪厥功，千年茂祀。撰者与逝者是同乡
52	黎义	御马监太监	白钺翰林院国史编修	张伟	赵永	赵宝与余同郡，故奉状来请铭。既不获辞，乃按状序之
53	李公（无名）	御马监太监	太常寺少卿	英国公	光禄寺卿	预作寿藏生前请铭。复制石列于前徵予文以记之于将来。予惟：……
54	孙洪	御马监太监	李时翰林院侍讲	张坤	孙杲	其名下宦官马玉请铭
55	刘璟	前内官监太监	李瓒户部尚书	牛桓	潘希曾	正德庚午冬，余以江西佥事复升通政参议，舟过杭时，公以太监为镇守，……相别二十年各不相闻。一日，其侄熙持大理评吴君汝莹状请铭，始知公已盖棺矣
56	赵宣	御用监右少监	费渊湖广清吏司主事	朱凤	张崑	其犹子清等哀泣奉状请铭，予辞弗获

续表

	墓主	最后官职	撰者	篆额	书丹	撰写缘由、与死者关系
57	王佑	御马监太监	杨一清吏部尚书	顾经	刘榮	以郑公等意述公世行请予为墓志铭。予官陕西时，知公母之贞且知公教行于其家，兄弟子侄足迹不至官府，心切敬之。志铭不辞
58	毕云	总督东厂司设监太监	李时吏部尚书	郭勋	温仁和	国家设东厂掌国之机事，每难厥任。若公可谓老成人矣。今已则亡，乌忍弗铭？
59	张永	司礼监太监	杨一清吏部尚书	李承勋	张伟	其弟张容偕其诸昆弟持状太常卿魏境所述状，谒予请铭。……杨一清因此撰被控谀墓
60	刘玉	御马监太监	吴山刑部尚书	孙永爵	孙永爵	尝预营葬地，即以其埋铭请予属笔俟奄忽焉，则镌石而以纳诸幽圹。乌乎！斯陶潜、杜牧所见称为达观者欤？
61	芮景贤	御马监太监	顾鼎臣吏部左侍郎	张伟	张瓒	司礼太监张钦于公同德同官，生平僚寀谊笃，遣使持中书舍人何祚行状，徽予文铭墓。撰者与张钦……
62	黄庆	内官监左少监	杜旻运盐使司运使	郑刚	仝鈇	二公彼衰绖持状请铭，以永公誉。予因请铭，不获其辞历叙公之德行，勒诸贞珉，庶芳名永载无穷矣
63	王钦	御马监太监	王深锦衣卫衣右所副千万	王深	王深	公曾事故司礼监太监黄中为明府。予昔事黄公，与公有同门之旧，公病将革，属予后事，恳恳再四，予弗获辞
64	郑恭	神宫监太监	不详			伍喜等衰绖持状徽言其状而铭之
65	杜甫	神宫监右少监	王时中兵部尚书	郭勋	高岱	请为铭之，遂为之铭
66	杜江	神宫监右少监	金元立翰林院检讨	孙□	孙□	其同乡老友刘东林持所撰事状来请铭于予，予弗能辞

续表

	墓主	最后官职	撰者	篆额	书丹	撰写缘由、与死者关系
67	姜林	御马监太监	李时 春坊太子 右谕德	蔡霈	张瓒	予与公同郡未尝一接公颜然乡晋绅数称其贤，闻之稔矣。从子学、举持光禄少卿贾启行状乞铭。锦衣千户魏颐，予武举所取士，雅与公善又亟为之请谊不可辞为之铭
68	刘潘	神宫监太监	郭俊 清吏司 员外郎	王宁	刘延年	从孙府学生国贤，持状诣予请铭。国贤，予门下士也，乃不得已为之辞
69	邵恩	御马监太监	杨一清 吏部尚书	郭勋	崔杰	古称当官三事……卿大夫且难之，况于帷幄贵近之臣乎？此邵公之所以贤于人也。路公等以公生平植善履忠多可述不宜泯焉请予为志铭纳诸墓
70	张丙世	尚衣监太监	吴惠 翰林院侍 讲学士	陈镠	仝釴	锦衣百户坤等持状丐余为铭
71	田斌	司设监太监 署惜薪司事	屠楷 工部左 侍郎	黄献	黄献	内监同官赵龙泉等，属则郭公，族侄田阡，条以大宗伯顾惠巖铭志，欲揭素履焕示公镌。靳予蕃醉庸烜□节
72	李堂	内官监太监	杨一清	郭勋	孙绍祖	其弟进持其友人进士王佐状，衰绖诣予乞作乃兄墓铭。予素仰其公之高风节操又嘉其弟之哀痛迫切讵可以不文辞钦
73	韩锡	内官监太监	毕銮 翰林院 侍讲	杨镗	杨镗	恩荣官吴喜率男江、淮、沂素感抚摩之恩，恐泯厥德铭其事状徵予铭
74	苏瑾	司设监太监	欧阳铎翰 林院学士	薛瀚	简霄	郭埭具所述事状令幕宾苏奉衰绖造予，徵其铭以光泉壤。予辞不获
75	张保	御马监太监	高擢 吏科都 给事中	高擢	高擢	公寿藏志者……其犹子锐等十人虑恐岁月幽深泯没其迹持公平生行状救书镌于墓前之珉，继后之观者有所考云

	墓主	最后官职	撰者	篆额	书丹	撰写缘由、与死者关系
76	赵旺	内官监右监丞署广盈库	张文宪工部尚书	靖洪	吴祖乾	其犹子钦持予门人乡进士所述状，谒予请铭。予重钦之请，□干言之不诬，□既铭之矣。又浃旬，钦复谒予欲表诸墓道之□
77	阎绥	署惜薪司事官	萧海	徐梦蝎	查懋昌	甯进辈奉状请铭于予，因重其请，而为之铭
78	于志清	明德府承奉正	张㫋		徐可观	承奉陈正时等与公有旧寅之雅乃悉公行状徵予为铭。予惟公为德先王旧臣义不容辞
79	孙彬	内官监太监	刘栋太常寺卿	梁继璠	周文烛	其名下孙经辈持状乞予言，铭诸不朽
80	刘忠	御马监太监署乙字库事	赵永南京礼部右侍郎	薛翰	杜旻	名下马廷、贺斌等义男家人刘禄等服经持状来请予铭。予辞不获
81	潘应	永陵神宫监	崔学履			太监张臻等诣予曰：……予昔与咸庵公有交际之推，尝见□□□世，虽期耋未艾也。既予抱忧，来居山城。初闻公疾，继闻公没以墓□来讬，伤哉
82	宋兴	东厂总督前司礼内官太监	谢少南	陆炳	张电	宋廷起以清慎文难受知今上，督内书馆事。予馆中教席，与公有寅恭之谊。公逝属予铭之，予安能辞。
83	乔宇	提督巡察光禄寺尚膳监太监	顾可学礼部尚书	龚珮	谈相	予考公之文学、德誉、政事、勤劳……予不腆之文，不足为公重
84	张喜	明德王府承奉正	李攀龙			今王行守藏使者田銮汝金，自以出君门下，追惟君得与今王锡命之典为盛，且悼君之中废也，刊石记焉
85	萧平	尚膳监太监	郭凤太常寺少卿	张明师	张明师	崔成、杨钦等与其亲人衰经泣杖请铭，予不获辞而铭

续表

	墓主	最后官职	撰者	篆额	书丹	撰写缘由、与死者关系
86	王守成	御马监太监	张鹤鸣 庠生妹夫	张鹤鸣	任应春	
87	阎清	内官监太监	郭秉聪 翰林院 庶吉士			司礼监典簿白元等索予为志铭。予揣久淹林下，文词荒鞠不能尽状其德。辞弗获已，于是直道始末，以塞其责
88	萧准	御马监太监	曾省吾兵 部右侍郎	洪声远	洪声远	时有鸿胪寺序班孙□萧□□□□之行，衰经稽颡□铭墓上之石义不可辞
89	李明道	赠御用监 太监掌惜 薪司事	徐阶 礼部尚书	朱希忠	李本	太监朱仲等以予旧尝识公，请为铭
90	滕祥	司礼监掌监 事太监	陈以勤			今上御极之初慼伤内政，诸中贵人多所汰易而独滕公领秩如旧。
91	朱宝	内官监太监	张文宪 工部尚书	吴祖乾	孙楷	名下孟成等持状来，乞予以为铭。予闻公旧矣，且欣服高义不获辞也
92	马腾	尚衣监掌监 事太监	张居正 礼部尚书	吴继爵	吴继爵	名下海大朝等辈，借贤孙魁子谒求墓表。予素与德斋公交厚，知公深明大义，处务精能。德崇量舒人莫能比。故道公之履历复缀以铭垂示后览焉
93	崔景	司礼监太监	严嵩 吏部尚书			靖等以状来，请铭其墓中之石。予近岁以入直得与公往还，为相知。乃今遽尔沦亡也，能不哀而书之
94	黄锦	司礼监太监 兼督东厂	徐阶			予幸与公同朝知公为稔，辄以滕公请为记其之大者于碑
95	麦福	司礼监太监 掌监事兼督 东厂	徐阶			
96	徐经	针工局处 局事御马 监太监	张大化			寿藏者……预建茔所。与客同乐，杯酒云乎，忽思身后之事……不可无文书勒于石

	墓主	最后官职	撰者	篆额	书丹	撰写缘由、与死者关系
97	陈奉	明德府协理承奉司事典宝副	秦文潜		陈锦	名下孙张君以归窆有期，持状求志铭于余，余素知公，即不斐，何敢辞
98	鲍忠	司礼太监	门额两侧铭文			
99	田义		沈一贯	沈鲤	潘世元	名下御马太监王钦等奉状谒余铭其墓
100	陈矩	掌司礼监太监	李廷机			与陈矩颇多交往
101	杜茂	司礼监秉笔管监事太监	杨维新翰林院庶吉士			余于公有桑梓之雅，于中书君邑里相望，文墨相观劘者有年。因追公之杖履，悉公之生平，安能已于言？
102	王安	司礼监秉笔太监	杨汝浤同知兴化府事			公名下韩等以公行状嘱余记其事。余固陋，乌能以揄扬其德。从其实以记之
103	成敬	司礼监掌监事太监	叶向高礼部尚书	张惟贤	吕邦燿	公之名下樊君辈，请志铭于余。余始被命入直。未浃月，前司礼陈公没。公实继之，盖内外联旉，于今将三载矣。余之当为公志铭，亦故事也。
104	张昇	乾清宫牌子尚衣监太监	李诚武清侯	李诚		名下魏一德等捧状泣而谒余，属铭其墓。余习公之谊不能文，何以铭公哉
105	邹义	提督东厂司礼监秉笔	顾秉谦礼部尚书	丁国宁	丁国宁	于是嘉公之忠，羡公之业，而为铭焉
106	张稳	御用监太监	何宗彦太常寺少卿	侯庆远	侯庆远	迩缘预卜长□墓于都门西南隅立碑一具，乞余言纪之。我公会首倡□……
107	商经颍	丙字库掌库御马监太监	洪声远大理寺碑	卫国本	卫国本	属予为神道碑

	墓主	最后官职	撰者	篆额	书丹	撰写缘由、与死者关系
108	马荣	钦差孝陵掌敕神宫监太监	孙徽兰福建道监察御史	荀好善	许用宾	有大司礼宗主宋学悯其没而详其实，永勒于石而记之
109	王之佐	乾清宫管事	陆完学兵部尚书	李守锜	姚思孝	先生之富贵功名死生知遇皆玉成于曹公之手。曹先生可为有始有终无负于人矣。而王先生盖棺事始定也。故铭
110	高时明	司礼监掌印	孙奇逢			山西总监牛文炳，公名下也，与余同乡，因徵文树石于墓。或谓余曰："张茂则宋元祐间宦官之贤者也，借程正叔一顾不可得。子为云峰表墓不亦甚乎？"余曰：……
111	王氏（阎整母）		郑玉山西按察司事	李眛	周文通	予恩其请（阎整），辞之弗获，姑述其事实以铭之
112	赵芬	御用监太监	刘效祖陕西提刑按察司副使	蒋建文	施策	效祖既素贤公，且重公弟乘禄之泣请，遂与之铭
113	羊朝	内官监太监	张大武户部河南清吏司郎中	童劝知县	童劝	四月初事竣，走币问记于余，余忝知爱义不可辞也，谨按
114	陈道	镇守福建御用监太监	刘健户部尚书	陈槭	邓廷瓒	死后三年其子珪请撰（撰者曾在内书堂教死者）
115	阎通	御马监太监	刘健户部尚书	陈韶	李纶	其亲人以礼部右侍郎兼翰林学士程敏政状来请铭。成化中，余与公同今上皇帝于春宫，有旧，不克辞。乃按其状序而铭之。且少师宜兴徐公曾为其所修寿藏做记
116	宋明	内官监太监工部右侍郎	王槐	王槐	王槐	因持中翰刘文骙状，谒余乞铭，余乃铭之

	墓主	最后官职	撰者	篆额	书丹	撰写缘由、与死者关系
117	罗智	南京守备内官监太监	魏骥			
118	杨云	南京内官监太监	倪谦			
119	怀忠	南京守备司礼监太监	吴节			
120	杨忠	故南京内官监左少监	钱溥			
121	余俊	南京守备内官监太监	黄珂			
122	潘真	南京守备司礼监太监	张邦奇			
123	白江	内官监太监	罗玘	不详	不详	
124	博啰	御马监左监丞	罗玘			
125	傅容	南京守备司礼监太监	罗玘			
126	许江（老老）		杨文卿	许瀚	金钥	
127	太监陆阔之母	御马监太监镇守大同	江澜	靳贵	熊翀	
128	杨定	尚衣监太监	刘启	方英	乔宗	
129	高恕（太监哥哥）		张文宪	陆炳	吴祖乾	
130	高恕妻		徐阶	朱希孝	袁炜	
131	张稳	御用监太监	何宗彦	侯庆远	侯庆远	
132	张维		自撰	徐文炜	自撰	

续表

	墓主	最后官职	撰者	篆额	书丹	撰写缘由、与死者关系
133	吴太夫人（郑强母）	内官监太监母亲	柱国公	户部尚书	关西	太监以状谒予为志其墓泣而请曰…… 予惟古今与者必有其由……
134	刘永诚	御马监太监	岳正前翰林修撰	周庠	程洛	公预卜墓田也，前进士陕西按察佥事唐封李君用状公生平窆晋奉以问铭，辞不可得。
135	辰保世	御用监太监	周洪谟礼部尚书	谭祐	张懋	张典薄寔太监之从兄，读书尚礼乃具状恳请予为铭志墓之石，惟……
136	邓昶	尚膳监太监	徐溥户部尚书	朱永	赵昂	原等以状来乞铭，辞不获已，乃序而铭之。
137	梁宣	内官监太监	李东阳礼部右侍郎	谭祐	刘棨	惜薪司正贾公性与公同业相知深且久乃以大理刘寺副棨所具状为公请铭，予尝侍宫坊讲读，知公名谓于其存没之际，国家令典可以考见，不可以无纪，乃为作铭
138	秦德	御用监太监	李东阳礼部右侍郎	陈锐	谭祐	王瑞谓不可无铭以纪岁月示来世，经予尝侍春宫讲筵，知公名，乃遣侄奉状请于予，固辞弗获，乃为铭
139	沈让	都知监太监	李东阳吏部尚书	高岱	刘棨	预为归藏之窆以俟身后宁其神魄妥其形骸也，然则寿藏之制古人有之，今人效焉
140	张恩	内官监太监	李鐩工部尚书	傅亨	傅亨	撰者与公共任总理修皇墙。 予知公颇久，以铭属予，忍不铭乎？
141	张诚	内官监太监	王思翰林编修	杨润	顾经	窀穸将临悯公之潜德，命侄男锦衣卫右所副千户张祥乃具事状来徵予铭
142	孙昂	神宫监右少监	不详			
143	张公	尚膳监太监	王蓋都察院右副都御史	李景	张子衷	生前预作寿茔

	墓主	最后官职	撰者	篆额	书丹	撰写缘由、与死者关系
144	辛寿	内官监太监	陈洪翰林院编修	高绅	田龙	侄曰恕等，衰绖持状徵文，因次第其状而铭之
145	张信	御用监太监	唐臣真定府知府	童鉴	童鉴	
146	郑时	内官监太监	唐臣江西道监察御史	杜承宗		其侄添寿等持状请予铭
147	赵政	司设监太监掌惜薪司事	徐阶礼部尚书	陆炳	李本	徐阶曾与赵公同事对其敬重陆炳属徐阶为撰……其见贤于缙绅久，其受贬降职，亦有名士为之做撰
148	武奉	御用监太监署内织染局事		翟镐	翟镐	
149	张守义	乾清宫近侍内官监太监	徐继申太常寺少卿		徐继申	
150	张赟	御马监总理太监	陈遇文河南道监察御史			
151	白公	内官监太监	罗玘			郑玺王恭德公如父，而悲公遽尔陨弃丐铭，王恭予教内馆时生也，其知所向往者
152	博啰	御马监左监丞	罗玘			前老老之丧斩斩一依丧礼知，丐余铭，今其葬也。奚宜泯泯无闻，况寿哀哀，誓必得余铭
153	傅容	南京守备司礼太监	罗玘			来请刻辞，予春既铭公墓辞，乃合辞言曰：众志瀜瀜旨味公铭，然而闵幽孰愈昭揭于表，表之观公，其謂何予無能让乃袭叙

参 考 文 献

（按音序排列）

一　史料

基本文献

《大明会典》，（明）李东阳等撰，申时行等重修，万历十五年刊本，台湾
　　新文丰出版公司 1976 年版。

《国朝宫史》（清）鄂尔泰，张廷玉等编纂，北京古籍出版社 1987 年版。

《顺天府志》，光绪十二年刊本，北京古籍出版社 1987 年版。

《皇明祖训录》，北京图书馆出版社 2002 年版。

《明经世文编》，（明）陈子龙等选辑，中华书局 1997 年版。

《明实录》，中央研究院历史语言研究所 1962—1968 年校印本。

《明史》，（清）张廷玉等纂，中华书局 1974 年标点本。

《明史纪事本末》（清）谷应泰，中华书局 1977 年标点本。

《明太祖御制文集》，台湾学生书局 1965 年影印本。

《万历邸钞》，江苏广陵古籍刻印社 1991 年版。

碑刻、墓志

《北京图书馆藏中国历代石刻拓本汇编》，北京图书馆金石组编，中州古
　　籍出版社 1989—1991 年版。

《北京市文物研究所藏墓志拓片》，王鑫、程利主编，北京燕山出版社
　　2003 年版。

《历代石刻史料汇编》，国家图书馆善本金石组编，北京图书馆出版社
　　2000 年版。

《明代宦官碑传录》，梁绍杰、赵令扬编，香港大学中文系 1997 年版。

《新中国出土墓志·北京卷》、《新中国出土墓志·河北卷》，中国文物研

究所、北京石刻艺术博物馆编，文物出版社 2003 年版。

　文集（按作者名字音序排列）

（明）陈洪谟：《治世余闻》、《继世纪闻》，中华书局 1986 年版。

（明）高攀龙：《高子遗书》，文渊阁《四库全书》本。

（明）顾起元：《客座赘语》，中华书局 1987 年版。

（明）霍韬：《霍文敏公全集》，清同治刻本。

（明）蒋一葵：《长安客话》，北京古籍出版社 1982 年版。

（明）刘侗、于奕正：《帝京景物略》，上海古籍出版社 2001 年版。

（明）刘若愚：《明宫史》，北京古籍出版社 1980 年版。

（明）刘若愚：《酌中志》，北京古籍出版社 1994 年版。

（明）吕毖：《明朝小史》，台湾"中央"图书馆 1981 年版。

（明）陆容：《菽园杂记》，北京古籍出版社 1985 年版。

（明）沈榜：《宛署杂记》，北京古籍出版社 1980 年版。

（明）沈鲤：《亦玉堂稿》，文渊阁《四库全书》本。

（明）沈德符：《万历野获编》，中华书局 2004 年版。

（明）王世贞：《凤洲杂编》，中华书局 1985 年版。

（明）王世贞：《弇山堂别集》，中华书局 1985 年版。

（明）文秉：《烈皇小识》，北京古籍出版社 2002 年版。

（明）王守仁：《王文成公全书》，清光绪刻本。

（明）王锜：《寓园杂记》，中华书局 1984 年版。

（明）余继登：《典故纪闻》，中华书局 1985 年版。

（明）叶向高：《苍霞草、余草》，明末刻本，北大图书馆藏。

（明）郑晓：《今言》，中华书局 1984 年版。

（明）张瀚：《松窗梦语》，中华书局 1986 年版。

（明）张岱：《西湖梦寻》，浙江文艺出版社 1984 年版。

（明）张萱：《西园闻见录》，台湾文海出版社 1984 年版。

（清）查继佐：《罪惟录》，浙江古籍出版社 1986 年版。

（清）富察敦崇：《燕京岁时记》，北京古籍出版社 1981 年版。

（清）顾炎武著，（清）黄汝成集释：《日知录集释》，岳麓书社 1994 年版。

（清）黄宗羲：《明夷待访录》，中华书局 1981 年版。

（清）励宗万：《京城古籍考》，北京古籍出版社 1981 年版。

（清）潘荣陛：《帝京岁时纪胜》，北京出版社 1981 年版。

（清）钱谦益：《牧斋初学集》，上海古籍出版社 1985 年版。

（清）孙承泽：《春明梦余录》，北京古籍出版社 1992 年版。

（清）孙承泽：《天府广记》，北京古籍出版社 1982—1984 年版。

（清）孙承泽：《思陵典礼记》，中华书局 1985 年版。

（清）史玄：《旧京遗事》，北京古籍出版社 1986 年版。

（清）王世贞：《池北偶谈》，中华书局 1982 年版。

（清）王夫之：《读通鉴论》，中华书局 1975 年版。

（清）吴长元：《宸垣识略》，北京古籍出版社 1982 年版。

（清）信修明：《老太监的回忆》，北京燕山出版社 1992 年版。

（清）夏仁虎：《旧京琐记》，北京古籍出版社 1986 年版。

（清）徐柯：《清稗类抄》，中华书局 1984 年版。

（清）于敏中等：《日下旧闻考》北京古籍出版社 1981 年版。

（清）赵翼：《廿二史札记校证》，中华书局 1984 年版。

（清）震均：《天咫偶闻》，北京古籍出版社 1982 年版。

（民国）周肇祥：《琉璃厂杂记》，北京燕山出版社 1995 年版。

（民国）李家瑞：《北平风俗类征》，上海文艺出版社 1985 年版。

二　今人论著

《北京历史人口地理》，韩光辉著，北京大学出版社 1996 年版。

《被阉割的守护神——宦官与中国政治》，冷东著，吉林教育出版社 1990 年版。

《北京城市生活史》，吴建雍等编，开明出版社 1997 年版。

《从民族国家拯救历史——民族主义话语与中国现代史研究》，〔美〕杜赞奇著，社会科学文献出版社 2003 年版。

《佛教与北京寺庙文化》，佟洵主编，中央民族大学出版社 1997 年版。

《国家与市民社会——一种社会理论的研究路径》，邓正来、〔英〕亚历山大编，中央编译出版社 1999 年版。

《宦官》，田澍著，北京图书馆出版社 1998 年版。

《话说太监》，〔日〕寺尾善雄著，上海文化出版社 1987 年版。

《皇权与绅权》，吴晗、费孝通，天津人民出版社 1988 年版。

《嘉靖革新研究》，田澍著，中国社会科学出版社 2002 年版。

《空间、记忆、社会转型》，杨念群，上海人民出版社 2001 年版。

《狂欢与日常——明清以来的庙会与民间社会》，赵世瑜著，生活·读书·新知三联书店 2002 年版。

《开放社会科学》（中译本），［美］沃勒斯坦等著，生活·读书·新知三联书店 1997 年版。

《叫魂——1768 年中国妖术大恐慌》，［美］孔飞力著，陈兼、刘昶译，上海三联书店 1999 年版。

《历史三调：作为事迹、经历和神话的义和团》，［美］柯文著，杜继东译，江苏人民出版社 2000 年版。

《理论、方法、发展趋势》，李伯重著，清华大学出版社 2001 年版。

《刘伯温与哪吒城——北京建城的传说》，陈学霖著，台湾东大图书公司 1996 年版。

《满族通史》，李燕光、关节主编，辽宁民族出版社 2003 年版。

《明初以降人口及其相关问题》，［美］何炳棣著，葛剑雄译，生活·读书·新知三联书店 2000 年版。

《明初的宦官政治》，何伟帜，香港文星图书有限公司 2000 年版。

《明代人物与传说》，陈学霖著，香港中文大学出版社 1997 年版。

《明代特务政治》，丁易著，中华书局 2001 年版。

《明初的宦官政治》，杜婉言著，香港文星图书有限公司 2002 年版。

《明清史抉微》，赵毅著，吉林人民出版社 2008 年版。

《明季党社考》，［日］小野和子著，李庆、张荣湄译，上海世纪出版股份有限公司、上海古籍出版社 2006 年版。

《明代的宦官和宫廷》，温功义著，重庆出版社 1989 年版。

《明代史学探研》，杨艳秋著，人民出版社 2005 年版。

《明代北京佛教寺院修建研究》，何孝荣著，南开大学出版社 2008 年版。

《明代二十四衙门宦官与北京佛教》，陈玉女著，台湾如闻出版社 2001 年版。

《明代宦官》，［美］蔡世山（Shih-shan Henry Tsai）著，State university of N. Y. 1996。

《明朝宦官》，王春瑜、杜婉言著，紫禁城出版社 1989 年版。

《明代宦官与经济史料初探》，王春瑜、杜婉言著，中国社会科学出版社 1986 年版。

《明清史散论》，王春瑜著，东方出版社 1996 年版。

《明代国家机构研究》，王天有著，北京大学出版社 1992 年版。

《明代的锦衣卫和东西厂》，韦庆远著，中华书局 1979 年版。

《明实录北京史料》，赵其昌主编，北京古籍出版社 1995 年版。

《妙峰山世纪之交的中国民俗流变》，刘锡诚主编，中国城市出版社 1996
年版。

《明代南京寺院研究》，何孝荣著，中国社会科学出版社 2000 年版。

《明清之际党社运动考》，谢国桢著，中华书局 1982 年版。

《明代的社会与国家》，[美] 卜正民著，陈时龙译，黄山书社 2009 年版。

《清代宫廷社会史》，[美] 罗友枝著，周卫平译，中国人民大学出版社
2009 年版。

《权力塔尖上的奴仆——宦官》，李禹阶著，浙江人民出版社 1991 年版。

《社会如何记忆》，[美] 保罗·康纳顿著，纳日碧力戈译，上海人民出版
社 2000 年版。

《社会的构成——结构化理论大纲》，[美] 安东尼·吉登斯（Anthony
Giddens）著，李康、李猛译，生活·读书·新知三联书店 1998 年版。

《社会人类学与中国研究》，王铭铭著，广西师范大学出版社 2005 年版。

《文化、权利与国家——1900—1942 年的华北农村》，[美] 杜赞奇著，
江苏人民出版社 1994 年版。

《文化的解释》，[美] 克利福德·吉尔兹著，纳日碧力戈译，上海人民出
版 1998 年版。

《万历十五年》，黄仁宇著，生活·读书·新知三联书店 1997 年版。

《乡土中国》，费孝通著，生活·读书·新知三联书店 1985 年版。

《新史学——多学科对话的图景》，杨念群，中国人民大学出版社 2003
年版。

《新史学》，[美] 鲁滨逊著，商务印书馆 1989 年版。

《小历史与大历史——区域社会史的理念、方法与实践》，赵世瑜著，生
活·读书·新知三联书店 2006 年版。

《眼光向下的革命——中国现代民俗学思想史论（1918—1937）》，赵世瑜
著，北京师范大学出版社 1999 年版。

《烟火接续——明清的收继与亲族关系》，[美] 安·沃特纳著，曹南来
译，浙江人民出版社 1999 年版。

《转变的中国——历史变迁与欧洲经验的局限》，［美］王国斌著，江苏人
　　民出版社 1998 年版。

《中层理论——东西方思想会通下的中国史研究》，杨念群，江西教育出
　　版社 2001 年版。

《中华帝国晚期的城市》，［美］施坚雅著，中华书局 2000 年版。

《中国研究的范式问题讨论》，［美］黄宗智著，社会科学文献出版社
　　2003 年版。

《中国近八十年明史论著目录》，江苏人民出版社 1981 年版。

《中国绅士——关于其在 19 世纪中国社会中作用的研究》，［美］张仲礼
　　著，李荣昌译，上海社会科学出版社 1991 年版。

《中国士绅的收入》，［美］张仲礼著、李荣昌译，上海社会科学院出版社
　　2001 年版。

《中华科学文明史》，［英］李约瑟原著，柯林·罗南改编，上海交通大学
　　科学史系译，上海人民出版社 2003 年版。

《中华民俗文丛》，刘锡诚主编，学苑出版社 1994 年版。

《中国民间宗教史》，马西沙、韩秉方著，上海人民出版社 1992 年版。

《中国明代军事史》，毛佩琦、王莉著，人民出版社 1994 年版。

《中国社会史论》（上、下），宋德金、周积明主编，湖北教育出版社
　　2001 年版。

《中国寺庙文化》，段玉明著，上海人民出版社 1994 年版。

《中国的现代化：市场与社会》，吴承明著，生活·读书·新知三联书店
　　2001 年版。

《中国大历史》，黄仁宇著，生活·读书·新知三联书店 1997 年版。

《中国人口发展史》，葛建雄著，福建人民出版社 1991 年版。

《中国东北通史》，薛虹等主编，吉林文史出版社 1993 年版。

《中国古代文官制度》，楼劲、刘光华著，中华书局 2009 年版。

Susan Naquin，*Peking*，*Temples and City life*，1400—1900，University of
　　California Press，2000.

三　论文

程恭让《明代太监与佛教关系考述》，《首都师范大学学报》2002 年第 3、
　　4 期。

陈文豪《读〈明史·阉党传〉——〈明史〉体例研究之一》,《明史研究专刊》第 3 期,1980 年 9 月。

杜赞奇《在国家与地方社会之间》,《社会学研究》2001 年第 1 期。

杜婉言《明代宦官与明代经济》,《中国史研究》1982 年第 2 期。

樊树志《张居正与冯保——历史的另一面》,《复旦学报》1999 年第 1 期。

樊树志《东林非党论》,《复旦学报》2001 年第 1 期。

方志远《明代的御马监》,《中国史研究》1997 年第 2 期。

方志远《明代的镇守中官制度》,《文史》1995 年第 4 期。

古永继《明代驻滇宦官考》,《中国边疆史地研究》1999 年第 4 期。

何伟帜《试论内书堂的建置与明代政治的关系》,《明清史集刊》第三卷,1997 年 6 月。

何孝荣《明代宦官与佛教》,《南开学报》2000 年第 1 期。

何冠彪《满清入关初期对宦官的约束》,《抖擞》第 39 期,1980 年第 7 期。

林丽月《"击内"抑或"调和"——试论东林领袖的制宦策略》,《师大历史学报》1986 年第 6 期。

冷东《明初三杨与宦官关系论略》,《汕头大学学报》1992 年第 2 期。

冷东《明代宦官监军制度述略》,《汕头大学学报》1994 年第 3 期。

冷东《明代政治家与宦官关系论略》,《广东社会科学》1995 年第 2 期。

李庆新《明前期市舶宦官与朝贡贸易管理》,《学术研究》2005 年第 8 期。

李绍强《皇帝、儒臣、宦官间的关系与明朝政局》,《齐鲁学刊》1988 年第 2 期。

李洵《明末东林党的形成及其政治主张》,《东北师大科学集刊》1957 年第 3 期。

刘晓东《监阁共理与相权游移》,《东北师大学报》1998 年第 4 期。

梁绍杰《明代宦官教育机构名称和初设时间新证》,《史学集刊》1996 年第 3 期。

梁绍杰《刚铁碑刻杂考——明代宦官史中的一个谜》,收入《明代宦官碑刻录》,香港大学出版社 1997 年版。

马明达、杜常顺《明代宦官与佛教寺院》,《暨南学报》2004 年第 5 期。

欧阳琛《明代内书堂考略——兼论明司礼监与内阁共理朝政》,《江西师范大学学报》1990 年第 3 期。

欧阳琛《明代的司礼监》,《江西师范学报》1995 年第 4 期。

孙卫国《论明初的宦官外交》,《南开学报》1994 年第 2 期。

商传《从朋党到党社——明代党争之浅见》,《学习与探索》2007 年第 1 期。

陶新华《观念与制度:宦官的异姓嗣子问题》,《四川大学学报》2005 年第 6 期。

田禾《明太祖严驭宦官试析:兼及朱元璋的评价问题》,《社会科学战线》1997 年第 4 期。

田澍《论正德十六年皇位空缺时期明廷政局的走向》,《西北师大学报》1997 年第 2 期。

王止峻《谈明朝的三宦与国运》,载其《史事丛谈》,台湾商务印书馆,1986 年 2 月。

王止峻《东林党与明朝国运》,《醒狮》14 卷第 7 期,1967 年 7 月。

王德金《朱元璋驭宦之析》,《天津师范大学学报》2001 年第 6 期。

王明珂《历史事实、历史记忆与历史心性》,《历史研究》2001 年第 5 期。

王春瑜、杜婉言《明代宦官与江南经济》,收入《明代宦官与经济史料初探》,中国社会科学出版社 1986 年版。

王春瑜《论明代宦官与明代文化》,收入王春瑜《明清史散论》,东方出版社 1996 年版。

吴缉华《明仁宣时内阁制度之变与宦官僭越相权之祸》,台湾《"中央"研究院历史语言研究所集刊》31 本,1960 年 12 月。

许安妮《评介吴缉华〈明仁宣内阁制度之变与宦官僭越相权之祸〉及张存武〈说明代宦官〉》,《师大史学会刊》24 期,1980 年 7 月。

尹湘兵《明世宗与宦官》,《黑龙江社会科学》1998 年第 2 期。

杨三寿《明宪宗时期的云南镇守太监钱能》,《云南师范大学学报》2002 年第 3 期。

赵世瑜、孙冰《市镇权力关系与江南社会变迁——以近世湖州双林镇为例》,《近代史研究》2003 年第 2 期。

赵世瑜《"自上而下"、"自下而上"与整合的历史观》,《光明日报》

2001 年 7 月 31 日。

赵世瑜《传说、历史、历史记忆——从 20 世纪的新史学到后现代史学》，《中国社会科学》2002 年第 3 期。

赵世瑜《一般的思想及其背后：庙会中的行善积功》，《北京师范大学学报》2003 年第 2 期。

赵世瑜、张宏艳《黑山会的故事：明清宦官政治与民间社会》，《历史研究》2000 年第 4 期。

赵世瑜《国家正祀与民信仰的互动——以明清京师的"顶"与东岳庙为个案》，《北京师范大学学报》1998 年第 6 期。

赵克生《明代私阉之私》，《安徽大学学报》2002 年第 1 期。

周裕兴《由出土墓志看明代宦官制度》，收入《明清论丛》，第一辑，紫禁城出版社 1999 年版。

周裕兴《明代宦官与南京》，《江苏社会科学》1995 年第 3 期。

朱子彦《论明代的内阁与党争》，《社会科学战线》1996 年第 1 期。

朱高影《浅析王振与魏忠贤的变态心理》，《史学会刊》1981 年第 9 期。

竺青、李永祜《水浒传祖本及"郭武定本"问题新议》，《文学遗产》1997 年第 5 期。

Culture, courtiers, and competition: The Ming Court (1368 – 1644) (《明廷的文化、朝臣与竞争》), ［美］Edited by David M. Robinson, Published by the Harvard University Asia Center and Distributed by Harvard University Press, 2008.

四 学位论文

杜常顺《明朝宫廷与佛教关系研究》，博士学位论文，暨南大学，2005 年。

张宏艳《明清宦官的终老与京师寺庙——兼论明清宦官与京师民间社会的关系》，硕士学位论文，北京师范大学，2001 年。

李杨《晚清宾兴活动与地方权势变动——以郧西余琼芳案为中心的探讨》，硕士学位论文，北京师范大学，2008 年。

林丽月《明末东林运动新探》，博士学位论文，台湾师范大学，1984 年。

Fryslie, Matthew Ernest. The historian's castrated slave: The textual eunuch and the creation of historical identity in the "Ming history" (China). Thesis （Ph. D. ）. The University of Michigan，2001.

Melissa S. Dale. With the cut of a knife：A social history of eunuchs during the Qing dynasty （1644 – 1911）and Republican periods （1912 – 1949）（China）. Thesis （Ph. D. ）. Georgetown University，2000.

后　　记

　　燕子归来，迎春花开的季节，笔者的书稿也即将出版。看过多种多样的后记，通过它可以了解著作和作者的很多信息，而笔者想自己的后记也应该包括成书的经过以及通过该书所引出的新的问题意识，并且由衷表达对授业恩师的感谢。

　　应该说笔者对人物群体的兴趣是从硕士阶段打下基础的。2002 年自本校保送到韩东育教授名下，时值韩老师从东京大学博士毕业归国，致力于东亚思想史的研究，而先秦诸子思想是源流，因而与老师商讨拟定硕士论文题目为"先秦诸子的妇女观"。由此，笔者开始了对人物群体的关注，也慢慢享受到了研究生活的乐趣。韩老师治学严谨执着，为人豪爽正直，无论做人还是做学问都是难得的学习榜样。然而先秦史方向本身资料稀少，思想史又需要极强的思辨性，那时枯燥、久远的先秦历史远不如电视里整天放着的明清宫廷剧更令人兴奋，另外，还有那么点儿对京城高校及陌生环境的向往。于是，硕士毕业笔者毅然进京赶考并有幸投在了北师大赵世瑜教授的门下，把研究方向转向了明清史。因为对人物群体和宫廷史的兴趣，赵老师又从事社会史的研究，加之身在北京有大量明清民间史料的便利，笔者的题目选定为明代宦官群体问题的研究，而这部著作正是在笔者的博士论文基础上修订而成的。

　　明代宦官虽然是个古老的课题，先前的研究也很丰富，但多关注于制度范畴内的考察，这跟研究视角和对材料的利用方法都是分不开的。而笔者在逐个爬梳大量宦官墓志并且做细致个案考察的过程中已经发现诸多的线索，跟我们以往的关注点甚至认识都有差别。本书囊括了其中几个有代表性的个案，相信在耐心作大量比对之后，一定会对整个明代的宦官群体有新的认识，甚至对明代政治、边疆、中外关系等诸多方面的问题都会有新的反思。赵老师学术思维敏锐且极具批判意识，他曾说学生的博士论文成书请导师写序是请老师来共同承受读者的批评。而这部著作虽然窃以为做了较扎实的考证，然而因急于付梓，较论文原稿并未做观点层面上的修改，技术上也还有很多小问题，思量再三，未敢请老师与我共同承担读者们的批评声。

书稿付梓之际，心中既期待又忐忑。因恰逢得到博士后基金项目资助，笔者临时起意把博士论文修订成书，又急于想见到成果付梓出版，无论在出版的程序操作还是书稿的技术修订上都给编辑出了难题，在此要对郭沂纹副总编表示衷心的感谢。另外，作为责任编辑，宋燕鹏博士不仅在原本粗糙的书稿中查缺补漏，也因为是我多年的好朋友，了解我的研究，所以对书稿的题目和思路都给了建设性的意见。还有诸多师友在本书的写作过程中给予我帮助和支持，在此不一一提到，但一并致以诚挚的谢意！母亲和丈夫在生活中给我无比的关爱，是我在学术之路上继续前行的动力之源，我想把这部书献给他们，以及没能看到我穿上博士服的父亲。

　　　　　　　　2014 年 4 月于长春东北师范大学

重印后记

　　这本小书是我的博士论文，因为出版的仓促，里面留下很多线头和问题没有扩展下去，一直羞于示人。但于我个人来说是则极有意义，我博士阶段由先秦思想史转向明清社会史的学习，无论是研究内容还是方法都要做简单的变道，忙着一头扎入明清方向的史料，另一头又缺乏深度解读，稚嫩的蹒跚而行，代表了我博士生时段的思考水平和状态。这部书立足于考证，从宦官墓志、碑刻出发、通过爬梳立于田野的碑文中的个人生命历程作为主要线索，进而去探讨与明史相关的各种问题。区别于士大夫撰写的正史等文献史料为主的叙事。换个角度和主体资料，可以发现很多可能跟以往认识有差的问题点，比如明代宦官与朝臣的关系，在正史文本中势不两立的人，在田野碑刻中却可以看到他们平常甚至良好的社会交往；比如为什么要任用少数民族宦官尤其是女真宦官进取边疆；比如万历年间影响内廷外朝的争国本事件，社会史料中所看到的宦官在背后的角色；再比如武宗年间"八虎"之一的高凤于司礼监掌管书札的经历，成就了后代高儒成为版本目录家和藏书家，给我们带来的跨学科研究的启示，等等。

　　书本身的写作并不成熟，虽然发现了一些在当时对比前人研究来说较新的问题点，但缺乏理论推进和贡献。可能因为题目的猎奇色彩，以及其中涉及的一些碑刻资料让研究相关问题的同仁们产生兴趣，但毕竟十几年前写的书，史料已不占优势，当时发现的问题点，今天也不再能凸显新意。但书出版后陆续有学友向我索要里面用到的部分碑刻，我也乐于提供分享，应该是这本书的一个价值吧。另外，以该书研究为出发点，我相继申请到了中国博士后科学基金面上资助、特别资助项目，以及国家社科基金项目"前近代东亚国家所贡宦官研究"等项目，由单一的明代宦官问题，到关注外籍宦官，进而对东亚中外关系产生兴趣，发现新的研究旨趣，这要感谢学界匿名评审老师的肯定以及博士后科学基金、国家社科基金的支持。

这部书的屡次翻印，除了读者的支持，最应感谢的是我的责任编辑宋燕鹏先生，最初我们都初出茅庐，带着对学术的热情与莽撞，我不知者无畏地以当时自己的认知水平相信自己付出努力与汗水的作品值得出版纪念，而他凭着对出版业的热情与诸多的奇思妙想帮我改题目、出想法，我们共同催生了这部书的出版，这过程中也伴随着因书产生的争执。如今我们都到了不惑之年，燕鹏兄已成为编审和编辑部的主任，我也通过对这方向的深耕，不断发现新的研究旨趣，我们都对过往研究的稚嫩不足有诸多遗憾，但也因此感觉年轻时因这本书的出版结下的学术情谊尤为可贵。

这部书的问题很多，给我自己留下的思考空间很大，但它是一个起点，也是鼓励，我个人会继续在这条喜欢的路上不断求索，希望能贡献更有价值的研究。

齐　畅

2022 年 11 月 14 日